FUNDAMENTOS BÍBLICOS DEL CATOLICISMO

Jesús Manuel Urones Rodríguez

TOMO I

LA IGLESIA, EL CULTO Y LOS SACRAMENTOS

Un profundo análisis bíblico y patrístico para entender, explicar y defender la fe católica

FUNDAMENTOS BÍBLICOS DEL CATOLICISMO

TOMO I: La Iglesia, el Culto y los Sacramentos

Por Jesús Manuel Urones Rodríguez

CreateSpace, Charleston SC

Copyright 2016 Jesús Manuel Urones Rodríguez

(Imprimatur a gestionar)

A mi amada esposa, Yasmín Oré, un ejemplo de cristiana católica que con su vida me demuestra día a día cómo el Espíritu Santo actúa en ella, llevándola a conocer más y practicar mejor su fe y animándome a mí a seguirle los pasos. Sin ella este libro nunca se habría escrito.

CONTENIDO

V. LOS SACRAMENTOS

VI. PATRÍSTICA Y ARQUEOLOGÍA

PRÓLOGO

Pocas veces tendremos la dicha y el privilegio de encontrarnos con un libro como "Fundamentos Bíblicos del Catolicismo", de tan altísima calidad en el conocimiento y la enseñanza de la sana doctrina de la fe cristiana, y con tan profunda capacidad de llevar hasta el corazón de Cristo a quien abra sus páginas en busca de aprender.

Jesús Manuel en este libro muestra también su corazón. La humildad con la que dice la verdad lo hace grande a él, hace grande el libro y hace que suceda lo más importante y necesario: que Cristo sea glorificado.

La humildad la transmite y comunica mientras se le va leyendo. Se logra sentir un gran respeto hacia el lector, y de un modo muy especial, hacia quienes adversan a la Iglesia Católica. Por ello, es un libro que va mucho más allá de dar herramientas apologéticas. Es un regalo del Espíritu Santo a la Iglesia que sin duda alguna cosechará muchos frutos para la gloria de Dios. Al recorrer sus páginas, la mente y el corazón me hacían trasladar hacia una primavera de nuevos tiempos y de buenas nuevas. Despierta mucha esperanza. Veo a futuro muchos REGRESOS A CASA gracias a esta obra. Siento la profunda certeza de que gracias a este libro muchos hermanos regresarán a la Iglesia Católica y será escuela que formará grandes apóstoles de Cristo para atraer a ovejas de otros rebaños que se separaron de la única Iglesia que Cristo fundó.

La humildad la transmite también al dar testimonio de valoración del conocimiento que le antecede. Jesús Manuel lleva al lector a unirse en comunión con la fe de la Iglesia a través del Catecismo de la Iglesia Católica. Luego pone bases firmes y sólidas en la fe ofreciendo, de modo magistral, el fundamento bíblico de cada enseñanza. Una de las grandes riquezas de este libro está en la abundancia de fuentes documentadas que hace de la fe de la Iglesia Primitiva. Siempre deja como conclusión, para finalizar los temas, su opinión personal, haciendo con gran habilidad una síntesis de aquello con lo que nos debemos quedar, del aprendizaje que debemos recoger, con su argumentación personal, siempre de modo breve y muy preciso.

El lector podrá disfrutar más de lo que espera cada minuto que le dedique a lo que yo podría llamar: un precioso obsequio para su fe.

Ni una palabra está de más. En solo una línea que se lea es muchísimo lo que se aprende. El lector sentirá seguridad y mucha firmeza en la fe. El autor del libro no va a las ramas, sabe usar con perfecta precisión las palabras que usa, y no deja pasar términos de definitiva relevancia sin enseñar su raíz y su origen.

Por último, es un libro sumamente cómodo y completo para aquellos lectores poco iniciados o conocedores de la Biblia ya que entrega en cada tema el texto bíblico completo de cada cita que utiliza.

Sé que este libro será leído por muchos que se separaron de la Iglesia Católica. Su mismo estilo directo y sencillo para mostrar la inconsistencia de los argumentos protestantes y para mostrar el esplendor y la belleza de la Fe Católica, logrará ese cometido. Es de admirar su valiente y pedagógica didáctica de que siendo un católico haya decidido utilizar no una traducción católica sino la Reina Valera. Eso lo recibo y recomiendo como un acto ecuménico y de cercanía para valorar al hermano esperado y hacerle ver con gran contundencia y claridad el camino hacia la verdad que perdió pero que aún sigue buscando.

Su servidor en Cristo,

Padre Héctor Pernía, Mfc

I

CONSIDERACIONES GENERALES SOBRE LA APOLOGÉTICA

¿QUÉ ES LA APOLOGÉTICA?

Etimológicamente la palabra apologética viene del griego *Apologetikos* la cual a su vez deriva de la palabra απολογία *(apología)* que significa: defensa verbal de algo. Es decir, la apologética es la defensa de una idea, de una doctrina, de un argumento. Si aplicamos esto a la fe católica entonces sería la defensa de la fe, esto es, defensa íntegra y completa de toda la doctrina cristiana.1 En sí, la apologética es una sola, apologética cristiana. Sin embargo, como hay tal cantidad de grupos cristianos en la actualidad, es necesario precisarla más: apologética católica, pues defendemos la fe universal, la fe apostólica, la fe católica.

¿Es necesario defender la fe? Creo la propia Escritura debería responder a esto:

Y es justo que tenga estos sentimientos hacia todos ustedes, porque los llevo en mi corazón, ya que ustedes, sea cuando estoy prisionero, sea cuando trabajo en la defensa y en la confirmación del Evangelio, participan de la gracia que he recibido. **Filipenses1,7**

Estos obran por amor, sabiendo que yo tengo la misión de defender el Evangelio. **Filipenses 1,16**

Pues bien, nuestra fe es el Evangelio completo, es la palabra de Dios y es lo que debemos defender porque esta puede ser tergiversada y usada para confundir a los miembros de la Iglesia de Cristo.

San Pablo muchas veces presentó su defensa ante todo aquel que le "cuestionó su fe":

Hermanos y padres, escuchadme la defensa que ahora os dirijo. **Hechos 22,1**

---

1 http://www.thecatholictreasurechest.com/sapolo.

Y he aquí mi defensa contra todos cuando me discuten. **1 Corintios 9,3**

En mi primera defensa nadie me ayudó, todos me abandonaron. Que Dios no tome eso en contra de ellos. **2 Timoteo 4,16**

Y Pablo, como acostumbraba, fue a ellos, y por tres días de reposo discutió con ellos, 3 declarando y exponiendo por medio de las Escrituras, que era necesario que el Cristo padeciese, y resucitase de los muertos; y que Jesús, a quien yo os anuncio, decía él, es el Cristo. **Hechos 17,2-3**

Hoy en día no es común presentar una defensa de la fe cuando somos cuestionados. En general, la tendencia es a quedarse callados. Sin embargo, el apóstol de los gentiles no hacía eso como bien nos demuestran sus escritos.

Las siguientes preguntas podrían ser: ¿Cómo debe ser esta apologética? ¿Cuándo debo hacerla?

Y nuevamente la respuesta la encontraremos en las Sagradas Escrituras:

Estad siempre preparados para presentar defensa con mansedumbre y reverencia ante todo el que os demande razón de la esperanza que hay en vosotros. **1 Pedro 3,15**

San Pedro nos indica cómo hacer apologética: con *"mansedumbre y reverencia"*. Y nos dice cuándo: *"siempre"*.

Es importante esto porque debemos ser mansos de corazón y a la vez respetuosos con los demás para que a través de nuestra mansedumbre y respeto podamos también ayudar a convertir al que tiene dudas. San Pedro indica que esto debe realizarse *"siempre"*, lo cual denota que esto es algo que debe ser común en el cristiano, es algo con lo que uno convive, y si convives con algo acabas haciéndote parte de ello, por tanto la apologética es un estilo de vida enfocado a la santidad de la persona, donde no solo con tus argumentos debes acercar o convencer al protestante sino también con tu buen ejemplo. De nada sirve "dar razones de tu fe" por presumir conocimiento y luego vivir hipócritamente, dejando de asistir a los sacramentos, dejando de lado las virtudes cristianas, sin sacrificio, sin lucha por la santidad, etc. Si esto es así seríamos incoherentes con los predicamos.

La apologética es una disciplina que es parte de la Teología la cual se encarga de explicar y defender la religión cristiana. Con el paso del tiempo dejó de llamarse apologética para pasar a llamarse Teología fundamental. Sin embargo, en general la Teología Fundamental que se estudia hoy en día no se encarga de dar respuestas a todos los problemas y cuestionamientos que se plantean al cristiano, se centra sobre todo en la revelación, la existencia de Dios y el cristianismo como religión. Por ello creo necesario abarcar más para dar una respuesta precisa a todas estas interrogantes que pueden surgirle también al católico, en sus relaciones sobre todo con sus hermanos protestantes y nuevos movimientos que se autodenominan cristianos.

CONSEJOS SOBRE CÓMO REALIZAR UNA BUENA APOLOGÉTICA

Nadie ama lo que desconoce, nadie defiende lo que no ama

Es decir, es necesario conocer la doctrina católica para luego amarla con todo tu corazón. Solo si la amas con todo tu corazón podrás defenderla hasta con tu vida. La fe de la Iglesia, su doctrina y enseñanzas son muy profundas, tan profundas como las raíces de un árbol que tiene 2000 años de antigüedad. Eso significa que no se puede saber todo, que todos los días se debe seguir meditando y estudiando la fe. Este libro te da unas bases pero no os conforméis con ellas. Profundizad más. Cuanto más conozcas, más amaras a Cristo y a su Iglesia. Este amor te llevara a hacer una excelente defensa de la fe y una excelente predicación del Evangelio (Juan 14,21).

Un apologista no es hipócrita

Podría sonar fuerte pero es la verdad. Se debe practicar lo que se defiende, lo que se predica sino seremos hipócritas. Un verdadero apologista conoce la importancia de esto y lo pone en práctica, pues el mejor argumento es el ejemplo. Por lo tanto, hermanos, seamos fieles a Cristo y no demos falsa cara (Gálatas 2,13, Santiago 3,17). El ejemplo muchas veces es más útil que el mejor de los argumentos. Muchos se convierten por los ejemplos de santidad de vida que ven en las personas, pero aquellos que caen en hipocresía, como le paso a Bernabé, pueden alejar a muchos de la fe. Por eso se debe ser coherente con lo que se defiende.

La soberbia mata la Apologética

Evitad, os lo suplico, toda clase de soberbias y egos individuales. La apologética que te lleva a ser soberbio no es apologética. *La soberbia mata a la Apologética*. El apologista ante todo debe ser manso y humilde de corazón, como lo fue el Señor (Mateo 11,29) y, a su vez, astuto como serpiente (Mateo 10,16). Nadie lo sabe todo, por eso debe cada día estudiar y meditar las Escrituras, los Padres de la Iglesia y el Magisterio. El creerse uno que lo sabe todo o presumir de que es el mejor, le convierte en un soberbio y de inmediato pierde el carisma de la apologética. Recordad el Señor nos dio este carisma, este don especial e inusual de defender la fe para usarlo adecuadamente y no para presumir de él. Nosotros somos instrumentos del Señor, él es quien mueve los hilos y quien convierte, nosotros solo ponemos un granito de arena, enseñando lo poco que sabemos.

Buscar la Unidad a través del amor a Cristo y su Iglesia

El apologista no busca pelear, no busca crear confusión sino unidad, busca cumplir la petición que Cristo le realizó a su Padre en Juan 17:21. Para ello debe amar a Cristo y a su Iglesia (Efesios 5:25-27) este amor se manifiesta ayudando, evangelizando a otros hermanos con la caridad, la humildad, el ejemplo de vida, la búsqueda de la santidad, un plan de vida espiritual y religioso que debe cumplir así como también denunciando escándalos, abusos y herejías que vea y escuche con el fin de que no se confundan los más débiles en la fe (Judas 1:22) pero siempre de manera prudente y sin críticas malsanas. Recuerda: quién ama también ayuda a otro a mejorar corrigiéndole y guiándole. Amemos a la Iglesia, para ello amemos a todos y cada uno de sus miembros.

Amar a María

María es la primera apologista pues fue la primera cristiana que hizo la voluntad de Dios (Lucas 1:38). Es un ejemplo de perseverancia, de oración, santidad y amor hacia todos nosotros y en especial hacia su hijo Jesús. Ella nos enseñó la lección más importante que un cristiano debe aprender: *"Haced lo que él les diga"* (Juan 2:5). Cumpliendo este mandato conseguiremos ser uno, guardando sus palabras, predicando, amándonos, buscando la santidad diaria, orando sin cesar etc. María oraba por la Iglesia (Hechos 1:14), y oraba por ella porque la amaba, sigamos su ejemplo. Nosotros también debemos amar a nuestra Madre, la que el Salvador nos dejó en la Cruz (Juan 19:27), recibirla en nuestro corazón, entre las cosas más íntimas, como hizo el discípulo amado. Uno de los himnos marianos más antiguos dice de María: *Salve, muralla invencible - de todo el Imperio*.2 Tomemos estas palabras y usémoslas en nuestro apostolado, pidamos su ayuda en la apologética, que nos ayude a enseñar, a predicar, a debatir, a dar a conocer los misterios de Dios, y sobre todo a ser una muralla invencible para los herejes.

Orar antes y después

La oración es una parte muy importante en la apologética. Tenemos, por un lado, que pedir al Señor que nos ayude antes de exponer un tema, antes de debatir, de evangelizar, de predicar y, por el otro, pedir al Señor que nos ayude después de la exposición y si es su voluntad que esta defensa de la fe que hemos realizado dé frutos. San Pablo dice "orad constantemente" (1 Tesalonicenses 5,17) y es que un cristiano sin oración, es un soldado sin armas. Un apologista que no reza no le sirve de nada lo que está haciendo. El Señor nos pide orar asiduamente (Lucas 18,1). Si la apologética es importante para nosotros no descuidaremos la oración.

Un encuentro con Cristo vivo y resucitado

Si no somos personas de una fuerte espiritualidad, antes de meternos en la apologética debemos cultivar esta, porque es a través de ella donde encontraremos a Cristo. Todos los conversos suelen ya haber experimentado esto y ser personas con una fe muy grande. Ellos son ejemplo para nosotros los que no somos conversos ni hemos tenido un encuentro tan directo con el Señor. Día a día la fe del apologista debe ir creciendo para así sentirnos más capaces de llevar a cabo esta misión de explicar y defender la fe. Para que tu fe crezca, se debe orar, estudiar, vivir conforme al Evangelio, y lo más importante: tener mucha caridad.

Un encuentro con la Iglesia

Fundamental es que el apologista valore el tesoro que Cristo nos dejó, y sobre todo que asista a misa y a la comunión pues una vida sacramental siempre te ayuda a aumentar la espiritualidad y te acerca más a la Iglesia. Recordemos que la Iglesia es el Cuerpo de Cristo (Efesios 1,22-23); por tanto, es fundamental amarla y obedecerla. Nadie puede defender lo que no ama.

---

2 Himno Akáthistos: http://www.corazones.org/diccionario/akathistos.htm

Vivir en santidad

Es necesario que seamos ejemplo para otras personas. La mejor defensa de la fe se hace con la propia vida, nosotros somos ejemplo para todos los demás y este ejemplo que transmitimos puede ayudar a muchas personas a convertirse o a alejarse de la Iglesia. Por eso es fundamental llevar una vida lo más santa posible, acudiendo asiduamente a la Comunión y al Sacramento de la Reconciliación pero sobre todo no hacer lo que enseñamos que está mal, por ejemplo, si decimos que emborracharse es pecado entonces no podemos emborracharnos sino claramente seríamos hipócritas. Una vida de santidad conlleva una vida de oración, rezar el Rosario a menudo es un buen paso para iniciar nuestra vida de Santidad, pues recordemos, *"la oración es la fortaleza del hombre y la debilidad de Dios"*.

Tener las herramientas necesarias

Como última mención de este apartado, hay que decir que la apologética no serviría de nada si no usamos las herramientas necesarias, es como poner *puntas sin martillo*. Por eso para que la apologética sirva hoy en día necesitamos una serie de materiales como los siguientes:

1. Las Sagradas Escrituras: Básicas para el diálogo con cualquier hermano cristiano no católico. La Biblia es el alma de la Teología Católica y por tanto es imprescindible conocerla bien para poder usarla en los debates con los hermanos. Es recomendable una paráfrasis de las citas bíblicas a usar de modo quede clara desde el principio la enseñanza y la doctrina que de ella emana. La versión de la Biblia a usar dependerá de cada uno, algunos prefieren usar solamente Biblias católicas y otros buscando familiarizarse más, usan sus versiones como la Reina Valera. Lo importante es usarla y saber fundamentar toda doctrina con ella. Es la herramienta fundamental para el diálogo con los hermanos protestantes ya que estos casi nunca aceptan textos que no sean bíblicos.

2. El Catecismo de la Iglesia Católica: Fundamental para todo católico y para hacer apologética pues en él viene todas las doctrinas que creemos y de esa forma podremos enseñar al hermano no católico que lo que él predica sobre nosotros no está en el Catecismo y por tanto no es parte del depósito de nuestra fe (como el adorar a María y a los Santos). Es por eso muy necesario

tenerlo siempre contigo, además de conocerlo y ver las citas bíblicas que se usan para cada doctrina.

3. <u>Documentos de la Iglesia</u>: Es necesario conocer algunos documentos de la Iglesia de forma que se sepa que es lo que últimamente ha dicho el Papa y que es lo que no dijo, pues lamentablemente existe mucha manipulación hoy en día en la prensa y por eso tenemos que conocer estos textos bien, además de ser de gran riqueza teológica para todo católico.

4. <u>Conocer la Historia Universal</u>: Muchas objeciones que nos presentan los hermanos separados, como Constantino, Inquisición, etc., son de historia y por tanto es necesario que el apologista conozca algo de ellas para saber responder a estas acusaciones correctamente. Una buena enciclopedia será más que suficiente para esto o también algún libro escrito por historiadores sobre la Iglesia. Para debatir temas como las leyendas negras o Constantino con un protestante medio bastaría cualquier libro de historia eclesiástica o enciclopedias.

5. <u>Sentido Común</u>: Ante todo, el argumento expuesto por el católico debe ser razonable, lógico y veraz; por tanto, se debe dialogar con sentido, no dialogar por dialogar. Con los ateos, que no aceptan la Biblia, hacerles ver como desde la ciencia, su postura no tiene sentido, para lo cual usaremos el sentido común y las ciencias.

6. <u>Patrística</u>: El conocer a los santos Padres, sus escritos, es algo muy importante para sustentar las doctrinas católicas. De esta manera demostraremos que nuestra fe coincide con la de los primeros cristianos, que no ha sufrido cambios y se mantiene intacta. La lectura de las obras de los santos padres ha convertido a muchos pastores protestantes. Por eso debemos conocer y saber usar esta arma de la mejor manera posible incluso para reforzar más nuestro argumento.

NORMAS BÁSICAS PARA DEBATIR

Ante todo, no olvidar nunca la premisa principal: el apologista busca salvar almas, no ganar debates. Cuando debatimos en Facebook o en otros foros de la red, así como cuando se debate de manera personal, debemos siempre guardar unas normas que van a ayudarnos a hacer el debate más fructífero y edificante.

Debatir siempre buscando la verdad

No dejes de recordarles esto. Adviérteles delante de Dios que eviten las discusiones inútiles, pues no sirven nada más que para destruir a los oyentes. **2 Timoteo 2,14**

Pero evita controversias necias, genealogías, contiendas y discusiones acerca de la ley, porque son sin provecho y sin valor. **Tito 3,9**

Todas aquellas discusiones que no lleven a la búsqueda de la verdad, deben ser evitadas, es perder el tiempo. Cuando un hermano protestante debate, depende de su actitud el ver si verdaderamente quiere buscar la verdad o solo quiere debatir por debatir, si es lo segundo no merece la pena debatir.

También es necesario valorar donde se está debatiendo, porque puede ser que sea necesario debatir para que los "lectores pasivos", foristas pasivos, lean y salgan de dudas. Muchas veces existen este tipo de foristas que solo leen y si das una buena respuesta, les puedes ayudar a aclarar dudas. Esto debe tenerse muy presente a la hora de debatir.

Evitar usar palabras malsonantes o insultos

Nada se logra en un debate usando falacias *"ad hominen",* insultos, desprestigiando al otro, o a sus argumentos. Tampoco sirve el juzgar al otro, criticarle. Debemos, pues, evitar caer en estas tentaciones. Yo sé que muchas veces ellos critican e insultan duramente, pero nosotros que poseemos la verdad completa, debemos mostrar santidad hasta en eso, evitando caer en su juego.

Centrarse en un solo tema

Es muy común en todo debate que se cambie de tema sobre la marcha, esto debe evitarse, centrarse en un tema es primordial. Por ello cuando el protestante intente cambiar de tema, tenemos recordarle de buenas maneras que ese no es el tema que se está debatiendo, y volver a citar el tema, para que vuelva al mismo.

Si no somos capaces de encerrarle en el tema, al final el post se llenará de *off topics* y nadie podrá seguir la conversación, ni aprenderá del debate y al final nada habrá quedado claro. Por eso es muy importante este punto. Un debate centrado en un solo tema, es ameno, fácil de leer, y se aprende mucho de él.

Eliminar la soberbia de nuestros corazones

Para esto de los debates, como para todo en la vida, la soberbia es mala consejera. Eso de creerse que ya se sabe todo y presumir de esto, no ayuda en nada en el debate. Quizás veamos esta actitud en nuestro hermano protestante, enfrentémosla con la humildad, pues la humildad es la que gana la batalla a la soberbia.

Si nuestro objetivo es ganar almas, no debemos caer en soberbias en los comentarios, tampoco debemos presumir que sabemos, siempre la actitud humilde en el debate nos ayudara. Recordemos que el Espíritu Santo resiste a los soberbios (Santiago 4,6). Hemos de aprender del mejor de todos los apologistas, Cristo: "Soy manso y humilde" (Mateo 11,29). Responder siempre con humildad, nos garantizará que estamos haciendo las cosas bien y vamos por el camino correcto. No se puede buscar la verdad sin contestar con humildad.

.Decía San Pedro Canisio: *"No hieran, no humillen, pero defiendan la religión con toda su alma".*

Para no herir ni humillar, se necesita la humildad. Pidamos al Señor que nos conceda esta virtud.

Procuremos contestar todas las preguntas

Es importante contestar todas las preguntas que nos haga el hermano protestante, siempre que tengan que ver con el tema tratado. Recordemos todas las preguntas tienen respuesta en el Catolicismo, por ello debemos buscar la respuesta siempre. Puede ser que de nada sirva al protestante tu respuesta, pero sí puede ayudar a aquel que está leyendo los mensajes. Muchas veces hay hermanos que están buscando la verdad y ver un debate le ayuda a encontrar la verdad y regresar al Catolicismo. Si ve que contestamos solo lo que queremos, entonces no se convencerá de que aquí está la verdad. La máxima de esto es que *"la verdad siempre puede ser probada"* por tanto, siempre existirá una respuesta precisa a toda objeción.

Cultivar la virtud de la paciencia

Pidámosle al Señor esta tan preciada virtud de la que nos habla San Pablo en Efesios 4,2, Colosenses 3,2-13. Con la paciencia podremos soportar los ataques a la fe, la soberbia, contendremos nuestra ira y nuestra desesperación. Es clave en la apologética saber usar muy bien esta virtud, pues con ella podremos lograr grandes conversiones. Solo a través de la oración podemos obtenerla.

Oración permanente

Es fundamental que antes y después de todo debate se eleve alguna oración a Dios, bien pueden ser jaculatorias, bien oraciones conocidas por todos, para que él en su inmensidad mande al Espíritu Santo y este obre frutos en el corazón del hermano no católico. Sin oración, no haremos nada, el debate será inútil y nuestro objetivo que era salvar un alma se habrá perdido. Por ello es tan importante orar. María santísima, nuestra madre, es la "muralla invencible"; solicitemos su intercesión en tan loable misión.

¿POR QUÉ LA IGLESIA NECESITA DE LA APOLOGÉTICA?

La respuesta a esta pregunta es sencilla: debido al gran aumento de grupos proselitistas en el continente americano y europeo se hace necesario desarrollar un programa de apologética laical para que el laico tenga las herramientas necesarias para defender su fe. Es cierto que dentro de la Iglesia el sector más afectado por la apologética son los laicos. Por lo tanto, quien necesita dicha formación son ellos. La formación apologética debe ser complementada con cursos de diversa índole: cursos bíblicos, cursos de espiritualidad, etc. Cada laico debe buscar la manera de adquirir el conocimiento necesario para defender y vivir su fe.

Si nos vamos al continente europeo, podemos observar que existe una gran increencia en las doctrinas cristianas, alejamiento de la fe, liberalismo, pasotismo doctrinal. La mayor parte de la gente se declaran católicos no practicantes, ateos, agnósticos. Este relajamiento en la fe es lo más abundante dentro del viejo continente, es contra lo que hoy deben enfrentarse los auténticos cristianos. Concretamente en Europa es necesario una apologética contra el ateísmo, demostrando la existencia de Dios, una apologética histórica, que aclare las principales leyendas negras de la Iglesia y una apologética doctrinal, donde se sepa dar respuesta a las principales objeciones que se hacen a la Iglesia como: ¿Sacerdotes pederastas?, ¿por qué debo ir a Misa?, ¿la Iglesia es rica y poderosa?, etc.

Pero no solamente en Europa es necesaria la apologética. Si nos vamos, por ejemplo, al continente americano, concretamente a la zona de habla hispana, podemos ver que muchos países como San Salvador, Guatemala, Nicaragua y Honduras, han perdido muchísimos católicos. Ahora mismo el 50% de la población es protestante y el otro 50% es católica. Esto es debido al avance proselitista de las sectas. Una realidad de la Iglesia latina de hoy en día, que como laicos debemos combatir.3 En Estados Unidos donde conviven cientos de Iglesias protestantes y sectas con un Catolicismo minoritario se ha optado por aplicar la apologética de manera más urgente, lo cual ha llevado al surgimiento de conversiones en masa.

Pero el tema se vuelve más preocupante en el momento que empezamos a ver el futuro, y nos damos cuenta de que en pocos años podríamos tener más de la mitad del continente americano protestante. Esto supondría una gran pérdida de feligresía para la Iglesia católica.

Estos datos empiezan a ser preocupantes para los católicos. Entonces nos preguntamos ¿algo debemos de hacer? Y es aquí donde entra en juego la apologética. Sin embargo, es complicado que en las Iglesias se den clases o grupos de formación bíblica-apologética. Esta complicación se debe a varios factores:

- La mayoría sacerdotes no están preparados en apologética para hacer frente a los ataques de las sectas.

- Muchos sacerdotes son reacios a usar la apologética, la ven como algo caduco, peleas, conflictos, etc., prefieren entonces dedicarse a otros ministerios, que son también muy importantes dentro de la Iglesia y de admirar, pero no es bueno dejar otras almas de los fieles sin guía ni orientación.

Creo que amerita aclarar que no estoy criticando para nada la santa y loable labor de muchos sacerdotes que dedican su vida y sus esfuerzos a llevar el Evangelio de Cristo a la gente, a confesar, dar misas, etc. Es cierto también que ya varios sacerdotes y conversos se han dedicado de lleno a esta labor de la apologética, por citar unos pocos: P. Flaviano Amatulli (México), Padre Jorge Loring (España), Padre José María Irabúru (España), Padre Ángel Peña (Perú), Padre Héctor Pernía (Venezuela), Fray Nelson (Colombia),

---

3 Noticia de Infocatólica: http://infocatolica.com/blog/delapsis.php/1411131237-1-de-cada-5-latinoamericanos

Padre Mitch Pacwa (Estados Unidos), Scott Hahn (Estados Unidos), entre otros. Sin embargo, son necesario muchos más para no dejar que las almas de muchos católicos acaben confundidas y caigan en las redes de las sectas. Es difícil encontrar parroquias donde se ofrezcan cursos bíblicos, cursos o ministerios de apologética. No obstante, es cierto que ya han comenzado a implantarse estos ministerios en diferentes puntos del continente americano, lo cual es un gran logro. Es por ello que no solo deben inmiscuirse en esta tarea los sacerdotes, sino también los laicos, y dentro de los laicos, creo conveniente destacar a aquellos que son conversos del protestantismo, pues ellos tienen una formación bíblica muchas veces muy superior a la media de los católicos y con sus conferencias, prédicas, cursos y enseñanzas pueden ayudarnos a estar firmes en la fe (1 Corintios 16,13; 1 Pedro 5,9).

Por todo ello la apologética pasa a ser la asignatura pendiente del católico, pues el aumento del protestantismo no se produce porque ellos tengan muchos más nacimientos y los católicos menos, sino porque muchos católicos dejan de ser de la Iglesia y se pasan a grupos proselitistas. Este abandono de los católicos es porque desconocen su fe, buscan una comunidad, amistad, formación bíblica, etc., que no encuentran dentro de la Iglesia, otras veces por sentimentalismo, se orientan por el sentir bien y bonito de la comunidad protestante donde están sin importarles si la doctrina es correcta o errónea. Muchos alegan que los cultos protestantes son bonitos, sobre todo en el ámbito del pentecostalismo, con música, canciones pegadizas, y grandes predicadores que les hacen alejarse de la liturgia clásica y tradicional de la Iglesia Católica. A veces también buscan

una mayor participación, protagonismo o incluso ven la posibilidad de fundar una Iglesia ellos mismos y vivir de eso, pues es un *"negocio que está en auge"*. Debemos por tanto ver qué es lo que atrae de otros grupos y ofrecerlo nosotros para que de esta forma el católico se quede en la Iglesia. Es muy común escuchar entre los hermanos protestantes algo como *"cuando era católico no leía la Biblia"*. Ciertamente es difícil encontrar grupos de Biblia, pero no por ello tenemos que dejar de leerla y conocerla, pues como dije antes, es el manual más importante e imprescindible de todo cristiano.

Para terminar con esta huida masiva de católicos al protestantismo es necesario primero acabar con la ignorancia en materia de fe del pueblo católico pues *católico instruido, jamás va a ser confundido, católico ignorante, mañana se hace protestante.* Es aquí donde la tarea de los laicos hoy en día se vuelve vital para la Iglesia. Esta tarea del laico comienza por ser autodidactas, estudiar de manera privada la doctrina de la Iglesia, tener una mínima formación bíblica y teológica, luego puede ser ayudado por algunos cursos, manuales, guías, o libros que encuentre por internet y le sirvan para profundizar aún más en su fe.

Posteriormente, en el siguiente capítulo, veremos los documentos de la Iglesia que apoyan al laico en este ministerio apologético.

APOLOGÉTICA Y ECUMENISMO

Otro de los problemas que surgen hoy en día en la Iglesia es una confusión y mezcla de conceptos, pues muchos creen que con todos los grupos protestantes se puede hacer ecumenismo, olvidándose así de la apologética.

El ecumenismo busca la unidad entre los cristianos y debe usarse con las Iglesias históricas: Ortodoxos, Anglicanos, Luteranos etc. Pero existen ciertos grupos protestantes, como Testigos de Jehová, mormones, unicitarios, adventistas, etc. que son proselitistas y fuertemente anticatólicos, con ellos lo único que sirve es la apologética. Pero es más: incluso con Ortodoxos y Anglicanos el ecumenismo debe ir unido a la apologética:

¿Quién consideraría legítima una reconciliación lograda a costa de la verdad? **Juan Pablo II, Ut Unum Sint, 18, 4**

Es decir, buscar la unidad sin renunciar a la verdad, y para ello tenemos que saber dar argumentos de por qué tenemos la verdad. En eso consiste la apologética, por eso el ecumenismo y la apologética tienen que ir de la mano, pero se debe saber con quién usar cada uno.

Para que exista un verdadero ecumenismo es necesario que entre ambas partes haya acercamiento y se busque la unidad, no solo debe la Iglesia acercarse al protestante sino también éste debe acercarse a la Iglesia, este será el primer paso para que exista verdadero ecumenismo.

---

4   http://w2.vatican.va/content/john-paul-ii/es/encyclicals/documents/hf_jp-ii_enc_25051995_ut-unum-sint.html

En segundo lugar, ecumenismo no es asistir a eventos puramente protestantes, escuchar canciones proselitistas y usarlas como parte de la liturgia, leer literatura protestante o sectaria, eso no se llama ecumenismo, eso es poner en peligro tu fe y la de los demás, lo que normalmente se conoce como *ser piedra de tropiezo*. Sabemos que la Iglesia enseña que en todas las religiones hay algo de verdad (Dominus Iesus, 17) pero no podemos olvidarnos de algo importantísimo:

Los Padres del Concilio Vaticano II, al tratar el tema de la verdadera religión, han afirmado: «Creemos que esta única religión verdadera subsiste en la Iglesia católica y apostólica, a la cual el Señor Jesús confió la obligación de difundirla a todos los hombres, diciendo a los Apóstoles: "Id, pues, y enseñad a todas las gentes, bautizándolas en el nombre del Padre y del Hijo y del Espíritu Santo, enseñándoles a observar todo cuanto yo os he mandado" (Mt 28,19-20). Por su parte todos los hombres están obligados a buscar la verdad, sobre todo en lo referente a Dios y a su Iglesia, y, una vez conocida, a abrazarla y practicarla» Dominus Iesus 23.

«Fuera de su estructura visible pueden encontrarse muchos elementos de santificación y de verdad»,55 ya sea en las Iglesias que en las Comunidades eclesiales separadas de la Iglesia católica.56Sin embargo, respecto a estas últimas, es necesario afirmar que su eficacia «deriva de la misma plenitud de gracia y verdad que fue confiada a la Iglesia católica» Dominus Iesus 17.

No niego que fuera de la Iglesia podamos encontrar elementos de verdad, y cosas buenas, pero *sí afirmo que la Verdad plena está en la Iglesia Católica* y cuando se habla de plenitud de gracia y verdad, significa que todo lo santo y verdadero que esta fuera de ella, lo podemos encontrar en su interior.

En efecto, «los elementos de esta Iglesia ya dada existen juntos y en plenitud en la Iglesia católica, y sin esta plenitud en las otras Comunidades». DI 17 5

Si tenemos entonces la plenitud de la verdad, ¿para que buscar trozos o partes de verdad en el protestantismo? No nos alejemos de nuestra identidad como católicos, sigamos fieles a la Iglesia y

---

5http://www.vatican.va/roman_curia/congregations/cfaith/documents/rc_con_cfaith_doc_20000806_dominusiesus_sp.html

disfrutando de dicha plenitud. Si queremos realizar un verdadero ecumenismo, nos toca orar por los hermanos no católicos para que un día regresen a la Iglesia, como es voluntad divina (Juan 17,21).

Es por ello que no debemos confundir el ecumenismo, es decir buscar la unidad con ciertas congregaciones religiosas que proceden de la reforma y cismas anteriores (ortodoxos, anglicanos, luteranos) y la apologética, defensa de la fe ante el ataque de sectas y otros grupos proselitistas (adventistas, mormones, testigos de Jehová, unicitarios, pentecostales, etc.)

Es necesario conocer qué enseña la Iglesia sobre la apologética, pues quizás alguno nos pueda cuestionar: "Y usted ¿por qué hace apologética? ¿Dónde lo manda la Iglesia?".

Citaremos los dos documentos, que a mi juicio, son los fundamentales:

Mas como en nuestros tiempos surgen nuevos problemas, y se multiplican los errores gravísimos que pretenden destruir desde sus cimientos todo el orden moral y la misma sociedad humana, este Sagrado Concilio exhorta cordialísimamente a los laicos, a cada uno según las dotes de su ingenio y

según su saber, a que suplan diligentemente su cometido, conforme a la mente de la Iglesia, aclarando los principios cristianos, defendiéndolos y aplicándolos convenientemente a los problemas actuales. **Apostolicam actuositatem, 6; promulgado solemnemente por Pablo VI el 18 de noviembre 1965.6**

Conforme a esto como laicos debemos ser capaces de defender los principios cristianos, aclararlos y aplicarlos a los problemas actuales. Hemos visto las sectas son un grave problema, pues quieren acabar con los cimientos de la fe católica, por ello como laicos estamos obligados a dar razón de nuestra fe, tal y como pide el concilio.

Finalmente, tenemos esta enseñanza de S.S. Juan Pablo II sobre cómo se ha de hacer apologética:

Hablar con claridad quiere decir que debemos explicar de manera comprensible la verdad de la Revelación y las enseñanzas de la

---

6   http://www.vatican.va/archive/hist_councils/ii_vatican_council/documents/vat-ii_decree_19651118_apostolicam-actuositatem_sp.html

Iglesia. No solo debemos repetir, sino también explicar. En otras palabras, hace falta una nueva apologética, que responda a las exigencias actuales y tenga presente que nuestra tarea no consiste en imponer nuestras razones, sino en conquistar almas, y que no debemos entrar en discusiones ideológicas, sino defender y promover el Evangelio. Este tipo de apologética necesita una "gramática" común con quienes ven las cosas de forma diversa y no comparten nuestras afirmaciones, para no hablar lenguajes diferentes, aunque utilicemos el mismo idioma. Esta nueva apologética también tendrá que estar animada por un espíritu de mansedumbre, la humildad compasiva que comprende las preocupaciones y los interrogantes de los demás, y no se apresura a ver en ellos mala voluntad o mala fe. Al mismo tiempo, no ha de ceder a una interpretación sentimental del amor y de la compasión de Cristo separada de la verdad, sino que insistirá en que el amor y la compasión verdaderos plantean exigencias radicales, precisamente porque son inseparables de la verdad, que es lo único que nos hace libres (cf. Jn 8,32). Hablar con confianza significa que, a pesar de que otros puedan negar nuestra competencia específica o reprocharnos las faltas de los miembros de la Iglesia, nunca debemos perder de vista que el Evangelio de Jesucristo es la verdad a la que aspiran todas las personas, aunque nos parezcan alejadas, reticentes u hostiles. Por último, la prudencia, que el Papa Pablo VI define sabiduría práctica y buen sentido, y que san Gregorio Magno considera la virtud de los valientes (cf. Moralia, 22, 1), significa que debemos dar una respuesta concreta a la gente que pregunta: "¿Qué hemos de hacer?" (Lc 3, 10. 12. 14). El Papa Pablo VI concluyó afirmando que hablar con perspicuitas, lenitas, fiducia y prudentia, "nos hará discretos. Nos hará maestros" (Ecclesiam suam, 77). Queridos hermanos en el episcopado, estamos llamados a ser ante todo maestros de la verdad, que no dejan de implorar "la gracia de ver la vida en su totalidad, y la fuerza de hablar eficazmente de ella" (Gregorio Magno, In Ezechielem, I, 11,6). **(Discurso del Santo Padre Juan Pablo II a los Obispos de las Regiones Noroccidentales de Canadá con motivo de la visita "Ad Limina", 7)**

7https://w2.vatican.va/content/john-paul-
li/es/speeches/1999/october/documents/hf_jp-ii_spe_30101999_ad-limina-west-
canada.html

II

ECLESIOLOGÍA

LAS QUINCE MARCAS DE LA IGLESIA

El Catecismo de la Iglesia Católica establece las cuatro marcas o notas fundamentales de la Iglesia Católica:

UNA

813 La Iglesia es una debido a su origen: "El modelo y principio supremo de este misterio es la unidad de un solo Dios Padre e Hijo en el Espíritu Santo, en la Trinidad de personas" (UR2). La Iglesia es una debido a su Fundador: "Pues el mismo Hijo encarnado [...] por su cruz reconcilió a todos los hombres con Dios [...] restituyendo la unidad de todos en un solo pueblo y en un solo cuerpo" (GS 78, 3). La Iglesia es una debido a su "alma": "El Espíritu Santo que habita en los creyentes y llena y gobierna a toda la Iglesia, realiza esa admirable comunión de fieles y une a todos en Cristo tan íntimamente que es el Principio de la unidad de la Iglesia" (UR 2). Por tanto, pertenece a la esencia misma de la Iglesia ser una: «¡Qué sorprendente misterio! Hay un solo Padre del universo, un solo Logos del universo y también un solo Espíritu Santo, idéntico en todas partes; hay también una sola virgen hecha madre, y me gusta llamarla Iglesia» (Clemente de Alejandría, Paedagogus 1, 6, 42).

SANTA

823 «La fe confiesa que la Iglesia [...] no puede dejar de ser santa. En efecto, Cristo, el Hijo de Dios, a quien con el Padre y con el Espíritu se proclama "el solo santo", amó a su Iglesia como a su esposa. Él se entregó por ella para santificarla, la unió a sí mismo como su propio cuerpo y la llenó del don del Espíritu Santo para gloria de Dios» (LG 39). La Iglesia es, pues, "el Pueblo santo de Dios" (LG 12), y sus miembros son llamados "santos" (cf Hch 9, 13; 1 Co 6, 1; 16, 1).

CATÓLICA:

830 La palabra "católica" significa "universal" en el sentido de "según la totalidad" o "según la integridad". La Iglesia es católica en un doble sentido: Es católica porque Cristo está presente en ella. "Allí donde está Cristo Jesús, está la Iglesia Católica" (San Ignacio de Antioquía, Epistula ad Smyrnaeos 8, 2). En ella subsiste la plenitud del Cuerpo de Cristo unido a su Cabeza (cf Ef 1, 22-23), lo que implica que ella recibe de Él "la plenitud de los medios de salvación" (AG 6) que Él ha querido: confesión de fe recta y completa, vida sacramental íntegra y ministerio ordenado en la sucesión apostólica. La Iglesia, en este sentido fundamental, era católica el día de Pentecostés (cf AG 4) y lo será siempre hasta el día de la Parusía.

APOSTÓLICA

857 La Iglesia es apostólica porque está fundada sobre los apóstoles, y esto en un triple sentido:

— fue y permanece edificada sobre "el fundamento de los Apóstoles" (Ef 2, 20;Hch 21, 14), testigos escogidos y enviados en misión por el mismo Cristo (cf. Mt28, 16-20; Hch 1, 8; 1 Co 9, 1; 15, 7-8; Ga 1, l; etc.).

— guarda y transmite, con la ayuda del Espíritu Santo que habita en ella, la enseñanza (cf. Hch 2, 42), el buen depósito, las sanas palabras oídas a los Apóstoles (cf 2 Tm 1, 13-14).

— sigue siendo enseñada, santificada y dirigida por los Apóstoles hasta la vuelta de Cristo gracias a aquellos que les suceden en su ministerio pastoral: el colegio de los obispos, "al que asisten los presbíteros juntamente con el sucesor de Pedro y Sumo Pastor de la Iglesia" (AG 5):

«Porque no abandonas nunca a tu rebaño, sino que, por medio de los santos pastores, lo proteges y conservas, y quieres que tenga siempre por guía la palabra de aquellos mismos pastores a quienes tu Hijo dio la misión de anunciar el Evangelio (Prefacio de los Apóstoles I: Misal Romano).

Con estas cuatro notas se identifica a la verdadera Iglesia de Jesucristo. Sin embargo, estas cuatro notas solo constituyen un resumen de otras quince marcas que en su momento el cardenal de la Iglesia San Roberto Belarmino (1542-1621) desarrolló en sus obras. ¿Cuáles entonces serían estas 15 marcas? 8

---

8 On The Marks Of The Church- St Robert Bellarmine SJ. Translated from the Latin by Ryan Grant.

1. Catolicidad

Su nombre no se limita a un pueblo o nación particular, es universal, se extiende por todo el orbe.

2. Antigüedad

Puede trazar su ascendencia hasta Jesucristo.

3. Duración constante

Sin cambios substanciales durante siglos, siempre la encuentras presente.

4. Extensión

En el número de miembros.

5. Sucesión Episcopal

Desde los apóstoles hasta nuestros obispos, hay una sucesión ininterrumpida.

6. Acuerdo doctrinal

Hay un acuerdo pleno entre su doctrina y la doctrina bíblica y la de la Iglesia primitiva.

7. Unidad

Entre los miembros y con la cabeza de la Iglesia que es el Romano Pontífice.

8. Santidad

Doctrina que refleja la santidad de Dios.

9. La eficacia de la Doctrina

Santifica a los creyentes les inspira a realizar grandes logros morales.

10. Santidad de la Vida

De los escritores, santos y principales representantes de la Iglesia.

11. Milagros

Se desarrollan milagros dentro de la Iglesia.

12. El don de profecía

Encontrado entre los santos de la Iglesia.

13. Oposición

En el mismo terreno en que el mundo se opone a Cristo.

14. El triste final de sus enemigos

Todos intentan destruirla, nadie lo consigue y ellos acaban pereciendo.

15. Paz temporal y felicidad terrena

De los que viven la enseñanza de la Iglesia y defienden sus intereses.9

San Roberto Belarmino desarrolló estas marcas durante la época de la reforma para refutar a los protestantes y demostrar cuál era la única Iglesia verdadera. Hoy, 500 años después, tras un imparable crecimiento protestante en el continente americano, y en varios países europeos, es necesario explicarlas y tenerlas presentes nuevamente para que la Iglesia que Jesucristo fundó sea fácilmente localizable. Es así que en la única que podemos encontrar todas estas marcas completamente bíblicas, es en la Santa Iglesia Católica.

Paso ahora a analizar una por una las quince marcas:

1. _Catolicidad:_ Su nombre no se limita a un pueblo o nación particular, es universal, se extiende por todo el orbe.

Cristo fundó una Iglesia para todos los hombres, de todos los tiempos, de todos los países, regiones y continentes, sin importar la raza, la lengua, la cultura. Es una Iglesia Universal. Así nos lo enseña en varias ocasiones:

Por tanto, id, y haced discípulos a todas las naciones, bautizándolos en el nombre del Padre, y del Hijo, y del Espíritu

---

9 http://www.thecatholictreasurechest.com/schmark.htm

Santo; enseñándoles que guarden todas las cosas que os he mandado; y he aquí yo estoy con vosotros todos los días, hasta el fin del mundo. Amén. **Mateo 28,19-20**

Y les dijo: Id por todo el mundo y predicad el Evangelio a toda criatura. **Marcos 16,15**

Pero recibiréis poder, cuando haya venido sobre vosotros el Espíritu Santo, y me seréis testigos en Jerusalén, en toda Judea, en Samaria, y hasta lo último de la tierra. **Hechos 1,8**

La idea de la universalidad de lugares, de gentes, y del Evangelio es clara en estos pasajes. Todo el Evangelio, todas las gentes, todos los sitios. No es, por tanto, la Iglesia de una región o zona específica, esa no puede ser la Iglesia de Cristo. Esta universalidad se llama "catolicidad" debido a que en griego católico significa "universal". Luego, la Iglesia debe ser "católica" en el sentido de "universal". ¿Existe la palabra católica en las Escrituras? La respuesta es sí, la palabra católica está en las Escrituras pero no se traduce como universal, ya que no viene como adjetivo sino como un adverbio, pero es claro que sí se encuentra en las Escrituras (esto lo pongo aquí para aquellos fundamentalistas que piden la palabra en las Escrituras).

καὶ καλέσαντες αυτοὺς παρήγγειλαν αυτοις τὸ **καθόλου** μὴ φθέγγεσθαι μηδὲ διδάσκειν επὶ τωονόματι του Ιησου" **Hechos 4,18**

καθόλου- De esta palabra viene la palabra "católico", universal, todo el mundo. En este pasaje se traduce como "en ninguna manera/de ningún modo/en absoluto". Como dije antes, no se traduce por universal, ya que se usa como adverbio y no como adjetivo pero es de ahí de donde viene "católico", *Katholou* que se latinizó a católico. Esta palabra se traduce como en su totalidad, por completo, en general, dando así a entender el sentido universal que antes hemos descrito.10

Esta palabra está formada por dos preposiciones "kata" y "holos". La primera significa "en conformidad con, de acuerdo con" y la segunda significa "todos", por lo que podríamos decir que el católico es aquí el que está de acuerdo con todo el Evangelio, en conformidad con todo el Evangelio.

---

10 http://biblehub.com/greek/katholou_2527.htm

"Kata" también se puede traducir como "a lo largo de" para dar a entender su totalidad o universalidad en cuanto a la extensión. De esta forma podemos encontrarlo aquí:

Entonces las Iglesias tenían paz por toda Judea, Galilea y Samaria; y eran edificadas, andando en el temor del Señor, y se acrecentaban fortalecidas por el Espíritu Santo. **Hechos 9,31**

Si nos vamos al griego encontramos la expresión ἐκκλησία καθ' ὅλης 11que se traduciría como *"Eclessia Kata holos"* es decir, *Iglesia "a lo largo de toda", Iglesia "católica" de Judea.* Aquí se usa ambas preposiciones para referirse a la Iglesia apostólica que había sido extendida por toda la región de Judea, Galilea y Samaria, es decir se había universalizado. Por eso el traducir literalmente como "Iglesia Católica de Judea" no es una mala traducción, sino que es fiel al original griego. Teniendo esto claro hemos demostrado que la Iglesia primitiva era católica en extensión de lugares y gentes.

La catolicidad de la Iglesia vino como cumplimiento de muchas de las profecías del Antiguo Testamento12. Pasaremos ahora a ver cuáles de las profecías del Antiguo Testamento hablan y establecen la existencia de una Iglesia universal, es decir, católica:

Y le fue dado dominio, gloria y reino, para que todos los pueblos, naciones y lenguas le sirvieran. Su dominio es un dominio eterno que nunca pasará, y su reino uno que no será destruido. **Daniel 7,14**

Todos los pueblos y lenguas, denota la catolicidad. Este Reino del cual nos habla el profeta Daniel es la Iglesia de Cristo, un reino que no puede ser destruido y que dominará a todos los pueblos, naciones y lenguas. Recordemos que en el NT el reino de Dios es la Iglesia (Marcos 4,30-32, Lucas 11,20, Mateo 13,41, Mateo 23,13).

Sucederá al fin de los tiempos que la montaña de la Casa del Señor será afianzada sobre la cumbre de las montañas y se elevará por encima de las colinas. Todas las naciones afluirán hacia ella 3 y acudirán pueblos numerosos, que dirán; ¡Vengan, subamos a la montaña del Señor, a la Casa del Dios de Jacob! Él nos instruirá en sus caminos y caminaremos por sus sendas». *Porque de Sión saldrá la Ley y de Jerusalén, la palabra del Señor.* **Isaías 2,2-3**

---

11 http://biblehub.com/interlinear/acts/9-31.htm
12 La fe es razonable- Scott Hahn Editorial Rialp quinta edición Septiembre 2014

Ya desde la promesa que Dios hace al patriarca Abraham en Génesis 12, vemos la intención de tener una Iglesia universal, a la cual pertenezcan todos los pueblos de la Tierra, que lleve su lengua hasta los confines del mundo. Recordemos que la lengua oficial de la Iglesia es el latín y podemos decir que esta lengua siempre es hablada en todo el mundo, pues en muchos sitios aún se sigue ofreciendo misas en latín, y en otros dentro de la propia misa en lengua vernácula conservamos expresiones latinas. La Iglesia católica es la única que cumple con todas estas profecías del AT.

Podemos entonces ver el cumplimiento de dichas profecías en la Iglesia que Cristo fundó. Ninguna otra Iglesia puede afirmar que cumpla todas estas profecías del AT. Por ello la nota de "catolicidad" de la Iglesia hoy en día recobra una importancia capital pues estamos llenos de sectas y con dicha característica podemos concretar claramente cuál es la Iglesia de Dios.

2. *Antigüedad: Puede trazar su ascendencia hasta Jesucristo.*

Antes hemos hablado de cómo la fe primera fue la católica, luego llegaron las sectas y predicaron un nuevo Evangelio (Gálatas 1,9), confundiendo a muchos. Es, pues, la fe católica la más antigua de todas, y en el término "antiguo" está otra de las marcas de la Iglesia. Si verdaderamente la Iglesia católica es antigua debe poder trazar su ascendencia hasta Jesucristo, esto es, debemos probar que es la más antigua de todas las Iglesias del orbe y que las demás salieron de ella, por ello a través de las sectas y numerosas herejías de hoy en día también se puede probar la existencia de la verdadera Iglesia de Cristo:

Y les propuso otra parábola: «El Reino de los Cielos se parece a un hombre que sembró buena semilla en su campo; 25 pero mientras todos dormían vino su enemigo, sembró cizaña en medio del trigo y se fue. **Mateo 13,24-25**

Vemos cómo primero se siembra la buena semilla y luego la cizaña. O sea, la buena semilla es anterior a la cizaña, el bien anterior al mal, la Iglesia verdadera es la buena semilla, las sectas son la cizaña. De la misma forma los ángeles buenos son anteriores a los ángeles malos. Por ello el mismo San Juan enseña que:

Ellos salieron de entre nosotros, sin embargo, no eran de los nuestros. Si lo hubieran sido, habrían permanecido con nosotros. Pero debía ponerse de manifiesto que no todos son de los nuestros. **1 Juan 2,19**

Las sectas salieron de la Iglesia y no la Iglesia salió de las sectas, luego esta premisa es cierta siempre y es fundamental para encontrar la verdadera Iglesia de Cristo. ¿Cuál es esta Iglesia? Aquella de donde salieron todas las sectas: Arrio, Lutero, Calvino, Pelagio, etc., todos ellos salieron de un solo lugar: la Iglesia católica.13

El mismo apóstol San Juan nos enseña que la unidad precede a la división:

Después que los soldados crucificaron a Jesús, tomaron sus vestiduras y las dividieron en cuatro partes, una para cada uno. Tomaron también la túnica, y como no tenía costura, porque estaba hecha de una sola pieza de arriba abajo, 24 se dijeron entre sí: «No la rompamos. Vamos a sortearla, para ver a quién le toca.» Así se cumplió la Escritura que dice: Se repartieron mis vestiduras y sortearon mi túnica. Esto fue lo que hicieron los soldados. **Juan 19,23-24**

Es, entonces, claro como la unidad también es sinónimo de antigüedad, puesto que lo antiguo es uno lo moderno es división, así las sectas rompen la túnica de Cristo en mil pedazos, mientras que antes esta fue una sola.

¿Podemos probar que la Iglesia católica es anterior a las sectas protestantes? La respuesta es afirmativa. Basta con irse a la más grande y más excelsa de todas las Iglesias del orbe, la Iglesia madre de la cristiandad, aquella que fue fundada por Pedro y Pablo, los dos más grandes apóstoles: la Iglesia de Roma. Veamos qué nos enseña el NT sobre esta Iglesia:

En primer lugar, doy gracias a mi Dios por medio de Jesucristo, a causa de todos ustedes, porque su fe es alabada en el mundo entero. 9 Dios, a quien tributo un culto espiritual anunciando la Buena Noticia de su Hijo, es testigo de que yo los recuerdo constantemente. **Romanos 1,8-9**

Y estoy seguro de que llegaré hasta ustedes con la plenitud de las bendiciones de Cristo. **Romanos 15,29**

Salúdense mutuamente con el beso de paz. Todas las Iglesias de Cristo les envían saludos. **Romanos 16,16**

---

13 Meditaciones sobre la Iglesia- San Francisco de Sales.BAC1985

En todas partes se conoce la obediencia de ustedes, y esto me alegra; pero quiero que sean hábiles para el bien y sencillos para el mal. **Romanos 16,19**

San Pablo pone a la Iglesia de Roma como referencia sobre las otras Iglesias: referente en obediencia, referente en cuanto a su fe, plenitud de bendiciones tiene esta Iglesia. Todo esto lleva a que el resto de las Iglesias de Cristo la saluden. ¿No es esto prueba de una antigüedad bien merecida?

Esta Iglesia fue gobernada durante un tiempo por el apóstol San Pedro:

13 La Iglesia de Babilonia, que ha sido elegida como ustedes, los saluda, lo mismo que mi hijo Marcos. **1 Pedro 5,13**

Babilonia era el nombre por el que los judíos conocían a Roma, la Iglesia de Babilonia sería entonces la Iglesia de Roma. Este punto se tocará más adelante, ahora solamente demostraremos cómo la propia Escritura recoge a los primeros obispos de Roma:

Te saludan Eubulo, Pudente, Lino, Claudia y todos los hermanos. **2 Timoteo 4,21**

Y a ti, mi fiel compañero, te pido que las ayudes, porque ellas lucharon conmigo en la predicación del Evangelio, junto con Clemente y mis demás colaboradores, cuyos nombres están escritos en el Libro de la Vida. **Filipenses 4,3**

Podemos decir que varios de los primeros obispos de Roma se mencionan en las Escrituras: Pedro, Lino, Clemente, etc. Desde ahí tenemos una serie ininterrumpida de obispos hasta el actual sucesor de Pedro, el Papa Francisco. Ninguna iglesia protestante puede dar listas de sus obispos desde tiempos de Jesús, solo la Santa Iglesia Católica.

3. *Duración constante: Sin cambios substanciales durante siglos, siempre la encuentras presente.*

Esta nota se refiere a que la Iglesia de Cristo debería existir durante todos los siglos. Si localizamos un obispo, presbítero o santo que haya existido en cada uno de los siglos desde los apóstoles hasta hoy podremos garantizar que la Iglesia Católica tiene duración constante. Demostremos esto fácilmente:

SIGLO	SANTO DE LA IGLESIA CATOLICA
I	San Clemente, San Ignacio de Antioquía
II	San Policarpo, San Ireneo
III	San Cipriano, San Máximo de Alejandría
IV	San Atanasio, San Efrén de Siria
V	San Agustín, San Hilario De Arles
VI	San Germán de Paris, San Isidoro de Sevilla
VII	San Ildefonso De Toledo
VIII	San Prospero de Tarragona
IX	San Cirilo y Metodio
X	San Froilán de León
XI	San Pedro Damián
XII	San Bernardo de Claraval
XIII	Santo Tomás, Santo Domingo
XIV	San Vicente Ferrer
XV	San Francisco de Paula
XVI	San Juan de Ávila
XVII	San Pedro Claver
XVIII	San Alfonso María De Ligorio
XIX	San Juan María Vianney

Tenemos entonces constancia de que desde tiempos apostólicos esta santa Iglesia de Dios ha enriquecido al mundo con innumerables santos, los cuales han predicado y enseñado la doctrina de la Iglesia católica sin ninguna duda. Por tanto, podemos decir que siempre en todos los siglos esta la Iglesia presente. Por ello podemos gritar con San Pablo:

¡A él sea la gloria en la Iglesia y en Cristo Jesús, por todas las generaciones y para siempre! Amén. **Efesios 3,21**

Una Iglesia llena de gloria en todas las generaciones fue predicha por San Pablo, y hemos visto se ha cumplido. Hombres santos ha habido durante todos los siglos, hombres que iluminan al cristiano en el obrar y proceder, ejemplos dignos de ser imitados.

Y esto es porque en los planes de Dios estaba que la Iglesia permaneciera para siempre:

Hemos visto lo que habíamos oído en la Ciudad de nuestro Dios, en la Ciudad del Señor de los ejércitos, que él afianzó para siempre. **Salmo 48,9**

Le daré una descendencia eterna y un trono duradero como el cielo. **Salmo 89,30**

Él les respondió: "Toda planta que no haya plantado mi Padre celestial, será arrancada de raíz". **Mateo 15,13**

Por todo ello podemos afirmar que la Iglesia de Cristo, ha sido plantada por el Padre celestial (Mateo 16,15-18) y por ello no puede ser arracada. En ella se cumple lo que dice el salmista "descendencia eterna" "trono duradero", "ciudad afianzada para siempre".

La única forma de garantizar que la verdad del Evangelio no se perdiera, era que esta Iglesia estuviera presente en todos los siglos. De esta forma, podemos afirmar la fe católica es la de los apóstoles. La lista de santos anteriormente citados demuestra esto y las citas presentadas también. Ahora podemos concluir como concluye el santo apóstol Pablo:

En efecto, así como todos mueren en Adán, así también todos revivirán en Cristo, 23 cada uno según el orden que le corresponde: Cristo, el primero de todos, luego, aquellos que estén unidos a él en el momento de su Venida. 24 En seguida vendrá el fin, cuando Cristo entregue el Reino a Dios, el Padre, después de haber aniquilado todo Principado, Dominio y Poder. **1 Corintios 15,22-24**

San Pablo enseña que no existe interrupción alguna entre los que son de Cristo y el fin. Luego, la Iglesia debe existir desde Cristo hasta el fin, cuando el Señor haya sometido a sus enemigos bajo sus pies. ¿Dónde estarían sus enemigos? En la Tierra. ¿Dónde reinará? Evidentemente en la Iglesia, esto es, decir que la Iglesia de Cristo no estuvo presente en algún periodo de tiempo desde su venida hasta el siglo XV, o posteriores es afirmar que Cristo dejó de reinar durante 1500 años lo cual sería absurdo porque su Reino no tiene fin (Lucas 1,33). La Iglesia es entonces la buena semilla de Mateo 13, donde esta semilla no es ahogada ni abolida ni retirada simplemente crece con cizaña y al final de los tiempos es separada. Esto significa que la Iglesia crecerá con la herejía, ambos crecen juntas pero aquellos que son de la Iglesia serán separados de los que pertenecen a la herejía al fin de los tiempos, por tanto nos interesa ser parte de la Iglesia.

4. _Extensión:_ _En el número de miembros._

La Iglesia siempre se ha tomado muy en serio el mandato de Cristo de ir a predicar a todas las naciones su nombre (Lucas 24,47). Es por eso que pronto se empezaron a multiplicar los miembros de esta Iglesia:

Los que recibieron su palabra se hicieron bautizar; y ese día se unieron a ellos alrededor de tres mil. **Hechos 2,41**

Muchos de los que habían escuchado la Palabra abrazaron la fe, y así el número de creyentes, contando solo los hombres, se elevó a unos cinco mil. **Hechos 4,4**

Así, las Iglesias se consolidaban en la fe, y su número crecía día tras día. **Hechos 16,5**

Aumentaba cada vez más el número de los que creían en el Señor, tanto hombres como mujeres. **Hechos 5,14**

Así la Palabra de Dios se extendía cada vez más, el número de discípulos aumentaba considerablemente en Jerusalén y muchos sacerdotes abrazaban la fe. **Hechos 6,7**

Todas estas citas nos enseñan que la Iglesia no se limitaba a un determinado número de personas sino que poco a poco iba creciendo. Por ello podemos decir que la Iglesia Católica es la que más miembros ha tenido en toda su historia, y en la que más conversiones se han realizado. Hoy en día nos llena de orgullo que grandes teólogos protestantes se conviertan al Catolicismo aumentando así el número de miembros de esta Santa Iglesia de Dios. Nunca en la historia de la Iglesia esta ha dejado de producir vocaciones al sacerdocio, y hoy en plena crisis profunda tampoco se deja de producir vocaciones, la Iglesia siempre tiene vocaciones y siempre tiene conversos. Podemos hablar del primer gran converso, San Pablo; de San Agustín, otro santo converso al

Catolicismo; del Cardenal J. Henry Newman; o del ex pastor presbiteriano Scott Hahn, por citar uno más reciente.

Recordemos, pues, que la voluntad de Dios es que:

Todos se salven y lleguen al conocimiento de la verdad. **1Timoteo 2,4**

Es entonces Dios quien suscita estas conversiones, la vocación al sacerdocio así como el animarse a conocer la fe católica para posteriormente ser bautizado. Todo esto es suscitado por Dios mediante el don de la fe, de esta manera logra que se puedan salvar conociendo la Verdad y sitúa a la Iglesia como instrumento de Salvación del pueblo de Dios, tal y como lo enseñó San Lucas:

Ellos alababan a Dios y eran queridos por todo el pueblo. Y cada día, el Señor acrecentaba la comunidad con aquellos que debían salvarse. **Hechos 2,47**

Por ello la importancia del número de fieles es muy alta, y esto lo sabían los evangelistas y apóstoles, por ello recogieron estas citas para demostrar que la Iglesia siempre buscaba la salvación de las almas, de forma que cuando se unían a la comunidad, ya podían salvarse. Evidentemente esto es algo que va contra la sola fe del protestante puesto que ellos creen que solo necesitamos la fe para salvarnos, nosotros en cambio sabemos que la fe sola no salva es necesario además de la fe, obediencia al Evangelio, y en esto nos encontramos con la necesidad de pertenecer a la Iglesia de Cristo, aquella a la que se añadían los que debían ser salvos (Hechos 2,47).

Así que la Iglesia como nuevo pueblo de Dios, o Israel de Dios busca la salvación de todas las almas y por ello debe ser extensa en número para lograrlo.

5. *Sucesión Episcopal: Desde los apóstoles hasta nuestros obispos hay una sucesión ininterrumpida.*

Esta es la nota que nosotros llamamos como "apostólica", es decir, que los obispos de hoy en día son sucesores de los apóstoles, por tanto hay una sucesión ininterrumpida hasta ellos. ¿Esto se puede demostrar con la Biblia? ¿Es invento católico? No es un invento y sí se puede demostrar con la Biblia.

Para empezar, es necesario hacer hincapié en este primer texto que vamos a presentar donde claramente observaremos que el "oficio" de apóstol y obispo son intercambiables. Por tanto, puede haber sucesores de los apóstoles:

En el libro de los Salmos está escrito: Que su casa quede desierta y nadie la habite. Y más adelante: Que otro ocupe su cargo. **Hechos 1,20**

Situémonos en el contexto de la cita: Se está tratando de ver quien sustituye a Judas, y san Pedro dice refiriéndose al Salmo 109,8, "que otro ocupe su cargo", es decir el "cargo" de Judas va a ser ocupado por otro, ese otro será Matías. Bien, pues resulta que la palabra griega usada para cargo es ἐπισκοπὴν (episkopen) que se traduce como: *supervisor, epíscopo,* por ello al obispo se le conoce como epíscopo y al sacerdote como presbítero, podemos decir que estos son sus nombres técnicos. Así que los obispos son "*episkopen*", tienen el cargo de "episcopado". Este cargo fundamentalmente consiste en supervisar las Iglesias y al cuerpo de presbíteros. Pronto la Iglesia acabó adquiriendo un episcopado monárquico, es decir, un obispo que supervisa un colegio de presbíteros, por ello se comenzó a nombrar obispos en cada ciudad, y el ocupar el cargo de los apóstoles pasó a ser algo frecuente pues hemos de entender que estos no eran eternos y tenían que delegar funciones.

San Pablo ordena a Timoteo enseñar el Evangelio que aprendió de él a otros hombres con el fin de que estos puedan enseñar a otros:

Tú, que eres mi hijo, fortalécete con la gracia de Cristo Jesús. 2 Lo que oíste de mí y está corroborado por numerosos testigos, confíalo a hombres responsables que sean capaces de enseñar a otros. **2 Timoteo 2,1-2**

Recordemos esta carta es escrita hacia el año 65 d.C. poco antes de morir San Pablo. Podemos, entonces, concluir que está pasando su ministerio a Timoteo y dándole las últimas y más importantes indicaciones.

Le manda también a exhortar, reprender, vigilar y reprender:

Yo te conjuro delante de Dios y de Cristo Jesús, que ha de juzgar a los vivos y a los muertos, y en nombre de su Manifestación y de su Reino: 2 proclama la Palabra de Dios, insiste con ocasión o sin ella, arguye, reprende, exhorta, con paciencia incansable y con afán de enseñar. 3 Porque llegará el tiempo en que los hombres no soportarán más la sana doctrina; por el contrario, llevados por sus inclinaciones, se procurarán una multitud de maestros 4 que les halaguen los oídos, y se apartarán de la verdad para escuchar cosas fantasiosas. 5 Tú, en cambio, vigila atentamente, soporta todas las pruebas, realiza tu tarea como predicador del Evangelio, cumple a la perfección tu ministerio. 6 Yo ya estoy a punto de ser derramado como una libación, y el momento de mi partida se aproxima. **2 Timoteo 4,1-6**

Aquí claramente vemos que todas estas órdenes que San Pablo da a Timoteo es porque el momento de su partida está muy cercano, y no quiere dejar a sus Iglesias sin un sucesor. Por ello le dice que tiene que argüir, reprender, exhortar, enseñar, vigilar, predicar, etc. Claramente todas estas son las misiones de un obispo. Es innegable que entonces San Pablo esta pasado su cargo a Timoteo, convirtiéndose así este en el primero obispo sucesor de San Pablo de muchas de sus Iglesias.

Reavivar el don obtenido por la imposición de las manos de san Pablo:

Por eso te recomiendo que reavives el don de Dios que has recibido por la imposición de mis manos. **2 Timoteo 1,6**

Conservar lo que adquirió de San Pablo:

No malogres el don espiritual que hay en ti y que te fue conferido mediante una intervención profética, por la imposición de las manos del presbiterio. 15 Reflexiona sobre estas cosas y dedícate enteramente a ellas, para que todos vean tus progresos. 16 Vigila tu conducta y tu doctrina, y persevera en esta actitud. Si obras así, te salvarás a ti mismo y salvarás a los que te escuchen. **1Timoteo 4,14-16**

Como ha de imponer las manos Timoteo:

No te apresures a imponer las manos a nadie, y no te hagas cómplice de pecados ajenos. Consérvate puro. **1 Timoteo 5,22**

Lo mismo pasa con Tito, otro obispo designado por San Pablo:

Te he dejado en Creta, para que terminaras de organizarlo todo y establecieras presbíteros en cada ciudad de acuerdo con mis instrucciones. **Tito 1,5**

Así debes hablar, exhortar y reprender con toda autoridad. No des ocasión a que nadie te desprecie. **Tito 2,15**

A Tito le deja en Creta para establecer presbíteros. Es, pues, el epíscopo u obispo quien, por imposición de manos, establece nuevos presbíteros. De esta forma, Tito se convierte en el primer obispo de Creta. Él tiene toda autoridad para habla, reprender y exhortar es decir tiene el mismo nivel de autoridad que San Pablo apóstol.

Lo mismo manda a los tesalonicenses:

Les rogamos, hermanos, que sean considerados con los que trabajan entre ustedes, es decir, con aquellos que los presiden en nombre del Señor y los aconsejan. **1Tesalonicenses 5,12**

Los que presidian a los de Tesalónica eran obispos, y estos debían ser tenidos en consideración y obediencia.

Pero no solamente que tenga sucesores de los apóstoles significa que la Iglesia es apostólica, también tiene otro significado y es que está fundada o edificada sobre ellos y su predicación. Fundada sobre los apóstoles persevera en sus enseñanzas y tradiciones que han sido recibidas mediante una sucesión legítima de obispos como hemos visto hasta ahora. Entonces también podemos decir que la Iglesia es apostólica porque:

Por lo tanto, ustedes ya no son extranjeros ni huéspedes, sino conciudadanos de los santos y miembros de la familia de Dios. 20 Ustedes están edificados sobre los apóstoles y los profetas, que son los cimientos, mientras que la piedra angular es el mismo Jesucristo. **Efesios 2,19-20**

La muralla de la Ciudad se asentaba sobre doce cimientos, y cada uno de ellos tenía el nombre de uno de los doce Apóstoles del Cordero. **Apocalipsis 21,14**

Esta autoridad apostólica se sigue transmitiendo en la Iglesia tal y como se hacía en los tiempos de los apóstoles, por medio de la imposición de las manos. Este gesto de imponer las manos es heredado del antiguo pueblo de Dios y significa el paso de un cargo o autoridad a otra persona. Veámoslo en el Antiguo Testamento:

Una vez que hayas hecho acercar a los levitas hasta la presencia del Señor, los israelitas impondrán las manos sobre ellos. 11 Luego

Aarón, en nombre de todos, ofrecerá los levitas al Señor con el gesto de presentación. Así quedarán destinados al servicio del Señor. **Números 8,10-11**

Josué, hijo de Nun, estaba lleno del espíritu de sabiduría, porque Moisés había impuesto sus manos sobre él; y los israelitas le obedecieron, obrando de acuerdo con la orden que el Señor había dado a Moisés. **Deuteronomio 34,9**

Moisés hizo lo que el Señor le había ordenado: tomó a Josué y lo presentó ante el sacerdote Eleazar y ante toda la comunidad. 23 Luego impuso su mano sobre él y le transmitió sus órdenes, como el Señor lo había ordenado por medio de Moisés. **Números 27,22-23**

Comparemos esto con la imposición de manos en el NT (1Tim 5,22; 2 Tim 1,6) y veremos que es similar. En todos los casos es para consagrar personas al servicio del Señor, para pasarles un cargo a estos. A través de la imposición de las manos se confiere un carisma o gracia a los clérigos, de esta forma pueden ser "administradores de los misterios de Dios" (1Cor 4,1).

La idea de enseñar lo aprendido a otros hombres conforme a 2 Tim 2:2 y de nombrar sacerdotes conforme a Tito 1,5 son las dos citas fundamentales y más básicas que comprueban la sucesión apostólica. En la primera al menos tenemos 4 generaciones: la primera generación es San Pablo, *"lo que oíste de mí"*, la segunda generación es Timoteo, "comunícaselo a otros" la tercera generación son los primeros discípulos de Timoteo que deben ser "hombres responsables" y la cuarta generación es aquellos que les llega la doctrina de estos otros hombres responsables. Por tanto, es innegable que aquí tenemos una sucesión ininterrumpida de obispos y de la doctrina apostólica pasando de unos a otros. La doctrina pasa de hombre a hombre, por la enseñanza de unos a otros no solamente por la lectura de la Biblia. Podríamos pensar que basta la Biblia y no la Iglesia para conocer la doctrina de los apóstoles pero entonces esta cita sobraría pues ¿qué necesidad tenían esos hombres de escuchar a Timoteo si podían aprenderlo todo leyendo las cartas de San Pablo?

En Tito 1:5 es claramente tres generaciones de las que nos habla: Pablo como apóstol es la primera generación y deja a Tito en Creta como segunda generación. Aquí se ve claramente que la cabeza de la Iglesia de Creta sería Tito, el encargado de "organizar todo" y de "establecer nuevos presbíteros" estos nuevos presbíteros serán la tercera generación. De esta manera, se prueba la sucesión apostólica.

¿La historia confirma la sucesión apostólica? Claro que sí, más adelante veremos lo que enseñan los Padres de la Iglesia sobre este punto, por ahora solamente nos basta comprobarlo a través de la Iglesia de Roma, como dice el teólogo Ludwing Ott: *El carácter apostólico de la Iglesia se manifiesta clarísimamente en la sucesión ininterrumpida que va de los obispos a los apóstoles. Basta mostrar la sucesión apostólica de la Iglesia romana, porque el obispo de Roma es cabeza de toda la Iglesia y posee el Magisterio infalible. En consecuencia, donde está Pedro o su sucesor allí encontraremos la Iglesia apostólica y la doctrina incontaminada de los apóstoles.14*

Tenemos 267 papas, siendo el último sucesor de San Pedro el Papa Francisco. Son 2000 años de sucesión apostólica ininterrumpida en el que el sucesor de San Pedro ha estado guiando a la Iglesia y la continuará guiando hasta el fin de los tiempos.

6. *Acuerdo doctrinal: Hay un acuerdo pleno entre su doctrina y la doctrina bíblica y la de la Iglesia primitiva.*

Esto es fruto de la unidad, pero no solo con la jerarquía de la Iglesia sino con la doctrina plena. Nadie puede decir que es católico si no profesa una misma fe, una misma doctrina y creencia. Por ello podemos afirmar que la división doctrinal no es de Dios, ya lo dijo San Pablo:

¿Acaso Cristo está dividido? ¿O es que Pablo fue crucificado por ustedes? ¿O será que ustedes fueron bautizados en el nombre de Pablo? **1 Corintios 1,13**

Porque Dios quiere la paz y no el desorden. Como en todas las Iglesias de los santos. **1 Corintios 14,33**

Si Dios quiere paz y orden, significa que desea la unidad de la Iglesia. Esto es muy importante pues aquellas Iglesias que están creyendo en la division doctrinal en que cada uno es libre de

---

14 http://www.mercaba.org/TEOLOGIA/OTT/indice_general.htm

interpretar la Biblia a su conveniencia y antojo no pueden ser la Iglesia de Jesucristo pues no tiene unidad doctrinal. Al final todo reino dividido contra sí mismo acaba pereciendo (Mateo 12, 25) y eso es lo que le pasa al protestantismo: se divide tanto que acaba extinguiéndose. Unos afirman no se debe bautizar bebes, otros en cambio creen que es obligatorio hacerlo, unos dicen que Dios te dará prosperidad económica, otros están en contra de esta doctrina; unos afirman que se pueden ordenar mujeres sacerdotes, otros los critican: un desorden total en las congregaciones protestantes.

Sin embargo, la Iglesia, que es cuerpo de Dios, está unida:

Hay un solo Cuerpo y un solo Espíritu, así como hay una misma esperanza, a la que ustedes han sido llamados, de acuerdo con la vocación recibida. 5 hay un solo Señor, una sola fe, un solo bautismo. **Efesios 4,4-5**

Y de él, todo el Cuerpo recibe unidad y cohesión, gracias a los ligamentos que lo vivifican y a la acción armoniosa de todos los miembros. Así el Cuerpo crece y se edifica en el amor. **Efesios 4,16**

Hermanos, en el nombre de nuestro Señor Jesucristo, yo los exhorto a que se pongan de acuerdo: que no haya divisiones entre ustedes y vivan en perfecta armonía, teniendo la misma manera de pensar y de sentir. **1 Corintios 1,10**

Pero esta unidad de doctrina no solamente consiste en creer todos lo mismo, también implica una unidad a la hora de confesar la fe. De nada sirve que haya unidad en la fe si no se confiesa. Es por ello que la unidad tiene que ser plena, total y de completa adhesión a la verdad revelada.

Esto enseñó San Pablo:

Con el corazón se cree para alcanzar la justicia, y con la boca se confiesa para obtener la salvación. **Romanos 10,10**

No se puede creer con el corazón una cosa y luego confesar otra, debemos ser coherentes. Entonces, lógicamente este versículo habla de unidad entre fe y confesión.

Esta es sin lugar a dudas el mayor de los deseos de Jesús, que su Iglesia esté unida. Esta unidad en la palabra, en la fe, en la confesión la pidió al Padre poco antes de morir:

No ruego solamente por ellos, sino también por los que, gracias a su palabra, creerán en mí. 21 Que todos sean uno: como tú, Padre, estás en mí y yo en ti, que también ellos sean uno en nosotros, para que el mundo crea que tú me enviaste. **Juan 17,20-21**

Cristo pidió por aquellos que creerían en él gracias a la predicación y a la palabra de los apóstoles, estos deben estar unidos, confesándole a él como Dios verdadero y Salvador del mundo. Solamente de esta forma se logrará la unidad tan ansiada y deseada por Cristo.

Por ello debemos rezar mucho por los hermanos protestantes para que poco a poco se acerquen a la Iglesia y se conviertan a la fe verdadera formando así un solo cuerpo, y seamos uno como quiso Cristo.15

7. Unidad: Entre los miembros y con la cabeza de la Iglesia que es el Romano Pontífice.

Otro tipo de unidad es a través de la obediencia, uniéndonos a los obispos, y al Papa como cabeza visible de la Iglesia. Esta unidad es en comunión, reflejando la unidad de la Trinidad de Dios, en comunión perfecta con su cabeza visible. Además, esta comunión se expresa mediante la misa, la fracción del pan y las oraciones en común:

Todos se reunían asiduamente para escuchar la enseñanza de los Apóstoles y participar en la vida común, en la fracción del pan y en las oraciones. **Hechos 2,42**

Esta vida en común, es lo que se conoce como unidad, una vida en común rezando, celebrando misa, cantándole al Señor, ahí se ve la unidad con la cabeza y con la jerarquía. Pero además la propia Escritura enseña que esa unidad se debe manifestar en honra, respeto y obediencia a los superiores:

Los presbíteros que ejercen su cargo debidamente merecen un doble reconocimiento, sobre todo, los que dedican todo su esfuerzo a la predicación y a la enseñanza. **1Timoteo 5,17**

---

15 Meditaciones sobre la Iglesia- San Francisco de Sales. BAC1985

Obedezcan con docilidad a quienes los dirigen, porque ellos se desvelan por ustedes, como quien tiene que dar cuenta. Así ellos podrán cumplir su deber con alegría y no penosamente, lo cual no les reportaría a ustedes ningún provecho. **Hebreos 13,17**

Estas citas demuestran la obediencia a los dirigentes y la honra a los obispos, en esto radica la unidad de la Iglesia también. Ahora bien, la unidad es reconocerles como pastores, pero hay un pastor supremo que dirige la Iglesia visible y está en comunión plena con Cristo, el Papa, este es la cabeza de la Iglesia y todos debemos estar de acuerdo con él en los temas doctrinales y morales que forman parte del Magisterio infalible de la Iglesia. Es por eso que la Escritura dice:

Tengo, además, otras ovejas que no son de este corral y a las que debo también conducir: ellas oirán mi voz, y así habrá un solo Rebaño y un solo Pastor. **Juan 10,16**

Por ello quien no está con Pedro está contra Pedro, y a estos que no buscan la unidad con la cabeza debemos evitarles:

Les ruego, hermanos, que se cuiden de los que provocan disensiones y escándalos, contrariamente a la enseñanza que ustedes han recibido. Eviten su trato. **Romanos 16,17**

La unidad con la cabeza implica perseverar en un mismo espíritu, en una misma doctrina, a través de la obediencia, honra y respeto como ya dijimos antes. San Pablo recuerda a los Filipenses también la importancia de esta unidad:

Solamente les pido que se comporten como dignos seguidores del Evangelio de Cristo. De esta manera, sea que yo vaya a verlos o que oiga hablar de ustedes estando ausente, sabré que perseveran en un mismo espíritu, luchando de común acuerdo y con un solo corazón por la fe del Evangelio. **Filipenses 1,27**

Les ruego que hagan perfecta mi alegría, permaneciendo bien unidos. Tengan un mismo amor, un mismo corazón, un mismo pensamiento. **Filipenses 2,2**

La Iglesia es el cuerpo místico de Cristo y el reflejo de la unidad de la Santísima Trinidad. Es por ello que en la Trinidad existe una misma voluntad divina, un amor divino, y en la Iglesia de Cristo debe, pues, existir estas mismas cosas: amor fraterno, mismo pensamiento y mismo corazón.

La única Iglesia en todo el mundo que cumple con la unidad es la Iglesia Católica, pese a las fronteras por etnias, idiomas y culturas, todos los católicos mantenemos una misma fe, una fe indivisa e inmutable. Los hermanos protestantes que creen en la "sola Escritura" están divididos en miles de congregaciones lo cual supone dividir el cuerpo de Cristo en miles de pedazos, y esta división se debe a que entre ellos difieren en materias importantes como la moralidad del aborto, la moralidad de la eutanasia, la justificación, la edad del bautismo, la naturaleza de los sacramentos, etc.

Por otro lado, en la Iglesia se observa una unidad visible, pues muchos no católicos afirman que su unidad es invisible, pero se olvidan de que San Pablo habla de la Iglesia como "cuerpo de Cristo" (1Corintios 12), y el cuerpo es visible. Si Pablo hubiera sido protestante habría hablado de "alma de Cristo" para simbolizar así la invisibilidad de la Iglesia, pero nunca uso San Pablo esa expresión. Por todo ello tenemos que entender la unidad de la Iglesia como una unidad *visible* y la única Iglesia que tiene dicha unidad es la católica.

Alguno podría objetar que dentro del Catolicismo existen personas que no creen lo mismo que el resto de católicos a lo cual les diremos que dentro de los miembros de la Iglesia, siempre habrá disidentes, rebeldes y murmuradores pero eso no romperá la unidad de la Iglesia. Recordemos que ya en tiempos apostólicos existían disidentes y rebeldes: Ananías y Safira (Hechos 5,1-11), Simón el mago (Hechos 8,9-24), los nicolaítas (Apoc. 2,15). Podemos decir que estos son la suciedad que tiene el Cuerpo de Cristo, lo que cubre de barro, polvo, el cuerpo de Cristo, demostrándonos que la Iglesia es divina y humana, y los pecadores y rebeldes no rompen la unidad de la Iglesia sino que, al contrario, la muestran mucho más claramente.

8. Santidad: Su doctrina refleja la santidad de Dios.

La Iglesia es Santa porque su fundador, Jesucristo, es Santo. Él se entregó por ella para santificarla, al menos así lo enseñó el apóstol de los gentiles:

Maridos, amen a su esposa, como Cristo amó a la Iglesia y se entregó por ella, 26 para santificarla. Él la purificó con el bautismo del agua y la palabra. **Efesios 5,25-26**

Por ello podemos hablar de otra nota, clave o característica de la Iglesia de Dios: la Santidad. La propia Escritura habla de "pueblo Santo", para darnos a entender de que buscamos la Santidad como nuestro fin:

Ustedes, en cambio, son una raza elegida, un sacerdocio real, una nación santa, un pueblo adquirido para anunciar las maravillas de aquel que los llamó de las tinieblas a su admirable luz. **1 Pedro 2,9**

De la misma manera que Cristo tiene naturaleza humana y divina, también la Iglesia tiene una parte humana y una parte divina. Muchas veces cuando vemos el pecado de la Iglesia ponemos en duda la santidad de la misma, pero no recordamos que nos estamos quedando solo con la parte externa, la parte humana la cual puede ser corrompida por el pecado y alejada de la santidad.

Pero, pese a todo, la Iglesia, aun teniendo grandes pecadores es Santa, ya que Cristo su fundador lo es y además tiene el Espíritu Santo, que la vivifica y es Santo también:

Y si el Espíritu de aquel que resucitó a Jesús habita en ustedes, el que resucitó a Cristo Jesús también dará vida a sus cuerpos mortales, por medio del mismo Espíritu que habita en ustedes. **Romanos 8,11**

Al tener la Iglesia el Espíritu Santo (Juan 14,6; Juan 15,26), debe ser santa, pues es guiada, auxiliada y vivificada por el Espíritu de Dios. Pero además hemos de recordar que la Iglesia es cuerpo místico de Cristo, el cual es el jefe de la Iglesia (Efesios 1,22-23) y como cuerpo de Cristo no puede dejar de ser Santa sin menoscabar la santidad de Cristo. ¿Pero y aquellos pecadores de la Iglesia, no dejan sin santidad a la Iglesia? La respuesta es no, pues, como ya dijimos antes, la Iglesia es santa por diferentes motivos y además la Iglesia tiene tres realidades: la triunfante, la purgante y la peregrina. De las tres la Iglesia triunfante de los Santos del cielo goza de plena Santidad, pues ellos ya ven a Dios como realmente es, están con él en su gloria (1Juan 3,2).

Pero también en la Iglesia peregrina podemos encontrar santidad y no solamente pecado, pues durante todos los siglos la Iglesia ha dado hombres santos y además encontramos la santidad en los sacramentos, en el sacrificio santo de la misa, en las predicaciones, en las oraciones. Por ello podemos hablar de una santidad exterior tal y como dice la Escritura:

Embellecida con corales engarzados en oro. **Salmo 45,14**

¡Tus labios destilan miel pura, novia mía! Hay miel y leche bajo tu lengua, y la fragancia de tus vestidos es como el aroma del Líbano. **Cantares 4,11**

9. La eficacia de la Doctrina: Santifica a los creyentes, les inspira a realizar grandes logros morales.

Ya en sus cartas San Pablo habla de los miembros de la Iglesia como bienaventurados, bendecidos o santos:

Ananías respondió: «Señor, oí decir a muchos que este hombre hizo un gran daño a tus santos en Jerusalén. **Hechos 9,13**

¿Cómo es posible que cuando uno de ustedes tiene algún conflicto con otro, se atreve a reclamar justicia a los injustos, en lugar de someterse al juicio de los santos? **1 Corintios 6,1**

Así que el pueblo santo de Dios está compuesto por aquellas personas que él ha reservado para que le tributen gloria y sean la coronación de la creación, esto es, de los santos, pues en hebreo santo significa "separado, colocado a parte". De esta forma, dejan de ser criaturas y pasan a ser hijos e hijas de Dios, pues a través del bautismo son partícipes de la naturaleza divina (2 Pedro 1,4). Así que la eficacia del bautismo nos acerca a la Santidad. Lo mismo pasa con la Eucaristía, pues quien come de ese pan vivirá para siempre (Juan 6,51). A través, pues, de la gracia que obtenemos en los sacramentos de la Iglesia participamos de la misma vida de Dios, y de su santidad. Esto nos hace ver en la doctrina católica una santificación de los creyentes, de forma que podemos definir la santidad como la vida de Cristo reproducida en la vida y muerte de los santos.

¿Qué logros morales podemos conseguir con la doctrina católica?

La perfección evangélica o también llamada perfección de vida cristiana. Quien vive correctamente la doctrina católica, practicará entonces la perfección del Evangelio siendo "otro Cristo" y manifestando en su vida lo que Cristo hizo y practico. Claramente estoy hablando de cada uno según su estado, casado, soltero, consagrado, sacerdote, matrimonio, todos estamos llamados a la Santidad:

Así como aquel que los llamó es santo, también ustedes sean santos en toda su conducta, 16 de acuerdo con lo que está escrito: Sean santos, porque yo soy santo. **1 Pedro 1,15-16**

Pues bien, para alcanzar esta santidad debemos cumplir una serie de requisitos que nos acercarán a ella, pues son cosas que el mismo Cristo realizó:

- Vivir la pobreza evangélica

Luego se le acercó un hombre y le preguntó: «Maestro, ¿qué obras buenas debo hacer para conseguir la Vida eterna?». 17 Jesús le dijo: «¿Cómo me preguntas acerca de lo que es bueno? Uno solo es el Bueno. Si quieres entrar en la Vida eterna, cumple los Mandamientos». 18 «¿Cuáles?», preguntó el hombre. Jesús le respondió: «No matarás, no cometerás adulterio, no robarás, no darás falso testimonio, 19 honrarás a tu padre y a tu madre, y amarás a tu prójimo como a ti mismo». 20 El joven dijo: «Todo esto lo he cumplido: ¿qué me queda por hacer?». 21 «Si quieres ser perfecto, le dijo Jesús ve, vende todo lo que tienes y dalo a los pobres: así tendrás un tesoro en el cielo. Después, ven y sígueme». 22 Al oír estas palabras, el joven se retiró entristecido, porque poseía muchos bienes. **Mateo 19,16-22**

Y Pedro dijo: He aquí, nosotros lo hemos dejado todo y te hemos seguido. **Lucas 18,28**

Jesús le respondió: «Los zorros tienen sus cuevas y las aves del cielo sus nidos; pero el Hijo del hombre no tiene dónde reclinar la cabeza». **Mateo 8,20**

Porque yo soy pobre y miserable, y mi corazón está traspasado. **Salmo 109,22**

- Vivir la virginidad cristiana

En efecto, algunos no se casan, porque nacieron impotentes del seno de su madre; otros, porque fueron castrados por los hombres; y hay otros que decidieron no casarse a causa del Reino de los Cielos. ¡El que pueda entender, que entienda!». **Mateo 19,12**

Los elegidos cantaban un canto nuevo delante del trono de Dios, y delante de los cuatro Seres Vivientes y de los Ancianos. Y nadie podía aprender este himno, sino los ciento cuarenta y cuatro mil que habían sido rescatados de la tierra. 4 Estos son los que no se han contaminado con mujeres y son vírgenes. Ellos siguen al Cordero donde quiera que vaya. Han sido los primeros hombres rescatados para Dios y para el Cordero. **Apocalipsis 14,3-4**

A los solteros y a las viudas, les aconsejo que permanezcan como yo. **1 Corintios 7,8**

- La obediencia cristiana

Porque he bajado del cielo, no para hacer mi voluntad, sino la del que me envió. 39 La voluntad del que me ha enviado es que yo no pierda nada de lo que él me dio, sino que lo resucite en el último día. **Juan 6,38-39**

El regresó con sus padres a Nazaret y vivía sujeto a ellos. Su madre conservaba estas cosas en su corazón. **Lucas 2,51**

Se humilló hasta aceptar por obediencia la muerte, y muerte de cruz. **Filipenses 2,8**

Como el Hijo del hombre, que no vino para ser vendido, sino para servir y dar su vida en rescate por una multitud. **Mateo 20,28**

Porque, ¿quién es más grande, el que está a la mesa o el que sirve? ¿No es acaso el que está a la mesa? Y sin embargo yo estoy entre ustedes como el que sirve. **Lucas 22,27**

Pero no solo se pide a Cristo sino a todos nosotros:

Después dijo a todos: "El que quiera venir detrás de mí, que renuncie a sí mismo, que cargue con su cruz cada día y me siga". **Lucas 9,23**

Porque el que se ensalza será humillado, y el que se humilla será ensalzado. **Mateo 23,12**

Respeten a toda autoridad humana como quiere el Señor. **1 Pedro 2,13**

Y estamos dispuestos a castigar cualquier desobediencia, una vez que ustedes lleguen a obedecer perfectamente. **2 Corintios 10,6**

En todas partes se conoce la obediencia de ustedes, y esto me alegra; pero quiero que sean hábiles para el bien y sencillos para el mal. **Romanos 16,19**

Estas enseñanzas de pobreza, castidad, virginidad y obediencia, son de Cristo pero también deben practicarlas los miembros de la Iglesia para lograr la Santidad. Pues bien donde más claramente podemos encontrar estas enseñanzas practicadas es en los votos de los consagrados (voto de castidad, pobreza y obediencia). Con esto no digo que no se puedan encontrar en el matrimonio, pero quizás no sean tan claramente visibles.

Entonces debemos ver a la figura sacerdotal de la Iglesia, a los consagrados, a las monjas, y a todo aquel que ha ofrecido su vida a Dios para claramente vislumbrar que intentan practicar la perfección cristiana, pues todo esto es enseñado por la Doctrina Santa de la Iglesia. ¿Qué otra Iglesia enseña esto? Ninguna. Por ello me atrevo a decir que a través del celibato sacerdotal también podemos encontrar a la verdadera Iglesia de Cristo.

Veamos qué hacían los primeros cristianos conforme a los escritos que tenemos del NT:

Ninguno padecía necesidad, porque todos los que poseían tierras o casas las vendían 35 y ponían el dinero a disposición de los Apóstoles, para que se distribuyera a cada uno según sus necesidades. **Hechos 4,34-35**

Los cristianos vendían sus bienes y los ponían al servicio de la Iglesia y de los apóstoles. Hoy en día hay muchos misioneros, sacerdotes, monjas y monjes que no tienen nada, todo lo han entregado a la Iglesia. Lo mismo vemos en San Pedro, como ya practicaba la regla de la pobreza evangélica:

Pedro le dijo: «No tengo plata ni oro, pero te doy lo que tengo: en el nombre de Jesucristo de Nazaret, levántate y camina». **Hechos 3,6**

¿Cuántos pastores protestantes viven la pobreza evangélica?, ¿cuántos carecen de oro y plata? Ninguno. Todos se aprovechan de los diezmos de los adeptos para tener grandes mansiones, carísimos coches, yates e incluso aviones. Sin embargo, la Escritura enseña que ya en tiempos de los apóstoles había regla de pobreza por parte de los líderes de la Iglesia.

Pero no solamente pobreza, también castidad y virginidad. Así vemos cómo San Felipe tenía hijas vírgenes que, según narra la historia (Eusebio de Cesárea en su obra Historia de la Iglesia l5.c24), nunca se casaron:

Al día siguiente, volvimos a partir y llegamos a Cesárea, donde fuimos a ver a Felipe, el predicador del Evangelio, unos de los Siete, y nos alojamos en su casa. 9 Él tenía cuatro hijas solteras que profetizaban. **Hechos 21,9**

San Pablo mismo dijo que él era virgen (1 Corintios 7,7-8). San Juan, y San Santiago también permanecieron vírgenes hasta el fin de sus días.

La Iglesia debe, pues, practicar estos santos consejos que nos dejó el Señor Jesús, pues el no practicarlos dejaría en vano sus enseñanzas y palabras, y el practicarlos nos lleva a alcanzar grandes logros morales: desprenderse de las riquezas, contener la lujuria, ser humildes y sencillos, etc. Todos esos logros morales nos acercan día a día a la Santidad tan deseada por Dios para nosotros.

10. Santidad de la vida: De los escritores, santos y principales representantes de la Iglesia.

Por sus frutos, entonces, ustedes los reconocerán. **Mateo 7,20**

Y el labrador que trabaja duramente es el primero que tiene derecho a recoger los frutos. **2 Timoteo 2,6**

De nada sirve tener una doctrina santa que invita a realizar grandes obras morales si no podemos dar fruto. Como muy sabiamente enseña San Pablo a su discípulo Timoteo, primero debemos trabajar para luego recoger los frutos. Y es que en la Iglesia podemos encontrar gran cantidad de frutos santos, de escritores, representantes, obispos fundamentales y principales de la Iglesia que han tenido una vida ejemplar.

Podemos citar a las grandes congregaciones de Cartujos, Camaldulenses, Mínimos, Teatinos, Benedictinos, etc., donde la práctica de los consejos evangélicos es palpable. Pero no solamente podemos recurrir a las órdenes monásticas sino también a santos de la antigüedad cristiana, véase por ejemplo el caso del obispo de Cartago, San Cipriano que vivió en continencia y en pobreza pues dio todos sus bienes a los pobres, o los Santos San Antonio y San Hilarión, de los cuales San Atanasio y San Jerónimo atestiguan que cumplieron cabalmente los preceptos evangélicos. San Paulino de Nola repartió todos sus bienes a los pobres, dejo su tierra y a su familia para servir plenamente a Dios. Como estos santos podríamos mencionar muchos otros: San Gregorio,

Damasceno, Romualdo, Bruno, Antonio, Buenaventura, etc. todos ellos siguieron los consejos dejados por Nuestro Señor en las Sagradas Escrituras de castidad, pobreza y obediencia. Por ello podemos decir que la Iglesia Verdadera es aquella que resplandece por practicar la perfección evangélica, y mediante la historia hemos podido comprobar que ha estado presente en algunos de sus miembros. Los principales representantes de la Iglesia, han demostrado Santidad de Vida cristiana.

Ahora debemos preguntarnos: ¿los líderes protestantes tienen santidad de vida también? La respuesta nos la da San Francisco de Sales: *Por el contrario, señores, vuestra pretendida Iglesia desprecia y detesta cuanto puede todo esto, Calvino, en el libro IV de sus Instituciones no trata nada más que de abolir la observancia de los consejos evangélicos. Al menos no podréis mostrarme ninguna prueba de buena voluntad al respecto, ya que hasta los ministros se casan, cada cual comercia para amasar la riqueza y nadie conoce más superior que quien se lo hace confesar por la fuerza, signo evidente de que esta pretendida Iglesia no es la que nuestro Señor ha predicado. 16*

La realidad que narraba en su momento San Francisco de Sales es la que hoy mismo se ve en el protestantismo. Ningún pastor protestante hace voto de pobreza, todos viven de los diezmos de los miembros de sus Iglesias, muchos de estos pastores disponen grandes riquezas, buenos coches, buenas casas. Todos se casan, pues el consejo de San Pablo de permanecer célibes (1 Corintios 7) para ellos no se hizo. De esta forma ignoran a San Pablo y no guardan castidad alguna, tampoco tienen voto de obediencia, de forma que cada uno acaba haciendo lo que quiere (Jueces 17:6, Jueces 21:25). Por ese motivo es también por el que se acaban dividiendo en miles de sectas ya que para ellos no existe la obediencia a un superior, ellos se creen sus propios superiores, y eso les lleva al pecado de la soberbia y sobre todo a despreciar algo tan santo y puro como la obediencia, pues el mismo San Lucas enseñó de ella que:

Y nosotros somos testigos suyos de estas cosas, y también el Espíritu Santo, el cual ha dado Dios a los que le obedecen. **Hechos 5,32**

---

16 Meditaciones sobre la Iglesia- San Francisco de Sales.BAC1985

El Espíritu Santo es dado a los que obedecen a Dios, pero los protestantes no tienen voto de obediencia, ¿cómo entonces pueden decir tienen el Espíritu Santo? Si no son capaces de obedecer a un superior, ¿cómo van a obedecer al mismo Dios? Mediten, entonces, hermanos protestantes sobre la obediencia y sométanse a la verdad bíblica.

Y habiendo sido perfeccionado, vino a ser autor de eterna salvación para todos los que le obedecen. **Hebreos 5,9**

Porque es tiempo de que el juicio comience por la casa de Dios; y si primero comienza por nosotros, ¿cuál será el fin de aquellos que no obedecen al Evangelio de Dios? **1 Pedro 4,17**

Pero no solo caen en la obediencia, también caen en la castidad. Ningún pastor protestante guarda el celibato, ellos creen que es algo contra-natura y lo critican duramente. Si bien es cierto es una norma eclesiástica; como vemos, es parte de la perfección evangélica, un modelo de vida digno de imitar pues el mismo Cristo fue célibe, y San Pablo manda imitar a Cristo e imitarle a él (1Corintios 11:1; Efesios 5:1; Filipenses 3:17; 1Tesalonicenses 1:6, Hebreos 6:12). El mismo converso al Catolicismo y doctor en teología católica Scott Hahn en su obra "La fe es razonable", página 106, nos habla de esto:17 *La abstinencia sexual temporal fue una condición establecida por Dios para que Moisés pudiera llevar a cabo la obra de santificación sobre Israel (Éxodo 19,10-15). También indicó que Josué, Jeremías, Elías y Eliseo, fueron célibes, Jeremías por mandato expreso del Señor (Jr 16,2). Era costumbre también que los sacerdotes de Israel se abstuvieran de relaciones maritales mientras duraba su turno en el servicio del templo.*

Es decir, según enseña Scott, el celibato hunde sus raíces en el AT del pueblo de Dios y es en el Nuevo donde toma el molde definitivo. Vemos casos de profetas e incluso patriarcas que tuvieron que abstener de tener relaciones para santificar al pueblo. Así que el celibato tiene por tanto relación con la Santidad y es, por tanto, parte de la perfección evangélica. Sabiendo entonces esto, ¿por qué no practican la abstinencia sexual los pastores protestantes? La respuesta es clara: porque no son la Iglesia de Cristo. En el protestantismo no existe espíritu de sacrificio, no saben entregar algo bueno a Dios, para glorificarle a él con su esfuerzo, su

---

17 La fe es razonable- Scott Hahn Editorial Rialp Quinta edición Septiembre 2014

sacrificio, su pureza. Sin embargo, en la Iglesia católica se renuncia a algo bueno para la gloria de Dios.

11. *Milagros: Se desarrollan milagros dentro de la Iglesia.*

Otra característica de la Iglesia de Cristo es que en ella deben existir los milagros. No milagros hoy sí y mañana no, sino milagros siempre, milagros recientes y milagros antiguos para así cumplir lo que enseña el Evangelio:

17 Y estos prodigios acompañarán a los que crean: arrojarán a los demonios en mi Nombre y hablarán nuevas lenguas; 18 podrán tomar a las serpientes con sus manos, y si beben un veneno mortal no les hará ningún daño; impondrán las manos sobre los enfermos y los curarán». **Marcos 16,17-18**

*Les aseguro que el que cree en mí hará también las obras que yo hago, y aún mayores, porque yo me voy al Padre. * **Juan 14,12**

Aquí en estas citas no habla solamente de los apóstoles sino de todos aquellos que creen en Cristo. Sin distinción los creyentes serán acompañados, entonces, de milagros. Como en todos los tiempos habrá creyentes es necesario que en todos los tiempos haya milagros. Comencemos por los milagros que se narran en las primeras comunidades cristianas:

*Y hacía Dios milagros extraordinarios por mano de Pablo. * **Hechos 19,11**

*¿Son todos apóstoles? ¿son todos profetas? ¿todos maestros? ¿hacen todos milagros? * **1 Corintios 12,29**

*Con todo, las señales de apóstol han sido hechas entre vosotros en toda paciencia, por señales, prodigios y milagros. * **2 Corintios 12,12**

*Pedro le dijo: «No tengo plata ni oro, pero te doy lo que tengo: en el nombre de Jesucristo de Nazaret, levántate y camina». 7 Y tomándolo de la mano derecha, lo levantó; de inmediato, se le fortalecieron los pies y los tobillos. * **Hechos 3,6-7**

Los milagros testimonian la fe (Heb 2,4). Vemos cómo San Pablo y San Pedro hicieron milagros, para así dar testimonio de la Verdad, de Cristo. ¿Pero con los apóstoles se terminaron los milagros? Claro que no. Podemos enumerar muchos santos que han realizado milagros: San Hilarión, San Antonio, San Martín. También hubo milagros en tiempos de San Ambrosio, de San Agustín, y en los tiempos actuales sigue habiendo milagros. Basta irse a las canonizaciones o beatificaciones, por ejemplo: el beato Álvaro del Portillo fue declarado beato el 27 de Septiembre del 2014 y para ello se le ha asignado un milagro, la curación de un niño chileno, José Ignacio Ureta Wilson a quién al poco de nacer le da un paro cardiaco de más de media hora y hemorragia masiva. Los médicos pensaron que el niño estaba muerto, y varios han dado testimonio de ello, pero de manera repentina el corazón del niño volvió a latir y ahora está totalmente recuperado de todos sus problemas. Los padres pidieron la intercesión del beato Álvaro del Portillo y él la concedió.

Tenemos aquí un milagro actual, pero podríamos citar milagros de hace varios siglos, como el del cojo de Calanda, el cual la Virgen de Zaragoza le repone una pierna que él había perdido, habiendo un acta con firma de los testigos de semejante acontecimiento milagroso. O acercándonos más a nuestra fecha, los milagros ocurridos en Lourdes o en Fátima, Portugal.

Por tanto, podemos decir que la Iglesia Católica resplandece hoy por sus milagros y esta es una prueba de que en ella está la Verdad de Dios.

12. *El don de profecía: Encontrado entre los santos de la Iglesia.*

Este don maravilloso de Dios debe encontrarse en la Iglesia. Debo aquí recalcar que no es lo mismo el don profético que el tener profetas, pues ciertas sectas afirman que son la verdadera Iglesia de Cristo por los profetas cosa que, como sabemos, ya no está vigente pues la ley y los profetas llegaron hasta Juan (Lucas 16:16). Aquí hablamos del don que el Espíritu Santo derrama sobre los creyentes para profetizar:

"En los últimos días, dice el Señor, derramaré mi Espíritu sobre todos los hombres y profetizarán sus hijos y sus hijas; los jóvenes verán visiones y los ancianos tendrán sueños proféticos. **Hechos 2,17**

El don de la profecía debe, por tanto, estar en la Iglesia de Cristo y debe encontrarse en sus hijos e hijas sobre los que ha sido derramado el Espíritu Santo:

Entonces yo caí a sus pies para adorarlo, pero él me advirtió: «¡Cuidado! No lo hagas, porque yo soy tu compañero de servicio y el de tus hermanos que poseen el testimonio de Jesús. El testimonio de Jesús es el espíritu profético. ¡Es a Dios a quien debes adorar!». **Apocalipsis 19,10**

Sabemos que el testimonio de Cristo es el espíritu de la profecía. Por tanto, para dar testimonio de Cristo es necesario tener este don del Espíritu Santo en la Iglesia. Todos los dones son necesarios, pero en concreto ahora estamos hablando del don profético y el mismo San Pablo nos dice por qué es necesario este don:

Esto quiere decir que el don de lenguas es un signo, no para los que creen, sino para los que se niegan a creer; la profecía, en cambio, es para los que tienen fe. **1 Corintios 14,22**

Por eso dice la Escritura: "Cuando subió a lo alto, llevó consigo a los cautivos y repartió dones a los hombres". 9 Pero si decimos que subió, significa que primero descendió a las regiones inferiores de la tierra. 10 El que descendió es el mismo que subió más allá de los cielos, para colmar todo el universo. 11 Él comunicó a unos el don de ser apóstoles, a otros profetas, a otros predicadores del Evangelio, a otros pastores o maestros. **Efesios 4,8-11**

Si los dones de evangelizar, apostolado, pastorear y enseñar permanecen en la Iglesia, el don de profecías también debe permanecer y estar presente en todas las etapas y épocas de la Iglesia. ¿Podemos, entonces, encontrar este don de profecía en la historia de la Iglesia?

San Bernardo, San Francisco, Santo Domingo, San Antonio de Padua, Santa Catalina de Siena, Santa Brígida todos estos santos y Santas han profetizado. Quizás alguno diga que son santos alejados en el tiempo. Bien, entonces les citaré Santos más recientes: San Pablo de la Cruz, fundador de los pasionistas, El Santo Cura de Ars, El Padre Pío de Pietrechina o incluso San José María Escrivá de Balaguer que mediante una serie de cartas describió claramente la situación de la Iglesia postconciliar y de hoy en día. Basta estudiar lo que estos hombres profetizaron y ver que se cumplió para darse cuenta de que son verdaderos profetas:

Y si un profeta se atreve a pronunciar en mi Nombre una palabra que yo no le he ordenado decir, o si habla en nombre de otros dioses, ese profeta morirá». 21 Tal vez te preguntes: «¿Cómo sabremos que tal palabra no la ha pronunciado el Señor?». 22 Si lo que el profeta decide en nombre del Señor no se cumple y queda sin efecto, quiere decir que el Señor no ha dicho esa palabra. El profeta ha hablado temerariamente: no le temas. **Deuteronomio 18,21-22**

Siguiendo esta regla bíblica no podemos negar que los santos mencionados con anterioridad, que pertenecen a diferentes épocas de la historia de la Iglesia han acertado en sus profecías demostrando así que está presente este don a día de hoy en la Iglesia de Dios.

13. Oposición: En el mismo terreno en que el mundo se opone a Cristo.

Debe, pues, la Iglesia de Dios ser perseguida como lo fue Cristo, solamente aquella Iglesia que es perseguida es la Iglesia Verdadera, aquella que el mundo odia, que el mundo quiere aniquilar, es aquella la Iglesia de Cristo. La propia Escritura nos confirma esto:

Pero antes de todas estas cosas os echarán mano, y os perseguirán, y os entregarán a las sinagogas y a las cárceles, y seréis llevados ante reyes y ante gobernadores por causa de mi nombre. **Lucas 21,12**

Acordaos de la palabra que yo os he dicho: El siervo no es mayor que su señor. Si a mí me han perseguido, también a vosotros os perseguirán; si han guardado mi palabra, también guardarán la vuestra. **Juan 15,20**

Perseguidos, mas no desamparados; derribados, pero no destruidos. **2 Corintios 4,9**

Saulo, por su parte, perseguía a la Iglesia; iba de casa en casa y arrastraba a hombres y mujeres, llevándolos a la cárcel. **Hechos 8,3**

Porque ya habéis oído acerca de mi conducta en otro tiempo en el judaísmo, que perseguía sobremanera a la Iglesia de Dios, y la asolaba. **Gálatas 1,13**

Durante todas las épocas la Iglesia ha sido perseguida. Nerón, Napoleón, Hitler, Stalin, los musulmanes: todos han intentado acabar con la Santa Iglesia de Dios. Es, por tanto, una Iglesia perseguida y esta persecución ha dado millones de mártires, que son semillas para los nuevos cristianos. Es por ello que como Cristo murió Crucificado (Juan 19,30) nosotros, siendo parte del cuerpo místico de Cristo, que es la Iglesia, debemos también tener mártires que hayan muerto por él.

Veamos, entonces, las similitudes entre la Iglesia y Cristo:

Natanael le preguntó: «¿Acaso puede salir algo bueno de Nazaret?». «Ven y verás», le dijo Felipe. **Juan 1,46**

Los judíos de ese tiempo dudaban de él porque venía de Nazaret y creían de ahí no podía salir nada bueno. ¿Acaso los protestantes de hoy no dicen lo mismo de Roma? Para ellos no puede salir nada bueno de Roma. Es la misma acusación que se hizo a Cristo.

Jesús, cargando sobre sí la cruz, salió de la ciudad para dirigirse al lugar llamado «del Cráneo», en hebreo «Gólgota». **Juan 19,17**

Jesús cargó con su cruz, donde moriría y donde salvaría al mundo. Todos debemos cargar con nuestras cruces. La Iglesia desde sus inicios ha sido perseguida y ha tenido que cargar con la Cruz de la persecución durante toda su existencia, la misma Cruz que cargo el Señor camino al Calvario.

Y le dijeron: «Dinos si eres el Mesías». Él les dijo: «Si yo les respondo, ustedes no me creerán». **Lucas 22,67**

El pueblo no creía en Cristo, y hoy en día el pueblo no cree en la Iglesia. Muchos dicen "Yo creo en Cristo pero no en la Iglesia". ¿Acaso no están haciendo lo mismo que hicieron los judíos con Jesús? La Iglesia, por tanto, sufre el mismo sufrimiento de increencia que sufrió Cristo, en el mismo punto que él fue atacado, es hoy atacada la Iglesia.

Jesús le respondió: "Yo soy el Camino, la Verdad y la Vida. Nadie va al Padre, sino por mí". **Juan 14,6**

Él enseñó que era la Verdad, pero, como vimos antes, pese a ser la verdad los judíos no le creyeron. La Iglesia afirma ser el sostén de esa verdad, y por eso es infalible, no puede existir un sostén falible pues la verdad se desplomaría:

Así sabrás cómo comportarte en la casa de Dios, es decir, en la Iglesia del Dios viviente, columna y fundamento de la verdad. **1Timoteo 3,15**

Pero pese a esto, muchos no creen en la infalibilidad de la Iglesia, ni en la infalibilidad del Papa. Creen que se trata de un invento humano y lo critican, como hicieron con el Señor. Negar que la Iglesia es el pilar de la Verdad es negar que Cristo es la Verdad.

Porque se presentaron muchos con falsas acusaciones contra él, pero sus testimonios no concordaban. **Marcos 14,56**

Cristo tuvo acusadores falsos, para así poderle condenar. Pese a todo, nos dice el evangelista, esas acusaciones no concordaban. Hoy en día hay una gran manipulación por parte de la prensa de los mensajes de la Iglesia, en particular de los mensajes del Papa. Inventan frases, tergiversan discursos, manipulan sus palabras para acusar a la Iglesia de cosas que ella no dijo para demostrar que la Iglesia cambia la doctrina cuando quiere y como quiere. La prensa, entonces, se convierte en uno de los acusadores falsos que dan un falso testimonio sobre la Iglesia y buscan pervertir y confundir las almas de los fieles. Por ello ya pasó Cristo.

Todo esto nos demuestra que la Iglesia es atacada en los mismos puntos donde lo fue su fundador, así que si deseamos encontrar la Iglesia verdadera, no busquemos una Iglesia tranquila, busquemos una Iglesia perseguida, una Iglesia que tiene mártires, que es acusada de "creerse infalible", que todos los días es noticia y donde se manipulan las palabras de los superiores, una Iglesia que salió de Roma: esa es la Iglesia de Dios.

14. El triste final de los enemigos de la Iglesia: Todos intentan destruirla, nadie lo consigue y ellos acaban pereciendo.

A Cristo, Nuestro Señor, le intentaron destruir, le colgaron de un madero, le mataron, creyeron que habían triunfado pero él venció a la muerte, demostrando así que tiene señorío sobre ella. Por tanto, la Iglesia debe pasar también por lo mismo. Ella ha visto cómo todos sus perseguidores murieron y ella seguía en pie, desde Nerón, Calígula y el resto de los emperadores romanos, pasando por muchas otras guerras con musulmanes, protestantes, arrianos, valdenses, revolución francesa, Napoleón, Hitler, Stalin etc., todos ellos terminaron muriendo y la Iglesia sigue en pie. Es, entonces, una Iglesia indestructible ya que está protegida por Dios:

Si el Señor no edifica la casa, en vano trabajan los albañiles; si el Señor no custodia la ciudad en vano vigila el centinela. **Salmo 127,1**

Ellos combatirán contra ti, pero no te derrotarán, porque yo estoy contigo para librarte –oráculo del Señor. **Jeremías 1,19**

Por eso, ahora les digo: No se metan con esos hombres y déjenlos en paz, porque si lo que ellos intentan hacer viene de los hombres, se destruirá por sí mismo, 39 pero si verdaderamente viene de Dios, ustedes no podrán destruirlos y correrán el riesgo de embarcarse en una lucha contra Dios». Los del Sanedrín siguieron su consejo. **Hechos 5,38-39**

Lo que en su momento dijo Gamaliel fue una gran verdad, si "era de Dios no podrá ser destruido" y así fue, como tras 2000 años el cristianismo sigue en pie, la Iglesia Católica la única presente en esos 2000 años sigue en firme y en pie. Ya en su momento lo dijo San Agustín: *Esta Iglesia es Santa, la Única Iglesia, la Verdadera Iglesia, luchando como lo hace contra todas las herejías. Puede luchar, pero no puede ser vencida. Todas las herejías son expulsadas de ella, como lo podado de una vid. Se mantiene firme en sus raíces, en la vid, en su amor. Las puertas del infierno no la conquistarán* (San Agustín, *Sermón a los Catecúmenos, sobre el Credo*, 6,14, 395 d.C.).

Así que todos los que intentan destruirla al final acaban mal, porque es luchar contra Dios y en esa lucha ellos tienen las de perder. La Iglesia siempre ha acabado enterrando a sus perseguidores, pues ellos en la ignorancia de su vida no se han dado cuenta aun de que luchan contra Dios cuando atacan e intentan destruir a la Iglesia Católica.

Tenemos claro los católicos que es necesario todo esto. Es más, es necesario que haya herejías y persecución, pues así es más sencillo encontrar la Iglesia de Dios:

Porque es necesario que entre vosotros haya bandos, a fin de que se manifiesten entre vosotros los que son aprobados. **1 Corintios 11,19**

Y es que Dios hace que a través de la persecución, de la sangre, de las herejías, podamos darnos cuenta de cuál es la Iglesia que las combate, que es perseguida, que da mártires, esos son los "aprobados" y en esa manifestación uno descubre la verdadera Iglesia de Cristo.

15. Paz temporal y felicidad terrena: De los que viven de la enseñanza de la Iglesia y defienden sus intereses.

Si uno vive como enseña la Iglesia, intentando imitar a Cristo, buscando la perfección evangélica, siempre va a vivir en paz temporal y en una felicidad terrena que llama la atención de los demás. Esto es porque los cristianos siempre nos hemos conocido por nuestra "alegría" y por nuestra Paz, pues debemos saber que el Evangelio que vivimos, aquel que predicamos es un Evangelio de paz y gozo:

Y calzados los pies con el apresto del Evangelio de la paz. **Efesios 6,15**

Siempre se pide al Señor que otorgue la paz a los otros hermanos. Esto era una forma de despedida típica en las cartas paulinas, deseas la paz del otro:

Y el mismo Señor de paz os dé siempre paz en toda manera. El Señor sea con todos vosotros. **2 Tesalonicenses 3,16**

Huye también de las pasiones juveniles, y sigue la justicia, la fe, el amor y la paz, con los que de corazón limpio invocan al Señor. **2 Timoteo 2,22**

Todos los que invocan al Señor tienen paz en su corazón. Por eso entre nosotros, los verdaderos cristianos, seguidores de Cristo, debe resplandecer los frutos del amor, la paz, la alegría; no debe existir pleitos, ni riñas, tampoco debemos agobiarnos y estresarnos por la persecución que nos puedan hacer pues esto es parte de la vida del cristiano y debe tomarse con alegría. Recordemos lo que dice San Pablo:

Alégrense siempre en el Señor. Vuelvo a insistir, alégrense. **Filipenses 4,4**

El pueblo que caminaba en las tinieblas ha visto una gran luz: sobre los que habitaban en el país de la oscuridad ha brillado una luz. 2 Tú has multiplicado la alegría, has acrecentado el gozo; ellos se regocijan en tu presencia, como se goza en la cosecha, como cuando reina la alegría por el reparto del botín. 3 Porque el yugo que pesaba sobre él, la barra sobre su espalda y el palo de su carcelero, todo eso lo has destrozado como en el día de Madián. **Isaías 9,2-3**

Estaba ya profetizado en el AT que el nuevo pueblo de Dios sería un pueblo alegre, lleno de gozo, luminoso, que alaba al Señor alegremente:

Que se alegren y se regocijen en ti todos los que te buscan **Salmo 40,17**

¿Pero por qué estamos alegres? La respuesta es simple: porque somos amados por Dios (Juan 3:16, 1 Juan 4:10), porque Dios habita en nosotros como en un templo, por tanto tenemos su protección lo cual nos genera paz y alegría (Juan 14:23, 1Cor 6,15.19; 12,27), porque hemos pasado de las tinieblas a la luz, convirtiéndonos así en "hijos de la luz" (Juan 12;36, Juan 8:12), porque ya no estamos mudos ante Dios y ante los hermanos, nos alegra el dialogo con Dios y con los demás miembros de la Iglesia, somos un pueblo que sabe aclamar al Señor (Salmo 89:16-17) pero la clave decisiva de esa alegría está en la cruz (Gálatas 6:14).18

IGLESIA VISIBLE, INFALIBLE Y PECADORA

Nosotros, como católicos, hemos defendido siempre estas otras dos cualidades de la Iglesia de Cristo: la visibilidad y su infalibilidad. Los protestantes, creyendo que la Iglesia está formada solo por los elegidos y predestinados, creen que debe ser invisible, y que esta invisibilidad ha durado cerca de mil años hasta la llegada de Lutero. De esta manera se evitan dar pruebas históricas de su existencia, porque no son pruebas visibles, es como si la Iglesia hubiera desaparecido por 1500 años y tras Lutero hubiera vuelto. Simplemente este argumento carece de peso y vamos a demostrar cómo la propia Escritura indica que la Iglesia debe ser visible y en todas las épocas de la historia.

Para empezar veamos qué enseña el Catecismo:

771 "Cristo, el único Mediador, estableció en este mundo su Iglesia santa, comunidad de fe, esperanza y amor, como un organismo visible. La mantiene aún sin cesar para comunicar por medio de ella a todos la verdad y la gracia". La Iglesia es a la vez:

— «sociedad [...] dotada de órganos jerárquicos y el Cuerpo Místico de Cristo;

el grupo visible y la comunidad espiritual; la Iglesia de la tierra y la Iglesia llena de bienes del cielo».

Estas dimensiones juntas constituyen "una realidad compleja, en la que están unidos el elemento divino y el humano" (LG 8):

---

18 http://infocatolica.com/?t=opinion&cod=3168

Es propio de la Iglesia *«ser a la vez humana y divina, visible y dotada de elementos invisibles, entregada a la acción y dada a la contemplación, presente en el mundo y, sin embargo, peregrina. De modo que en ella lo humano esté ordenado y subordinado a lo divino, lo visible a lo invisible, la acción a la contemplación y lo presente a la ciudad futura que buscamos»* (SC 2).

«¡Qué humildad y qué sublimidad! Es la tienda de Cadar y el santuario de Dios; una tienda terrena y un palacio celestial; una casa modestísima y una aula regia; un cuerpo mortal y un templo luminoso; la despreciada por los soberbios y la esposa de Cristo. Tiene la tez morena pero es hermosa, hijas de Jerusalén. El trabajo y el dolor del prolongado exilio la han deslucido, pero también la hermosa su forma celestial» (San Bernardo de Claraval, In Canticum sermo 27, 7, 14).

Se afirma, entonces, que es visible, pues está formada por hombres visibles pero también tiene una parte invisible, una serie de elementos que la hacen invisible. Esto es lógico si pensamos que la Iglesia tiene como el cuerpo de Cristo una parte humana y una divina.

Sin embargo, los protestantes, como vimos antes, afirman que es solamente invisible, de forma que niegan las Escrituras. He aquí los pasajes bíblicos que demuestran la Iglesia es visible:

Fue profetizada como visible

Y en los días de estos reyes, el Dios del cielo suscitará un reino que nunca será destruido y cuya realeza no pasará a otro pueblo: él pulverizará y aniquilará a todos esos reinos, y él mismo subsistirá para siempre. **Daniel 2,44**

Este reino es visto como una gran montaña en Daniel 2,34-35. Si el reino permanece por siempre y es una gran montaña, ¿cómo, entonces, puede ser invisible? Vemos pues que no tiene sentido ver a la Iglesia como invisible.

Sucederá al fin de los tiempos que la montaña de la Casa del Señor será afianzada sobre la cumbre de las montañas y se elevará por encima de las colinas. Todas las naciones afluirán hacia ella. **Isaías 2,2**

Una montaña nuevamente representa la futura Iglesia de Dios y, por tanto, la montaña no puede ocultarse. Es más, se eleva por encima de las colinas para que todas las naciones la vean y puedan ir hacia ella. Esto demuestra que la Iglesia debe ser visible.

Sucederá al fin de los tiempos que la montaña de la Casa del Señor será afianzada sobre la cumbre de las montañas y se elevará por encima de las colinas. Los pueblos afluirán hacia ella 2 y acudirán naciones numerosas, que dirán: «¡Vengan, subamos a la Montaña del Señor y a la Casa del Dios de Jacob! Él nos instruirá en sus caminos y caminaremos por sus sendas». Porque de Sión saldrá la Ley y de Jerusalén, la palabra del Señor. **Miqueas 4,1-2**

Nuevamente la Escritura, al profetizar sobre la nueva Iglesia, la compara con una montaña, la más alta de todas donde van todos los pueblos. "De Jerusalén saldrá la palabra de Dios" es el cumplimiento de la nueva Iglesia, de donde salieron los apóstoles tras Pentecostés a predicar por todo el mundo el Evangelio. Nos está hablando de esa misma Iglesia, la apostólica, y es visible.

Su descendencia permanecerá para siempre y su trono, como el sol en mi presencia; 38 como la luna, que permanece para siempre, será firme su sede en las alturas. **Salmo 89,37**

Se habla de la Iglesia como sol, como luna, testigo fiel del favor de Dios, firme en las alturas. Se compara, pues, a la Iglesia con cosas visibles, luminosas incluso, como es el sol que nos da luz.

La Iglesia puede ser vista

Pero una sola es mi paloma mi preciosa. Ella es la única de su madre, la preferida de la que la engendró: al verla, la felicitan las jóvenes, las reinas y concubinas la elogian. **Cantares 6,9**

La Iglesia entonces es vista como paloma, un animal que es visible a los ojos de los hombres y es felicitada por las reinas y mujeres. Luego, es reconocida y visible.

Allí habrá una senda y un camino que se llamará «Camino santo». No lo recorrerá ningún impuro ni los necios vagarán por él. **Isaías 35,8**

Fijaos que hasta los necios no se perderán en el Camino Santo, es decir, en la Iglesia. Esto significa que fácilmente debe ser reconocida y visible.

Otra prueba de la visibilidad de la Iglesia es la reunión:

- La que tiene la última palabra es la comunidad, o sea, la Iglesia en temas de disensiones, discusiones, pleitos:

Si no te escucha, busca una o dos personas más, para que el asunto se decida por la declaración de dos o tres testigos. 17 Si se niega a hacerles caso, dilo a la comunidad. Y si tampoco quiere escuchar a la comunidad, considéralo como pagano o republicano. **Mateo 18,16-17**

- Se llama a reunirse a los presbíteros de la Iglesia:

Desde Mileto, mandó llamar a los presbíteros de la Iglesia de Éfeso. **Hechos 20,17**

- Se les recuerda que ellos deben gobernar la Iglesia:

Velen por ustedes, y por todo el rebaño sobre el cual el Espíritu Santo los ha constituido guardianes para apacentar a la Iglesia de Dios, que él adquirió al precio de su propia sangre. **Hechos 20,28**

- San Pablo perseguía a la Iglesia de Dios. Esto es algo que siempre lo tiene en mente y se lo recuerda en esta ocasión a los Gálatas:

Seguramente ustedes oyeron hablar de mi conducta anterior en el Judaísmo: cómo perseguía con furor a la Iglesia de Dios y la arrasaba. **Gálatas 1,13**

¿Cómo es posible que una Iglesia invisible sea perseguida, reunida y pueda gobernar y discernir lo bueno de lo malo? ¿Las cartas que San Pablo escribió las dirigió a comunidades o Iglesias invisibles? Porque de ser visibles entonces es mentira lo que afirman los protestantes.

Todas estas citas nos demuestran cómo necesariamente la Iglesia ha de ser visible, para poder gobernar, para poder ser perseguida, y para poder leer las cartas que los apóstoles les dirigieron en su momento.

La Iglesia es continuación de la Iglesia patriarcal

Sabemos que los doce patriarcas, hijos de Jacob, fueron la base de la Iglesia patriarcal de Israel y fueron reunidos por Jacob para ser bendecidos:

Jacob llamó a sus hijos y les habló en estos términos: «Reúnanse, para que yo les anuncie lo que les va a suceder en el futuro:2 Reúnanse y escuchen, hijos de Jacob, oigan a Israel, su padre. **Génesis 49,1-2**

De la misma forma, la nueva Iglesia, nuevo pueblo de Dios, debe entroncar con la antigua, debe, por tanto, ser como ella, y si los padres de Israel, de los que nació el Señor según la carne, formaron un pueblo visible (Romanos 9:5), los apóstoles y sus discípulos también lo han de formar.

Tus hijos ocuparán el lugar de tus padres, y los pondrás como príncipes por toda la tierra. **Salmo 45,17**

Ustedes están edificados sobre los apóstoles y los profetas, que son los cimientos, mientras que la piedra angular es el mismo Jesucristo. **Efesios 2,20**

El salmo indica que los apóstoles, hijos de los judíos de las sinagogas pondrían el fundamento de la nueva Iglesia de Dios, y Efesios así lo confirma. Estos son los hijos que ocuparan el lugar de sus padres, los doce patriarcas, y así los doce apóstoles, que salen de ellos, reinan en toda la Tierra y junto a María, la Madre de Dios, y constituirán la Iglesia de Dios en Jerusalén (Hechos 1,13-14; Hechos 2,1-3).

Entonces los apóstoles ponen el fundamento visible de la Iglesia tal y como los patriarcas pusieron el fundamento visible de Israel. Recordemos que entraban a formar parte del antiguo pueblo por la circuncisión, un signo y ritual visible, de la misma forma, el nuevo pueblo de Dios entra a formar parte de la Iglesia mediante el bautismo signo también visible. Las similitudes entre el pueblo de Israel y la Iglesia católica son abrumadoras: Eran gobernados por la estirpe aarónica sacerdotal, nosotros somos gobernados por los obispos sucesores de los apóstoles, y por el Papa, al pueblo de Israel le predicaban los profetas y doctores, a nosotros nos predican los predicadores, sacerdotes y santos. Como comida sagrada de ellos estaba el cordero pascual y el maná mientras que la nuestra es la Eucaristía, signo visible de algo invisible. Todo esto representan realidades visibles que existen entre ambos pueblos de Dios. Nunca en la Biblia encontramos que se diga que la Iglesia es invisible o que el antiguo pueblo de Dios era invisible. Todo debe, pues, seguir su secuencia, su lógica, su desarrollo.

La Iglesia es Infalible

El Catecismo recoge esta doctrina católica en sus numerales 2034-2035:

2034 El Romano Pontífice y los obispos como "maestros auténticos por estar dotados de la autoridad de Cristo [...] predican al pueblo que tienen confiado la fe que hay que creer y que hay que llevar a la práctica" (LG 25). El Magisterio ordinario y universal del Papa y de los obispos en comunión con él enseña a los fieles la verdad que han de creer, la caridad que han de practicar, la bienaventuranza que han de esperar.

2035 El grado supremo de la participación en la autoridad de Cristo está asegurado por el carisma de la infalibilidad. Esta se extiende a todo el depósito de la revelación divina (cf LG 25); se extiende también a todos los elementos de doctrina, comprendida la moral, sin los cuales las verdades salvíficas de la fe no pueden ser salvaguardadas, expuestas u observadas (cf Congregación para la Doctrina de la Fe, Decl. Mysterium ecclesiae, 3).

Este dogma de la Infalibilidad se ha establecido como tal en el Concilio Vaticano I y viene recogido de la siguiente forma: «El Romano Pontífice, cuando habla ex cathedra... posee aquella infalibilidad con que el divino Salvador quiso que estuviera dotada su Iglesia cuando definiera algo en materia de fe y costumbres» (Dz 1839)

¿Por qué la Iglesia necesita que el Papa sea infalible? La respuesta la podemos encontrar aquí:

La prueba de esta tesis nos la proporciona el fin propio de la infalibilidad, que es «custodiar santamente y exponer fielmente el depósito de la fe» (Dz 1836). Este fin no podría conseguirlo la Iglesia si no fuera capaz de dar decisiones infalibles sobre verdades y hechos que se hallan en estrecha conexión con las verdades reveladas, bien sea determinando de manera positiva la verdad o condenando de manera negativa el error opuesto. **(Manual de Teología Dogmática, Ludwing Ott - Infalibilidad de la Iglesia)**[19]

---

19 http://www.mercaba.org/TEOLOGIA/OTT/indice_general.htm

En resumen, este dogma nos da la garantía y la seguridad de que lo que nosotros creemos viene de Dios y no de los hombres, puesto que es una verdad de fe que debemos creer sin duda y es proclamada ex cátedra por el que custodia la fe de la Iglesia, que es el Papa. Hemos de decir aquí algo importante y es que no todo lo que el Papa escribe o dice es "ex cátedra" y, por tanto, no cae bajo el amparo del dogma de la infalibilidad pontificia. Es decir, una entrevista, por ejemplo, que hacen al Papa no es una declaración ex cátedra y nunca se puede tomar sus palabras allí como infalibles y sin error. Tampoco un libro que él escribe es infalible cuando lo hace de manera personal, como un teólogo más de la Iglesia. Para conocer las condiciones de infalibilidad debemos leernos el numeral 891 del Catecismo:

891 El Romano Pontífice, cabeza del colegio episcopal, goza de esta infalibilidad en virtud de su ministerio cuando, como Pastor y Maestro supremo de todos los fieles que confirma en la fe a sus hermanos, proclama por un acto definitivo la doctrina en cuestiones de fe y moral [...] La infalibilidad prometida a la Iglesia reside también en el cuerpo episcopal cuando ejerce el Magisterio supremo con el sucesor de Pedro", sobre todo en un Concilio Ecuménico (LG 25; cf. Vaticano I: DS 3074). Cuando la Iglesia propone por medio de su Magisterio supremo que algo se debe aceptar "como revelado por Dios para ser creído" (DV 10) y como enseñanza de Cristo, "hay que aceptar sus definiciones con la obediencia de la fe" (LG 25). Esta infalibilidad abarca todo el depósito de la Revelación divina (cf. LG 25).

Cuando el Papa habla de manera privada o simplemente a un grupo específico de fieles, no goza entonces de infalibilidad. Cuando lo que proclama es "cuestión de fe y moral" y es un "acto definitivo de doctrina" que no podrá nunca cambiar (véase, por ejemplo, la Asunción de María, La Inmaculada Concepción, etc.), ello sí es infalible.

La enseñanza de la Iglesia católica sobre la infalibilidad papal es una que es mal entendida generalmente por los que están fuera de la Iglesia. En particular, los fundamentalistas y otros "cristianos bíblicos" a menudo confunden el carisma de "infalibilidad" papal con "impecabilidad". Imaginan que los católicos creen que el Papa no puede pecar. Otros, que evitan este error elemental, piensan que el Papa se basa en una especie de amuleto o conjuro mágico cuando una definición infalible es debido a la ayuda especial del Espíritu Santo.

Teniendo en cuenta estos malentendidos comunes acerca de los principios básicos de la infalibilidad papal, es necesario explicar exactamente lo que la infalibilidad no es. La infalibilidad no es la ausencia de pecado. Tampoco es un carisma que pertenece solo al Papa. De hecho, la infalibilidad también pertenece al cuerpo de obispos en su conjunto, cuando, en la unidad doctrinal con el Papa, solemnemente enseñan una doctrina como verdadera. Bien, la impecabilidad no está reñida con la infalibilidad de la Iglesia, ambas cosas son independientes, pues el mismo San Pedro fue pecador, negó al Señor tres veces, actuó hipócritamente en Antioquía (Gálatas 2), y pese a eso fue infalible al menos dos veces (1Pedro y 2Pedro).

Una vez puestas las bases doctrinales de la infalibilidad pontificia, y aclarado que no es lo mismo infalible que impecable, ahora pasemos a dar el fundamento bíblico de esta doctrina y así demostraremos que no hemos inventado nada:

Dios obró a través de los escritores de la Biblia para escribir y hablar infaliblemente (inspiración) y esto hizo posible que la Biblia sea sin error. Algunos de los escritores bíblicos, como David, Pablo, Mateo y Pedro, habían sido grandes pecadores en un momento u otro en su vida.Sin embargo, ellos fueron usados por Dios para escribir la Escritura inspirada. Incluso en los tiempos del Antiguo Testamento, a algunos se les concedió el don de la protección especial del error; por ejemplo, a los levitas, que eran maestros, entre otras cosas:

La ley de verdad estuvo en su boca, e iniquidad no fue hallada en sus labios; en paz y en justicia anduvo conmigo, y a muchos hizo apartar de la iniquidad. 7 Porque los labios del sacerdote han de guardar la sabiduría, y de su boca el pueblo buscará la ley; porque mensajero es de Yahvé de los ejércitos. 8 Mas vosotros os habéis apartado del camino; habéis hecho tropezar a muchos en la ley; habéis corrompido el pacto de Leví, dice Yahvé de los ejércitos.
Malaquías 2,6-8

Los profetas pretendían proclamar la "palabra de Yahvé". La infalibilidad papal es principalmente una garantía preventiva para evitar proclamar el error doctrinal en ciertos momentos. Es fácil argumentar, entonces, que la infalibilidad es un don de Dios que se parece a la inspiración a los profetas y su revelación al pueblo de Israel. Podemos ver hasta cierto paralelismo:

La palabra del Señor vino a Samuel. **1 Samuel 15,10**

Pero esa misma noche la palabra del Señor vino a Natán. **1 Crónicas 17,3**

La palabra del Señor vino a Isaías. **Isaías 38,4**

La palabra del Señor vino a mí. **Ezequiel 33,1**

Entonces Hageo, mensajero del Señor, habló al pueblo con el mensaje del Señor: "Yo estoy con vosotros" dice Yahvé". **Hageo 1,13**

Todos estos profetas fueron infalibles cuando hablaron y comunicaron el mensaje revelado por Dios

Y todos tus hijos serán enseñados por Yahvé; y se multiplicará la paz de tus hijos. 14 Con justicia serás adornada; estarás lejos de opresión, porque no temerás, y de temor, porque no se acercará a ti. 15 Si alguno conspirare contra ti, lo hará sin mí; el que contra ti conspirare, delante de ti caerá. 16 He aquí que yo hice al herrero que sopla las ascuas en el fuego, y que saca la herramienta para su obra; y yo he creado al destruidor para destruir. 17 Ninguna arma forjada contra ti prosperará, y condenarás toda lengua que se levante contra ti en juicio. Esta es la herencia de los siervos de Yahvé, y su salvación de mí vendrá, dijo Yahvé. **Isaías 54,13-17**

Esta profecía se refiere a la Iglesia como la Santa Vía donde hijos serán enseñados por Dios y no van a errar. A la Iglesia se ha dado el don de la infalibilidad al enseñar sobre la fe y la moral, y no puede entonces errar porque Dios ha enseñado esas verdades a su Iglesia.

En el Nuevo Testamento:

El Espíritu Santo ahora es dado a todos los cristianos (Jn 15,26; 1Corintios 3,16.), por lo que es perfectamente posible que una mayor medida del Espíritu Santo se les diera a los líderes de la Iglesia que tienen la responsabilidad de enseñar. Esto se puede intuir de las palabras del apóstol Santiago en su carta (Santiago 3). Además de esto, los discípulos fueron tranquilizados por Jesús: "Cuando venga el Espíritu de verdad, él os guiará a toda la verdad" (Jn 16,13; cf. 8,32); por lo tanto, podemos pensar que los pastores del pueblo cristiano serían objeto de una medida adicional del Espíritu Santo para cumplir mejor sus funciones.

El que a vosotros recibe, a mí me recibe, y quien me recibe a mí, recibe al que me envió. **Mateo 10,40**

El que los escucha a ustedes, me escucha a mí. Quien quiera que me rechaza a mí rechaza. Y el que me rechaza a mí, rechaza al que me ha enviado. **Lucas 10,16**

Entonces Jesús se acercó y les dijo: "Todo poder en el cielo y en la tierra se ha dado a mí. Id, pues, y haced discípulos a todas las naciones, bautizándolos en el nombre del Padre, y del Hijo, y del Espíritu Santo, y enseñándoles a guardar todo lo que yo os he mandado. Y he aquí que yo estoy con vosotros todos los días hasta el fin del mundo". **Mateo 28, 18-20**

La presencia de Jesús en la Iglesia asegura enseñanza infalible de fe y moral. Con Jesús presente, nunca podemos ser engañados.

Y yo rogaré al Padre, y os dará otro Paráclito, para que esté siempre con vosotros, el Espíritu de verdad, que el mundo no puede recibir, porque no lo ve ni lo conoce. Pero usted lo sabe, porque permanece con vosotros y estará en vosotros. **Juan 14, 16-17**

Jesús promete que el Espíritu Santo estará con la Iglesia para siempre. El Espíritu impide la enseñanza de error en la fe y la moral. Está garantizado porque la garantía procede de Dios mismo que no puede mentir.

Mas el Consolador, el Espíritu Santo, a quien el Padre enviará en mi nombre, él os enseñará todas las cosas, y os recordará todo lo que yo os he dicho. **Juan 14,26**

Jesús promete que el Espíritu Santo les enseñará a la Iglesia (los apóstoles y sus sucesores) todas las cosas con respecto a la fe. Esto significa que la Iglesia nos enseña las posiciones morales correctas en cosas tales como la fertilización in vitro, la clonación y otras cuestiones que no se tratan en la Biblia. Después de todo, estas cuestiones de la moral son necesarias para nuestra salvación, y Dios no dejarían temas tan importantes a que se decidan por nosotros los pecadores sin su ayuda divina.

Cuando venga el Paráclito os enviaré del Padre, el Espíritu de verdad que procede del Padre, él dará testimonio de mí. **Juan 15,26**

Tengo mucho más que deciros, pero ahora no podéis con ello ahora. Pero cuando venga el Espíritu de verdad, él os guiará a toda la verdad. **Juan 16, 12-13**

Jesús tenía muchas cosas que decir, pero los apóstoles no podían comprenderlas en ese momento. Esto demuestra que la doctrina infalible de la Iglesia se desarrolla con el tiempo.

Jesús promete que el Espíritu "guía" a la Iglesia a toda la verdad. Nuestro conocimiento de la verdad se desarrolla a medida que el Espíritu guía a la Iglesia, y esto sucede en el tiempo.

Porque no sois vosotros los que habláis, sino el Espíritu de vuestro Padre que habla en vosotros. **Mateo 10,20**

Jesús dice a sus apóstoles que no son ellos los que hablarán sino que el Espíritu de su Padre hablará por ellos. Si el Espíritu es el que habla y el que conduce a la Iglesia, la Iglesia no puede errar en materia de fe y moral.

Lo cual también hablamos, no con palabras enseñadas por sabiduría humana, sino con las que enseña el Espíritu, acomodando lo espiritual a lo espiritual. **1 Corintios 2,13**

Pablo explica que lo que enseñan los ministros se enseña no por sabiduría humana sino por el Espíritu. Los ministros son llevados a interpretar y comprender las verdades espirituales que Dios les da a través del tiempo.

Para que la multiforme sabiduría de Dios sea ahora dada a conocer por medio de la Iglesia a los principados y potestades en los lugares celestiales. **Efesios 3,10**

La sabiduría de Dios da a conocer, incluso a los ángeles, a través de la Iglesia (no de las Escrituras). Este es un verso increíble porque nos dice que la sabiduría infinita de Dios viene a nosotros a través de la Iglesia. Para que eso suceda, la Iglesia debe ser protegida de error en enseñar sobre la fe y la moral (o ella no estaría dotada de la sabiduría de Dios).

Por ello san Pablo llama a la Iglesia "pilar de la verdad", aquella que no puede equivocarse ya que sostiene la Verdad de Dios y la transmite a todos:

Para que si tardo, sepas como debes conducirte en la casa de

Dios, Que es la Iglesia del Dios viviente, columna y baluarte de la verdad. **1 Timoteo 3,15**

Este versículo bíblico trae de cabeza a todos los protestantes pues en él San Pablo enseña que la verdad viene de la Iglesia, es sujetada por ella, no de las Escrituras, las Escrituras son y deben ser interpretadas por la Iglesia, pero las Escrituras solas no pueden determinar qué es verdad y qué no, debe ser alguien fuera de ellas, ajena, que las haya escrito y pueda entenderlas con el Espíritu Santo que le ha sido dado quien las interprete adecuadamente de forma infalible. Las propias Escrituras mal interpretadas pueden enseñar errores, pero si somos fieles al pilar de la Verdad, esto es, a la Iglesia, nunca habrá error doctrinal pues ella, como dice San Pablo, es el baluarte, columna de la Verdad y da a conocer esto a todo el mundo (Efesios 3:10).

Tal vez la prueba bíblica más clara de la autoridad infalible de la Iglesia es el Concilio de Jerusalén (Hechos 15, 6-30) y su pronunciamiento con autoridad, vinculante para todos los cristianos:

Porque ha parecido bien al Espíritu Santo ya nosotros no imponeros ninguna carga más que estas cosas necesarias: que os abstengáis de lo sacrificado a los ídolos, de sangre, de lo estrangulado y de la impureza. **Hechos 15, 29-30**

En el siguiente capítulo, nos enteramos de que Pablo, Timoteo y Silas viajaron "a través de las ciudades (…) para la observancia de las decisiones que habían sido tomados por los apóstoles y los ancianos que estaban en Jerusalén" (Hechos 16, 4). Esta es una prueba bíblica explícita del don de la infalibilidad que Cristo dejó a su Iglesia y al Papa.

Estos pasajes ofrecen una prueba de que la Iglesia primitiva mantuvo a una noción de la infalibilidad de los concilios como especialmente guiados por el Espíritu Santo (precisamente como en la doctrina de la Iglesia católica sobre los concilios ecuménicos). En consecuencia, Pablo toma el mensaje del decreto conciliar con él en sus viajes evangélicos. La Iglesia tenía autoridad real; era vinculante e infalible.

Decir que la Iglesia se equivoca o puede errar es afirmar que Dios se equivoca y quiere el error, lo cual va contra la propia Escritura:

Si se niega a hacerles caso, dilo a la comunidad. Y si tampoco quiere escuchar a la comunidad, considéralo como pagano o republicano. **Mateo 18,17**

Nuestro Salvador, Jesucristo, nos remite a la Iglesia en nuestras dificultades, injurias y pleitos, ¿por qué no nos debemos remitirnos en ella en temas doctrinales? Realmente debe ser así, si ella es Juez para dictaminar que está bien y mal en un comportamiento personal en un pleito en pecado, ella debe ser Juez también en doctrina pues no podría ser infalible y la máxima autoridad para los pleitos y pecados y no para la doctrina, ya que también existen pecados de doctrina: herejías y cismas.

Nos queda, pues, un último caso y es el analizar por qué la infalibilidad y la impecabilidad se diferencian. Tomemos un claro ejemplo de las Escrituras, el caso de Caifás, Sumo Sacerdote en aquellos años:

Uno de ellos, llamado Caifás, que era Sumo Sacerdote ese año, les dijo: «Ustedes no comprenden nada. 50 ¿No les parece preferible que un solo hombre muera por el pueblo y no que perezca la nación entera?». 51 No dijo eso por sí mismo, sino que profetizó como Sumo Sacerdote que Jesús iba a morir por la nación. **Juan 11,49-51**

Caifás fue infalible al predicar que Cristo iba a morir por la nación. La Escritura dice que profetizó y tal profecía se cumplió, así que estamos ante un caso de infalibilidad de un Sumo Sacerdote judío y bien que dijo Cristo de este tipo de personas:

Los escribas y fariseos ocupan la cátedra de Moisés; 3 ustedes hagan y cumplan todo lo que ellos les digan, pero no se guíen por sus obras, porque no hacen lo que dicen. **Mateo 23,2-3**

Pese a que ellos eran corruptos, nunca Cristo dijo que no tuvieran autoridad para enseñar. No se quejó de su autoridad y sus enseñanzas sino de su pecado. El mismo Caifás, podríamos decir, estaba sentado en la Cátedra de Moisés, y era pecador. Pese a eso fue infalible al profetizar la muerte de Cristo.

A San Pedro es al que se le dio la suprema posibilidad de ser infalible al decirle "lo que ates quedara atado, y lo que desates quedara desatado" (Mateo 16,18). Eso le confería el don de que él solo podría ser infalible, "ex cátedra". Mientras que al colegio episcopal, es decir, los demás apóstoles y obispos, se le da el mismo don pero en común "lo que atéis quedará atado" (Mateo 18,18).

Iglesia pecadora

Podría parecer que hay una contradicción pues antes hemos demostrado que la Iglesia es Santa y ahora hablamos de que es pecadora. ¿Cómo es eso? La respuesta es clara: la santidad de la Iglesia viene por su fundador, la Iglesia triunfante es santa, pues los santos que son parte de la Iglesia están ya disfrutando de la visión beatífica de Cristo. La Iglesia peregrina tiene santidad y pecado, pues en ella encontramos hombres santos y grandes pecadores. Esto es lógico si vemos que la Iglesia está formada por hombres los cuales son pecadores por naturaleza.

Muchas sectas y congregaciones protestantes dicen que ellos son totalmente puros y limpios de pecado. De esta manera engañan a la gente, pues acusan a los católicos de ser pecadores, como si ellos no cometieran pecados. Bien, la Iglesia de Cristo también debe tener en su seno "peces malos", es decir, pecadores, veamos lo que enseña la Sagrada Escritura al respecto:

También es semejante el Reino de los Cielos a una red que se echa en el mar y recoge peces de todas clases; y cuando está llena, la sacan a la orilla, se sientan, y recogen en cestos los buenos y tiran los malos. **Mateo 13,47**

Así que en el Reino de Dios, es decir, la Iglesia, hay peces buenos y malos. Por tanto, aquellas sectas que solo hablan de peces buenos no pueden ser el Reino de Dios en la Tierra. Simplemente están ignorando este versículo bíblico tan sumamente claro.

En una casa grande, no todos los recipientes son de oro o de plata, sino que también hay recipientes de madera y de barro. Unos se destinan a usos nobles, y otros, a usos comunes. **2 Timoteo 2,20**

O sea que en la casa de Dios unos son nobles y otros son comunes, es decir, unos son santos y otros pecadores. Aquí san Pablo compara la Iglesia con una casa, donde los recipientes somos los miembros, o sea nosotros, de forma que existen diferentes recipientes como diferentes personas en la Iglesia, unos santos y otros no tanto.

¿Podemos encontrar en el Nuevo Testamento miembros de la Iglesia que sean pecadores? Claro que sí. Comenzaré por los apóstoles. Veamos qué nos enseña la Escritura de ellos:

Jesús le dijo: «Judas, ¿con un beso entregas al Hijo del hombre?».
Lucas 22,48

Mientras tanto, Pedro estaba sentado afuera, en el patio. Una sirvienta se acercó y le dijo: «Tú también estabas con Jesús, el Galileo». 70 Pero él lo negó delante de todos, diciendo: «No sé lo que quieres decir». 71 Al retirarse hacia la puerta, lo vio otra sirvienta y dijo a los que estaban allí: «Este es uno de los que acompañaban a Jesús, el Nazareno». 72 Y nuevamente Pedro negó con juramento: «Yo no conozco a ese hombre». 73 Un poco más tarde, los que estaban allí se acercaron a Pedro y le dijeron: «Seguro que tú también eres uno de ellos; hasta tu acento te traiciona». 74 Entonces Pedro se puso a maldecir y a jurar que no conocía a ese hombre. En seguida cantó el gallo, 75 y Pedro recordó las palabras que Jesús había dicho: «Antes que cante el gallo, me negarás tres veces». Y saliendo, lloró amargamente.
Mateo 26,69-75

Tomás, uno de los Doce, de sobrenombre el Mellizo, no estaba con ellos cuando llegó Jesús. 25 Los otros discípulos le dijeron: «¡Hemos visto al Señor!». Él les respondió: «Si no veo la marca de los clavos en sus manos, si no pongo el dedo en el lugar de los clavos y la mano en su costado, no lo creeré». 26 Ocho días más tarde, estaban de nuevo los discípulos reunidos en la casa, y estaba con ellos Tomás. Entonces apareció Jesús, estando cerradas las puertas, se puso en medio de ellos y les dijo: «¡La paz esté con ustedes!». 27 Luego dijo a Tomás: «Trae aquí tu dedo: aquí están mis manos. Acerca tu mano: métela en mi costado. En adelante no seas incrédulo, sino hombre de fe». 28 Tomás respondió: «¡Señor mío y Dios mío!». 29 Jesús le dijo: «Ahora crees, porque me has visto. ¡Felices los que creen sin haber visto!».
Juan 20, 24-29

Judas traiciona a Cristo, Pedro le niega tres veces, Tomás duda de él, y todos le abandonan (Marcos 14:50). Esta era la primera Iglesia, formada por doce discípulos de los cuales todos eran cobardes, algunos traidores, otros mentirosos y otros dudaban de Cristo y de su poder, pese a ello eran ya Iglesia naciente. Pero los hermanos protestantes suelen objetar que esto pasó porque aún no habían recibido el Espíritu Santo pero cuando uno recibe el Espíritu Santo ya no peca. ¿Cómo responder a esto? Será cuestión de analizar claramente los acontecimientos posteriores a Pentecostés y ver si se narran pecados en la Iglesia de Dios:

Es cosa pública que se cometen entre ustedes actos deshonestos, como no se encuentran ni siquiera entre los paganos, ¡a tal extremo que uno convive con la mujer de su padre! 2 ¡Y todavía se enorgullecen, en lugar de estar de duelo para que se expulse al que cometió esa acción! **1Corintios 5,1-2**

Esta Iglesia de los Corintios ya había sido fundada por San Pablo y les escribe una carta (1corintios 1,2). Pues bien, en ella había un incestuoso a quien condena duramente San Pablo y manda ser expulsado de la Iglesia, por ello queda demostrado que no solo los elegidos son parte de la Iglesia, también los réprobos y así, tras recibir el Espíritu Santo, se puede caer en pecado como el incestuoso de Corintio.

La asamblea aprobó esta propuesta y eligieron a Esteban, hombre lleno de fe y del Espíritu Santo, a Felipe y a Prócoro, a Nicanor y a Timón, a Pármenas y a Nicolás, prosélito de Antioquía. **Hechos 6,5**

Se nos narra aquí a los que se eligieron como diáconos, entre ellos un hombre Santo como Esteban, quien sería el primer mártir cristiano, pero también es elegido Nicolás de Antioquía, quien se volvió hereje fundando la secta de los nicolaítas, de los cuales habla San Juan en el Apocalipsis:

Sin embargo, tienes esto a tu favor: que detestas la conducta de los nicolaítas, lo mismo que yo. **Apocalipsis 2,6**

Entre otros, Himeneo y Alejandro, a quienes entregué a Satanás para que aprendieran a no blasfemar. **1 Timoteo 1,20**

Y se extienden como la gangrena. Así sucede con Himeneo y Fileto, 18 que se apartaron de la verdad, afirmando que la resurrección ya que se ha realizado, y así han pervertido la fe de algunos. **2 Timoteo 2,17-18**

Alejandro, el herrero, me ha hecho mucho daño: el Señor le pagará conforme a sus obras. **2 Timoteo 4,14**

Así que algunos colaboradores de San Pablo, le traicionaron y empezaron a enseñar errores, y él los entrega a Satanás, otros le dieron problemas y dificultades. Vemos que San Pablo narra todo esto para hacernos ver que también en las iglesias o comunidades que él iba formando había gente pecadora que de una u otra manera se oponía al Evangelio de Cristo.

Todo esto corrobora las enseñanzas de Cristo sobre la Iglesia:

Él respondió: «El que siembra la buena semilla es el Hijo del hombre; el campo es el mundo; la buena semilla son los hijos del Reino; la cizaña son los hijos del Maligno; el enemigo que la sembró es el Diablo; la siega es el fin del mundo, y los segadores son los ángeles. De la misma manera, pues, que se recoge la cizaña y se la quema en el fuego, así será al fin del mundo. El Hijo del hombre enviará a sus ángeles, que recogerán de su Reino todos los escándalos y a los obradores de iniquidad, y los arrojarán en el horno de fuego; allí será el llanto y el rechinar de dientes. Entonces los justos brillarán como el sol en el Reino de su Padre. **Mateo 13, 37-43**

¡Ay del mundo por los escándalos! Porque forzoso es, que vengan escándalos, pero ¡ay del hombre por quién el escándalo viene! **Mateo 18,7**

Y él dijo a sus discípulos: "Es inevitable que sobrevengan escándalos, pero ¡ay de aquel por quien vengan!". **Lucas 17,1**

Todo esto demuestra que en el mismo árbol existen santos y corruptos, es la prueba más clara de que la Iglesia Católica es la fundada por Cristo pues él sabía de sobra, como ya probé, que vendrían escándalos y aun así funda una Iglesia infalible. Recordemos que la Infalibilidad no está atada a la impecabilidad:

Que los dones y la vocación de Dios son irrevocables. **Romanos 11, 29**

Dios pueda dar el don de infalibilidad a su Iglesia y este es irrevocable, el pecado no lo elimina, pues es don de Dios e iría contra las Escrituras. Recordemos que en el AT también los profetas, los patriarcas y los líderes del Antiguo pueblo de Dios fueron pecadores: Abraham miente en Génesis 12, Jacob miente a Isaac en Génesis 27, Moisés duda de Dios en Números 20, Aarón se vuelve idólatra en Éxodo 32, pero luego es sacerdote en Éxodo 40:13. David, asesinó y cometió adulterio en 2Samuel 11, pecó en el censo (2 Samuel 24), pero fue infalible cuando escribió el Salmo 51 *"Del maestro de coro. Salmo de David"*. Salomón fue idólatra y polígamo (1Reyes 11) pese a ello Dios le concede gran sabiduría y justicia (1 Reyes 3:9-14).

Todo esto nos prueba cómo siempre en el pueblo de Dios ha habido pecadores. Incluso líderes y guías del pueblo de Dios han cometido fuertes pecados y no por ello Dios ha abandonado a su Iglesia. Esto demuestra que la Iglesia no está formada solamente por los elegidos sino también por los réprobos pecadores.

CONSTANTINO Y LA IGLESIA CATÓLICA

Dentro del protestantismo existe el mito de que la Iglesia Católica nació con el emperador Constantino, este fundo la Iglesia Romana paganizando a los primeros cristianos y por tanto la Iglesia católica tiene todas sus doctrinas paganas. Pues bien, nuestra tarea será desmontar dicho mito, que pese a quien le pese, no tiene ningún fundamento histórico, es básicamente una mentira, y nunca los protestantes pueden dar pruebas de que Constantino haya fundado la Iglesia.

Vamos a analizar los sucesos ocurridos durante la vida de Constantino y después de su muerte, y también demostraremos por qué es imposible que Constantino fundara la Iglesia Católica.

Constantino y el Edicto de Milán

Lo que si podemos decir que Constantino hizo, fue dar libertad de culto, esto es dejar de perseguir a los cristianos por sus creencias, esto lo hizo en el conocido edicto de Milán, en el año 313 d.C.:[20]

"Cuando yo, Constantino Augusto, al igual que yo, Licinio Augusto, afortunadamente nos reunimos cerca de Milán, considerando todo lo pertinente al bienestar y la seguridad pública, pensamos, entre otras cosas, las que vimos serían para el bien de muchos, aquellas regulaciones pertinentes a la reverencia de la Divinidad que deben ser ciertamente prioritarias, para que podamos conceder a los Cristianos y a otros, completa autoridad para observar esa religión que cada quien prefirió; desde donde provenga cualquier Divinidad en el asiento de los cielos pudiera ser propicia y amablemente dispensada a nosotros y a todos aquellos bajo nuestro decreto. Y así por éste consejo entero y la provisión más honrada, pensamos en coordinar que a nadie y de ninguna manera se le debe negar la oportunidad de dar su corazón a la observancia de la religión Cristiana, de esa religión que piense mejor para él, para que la Deidad Suprema, a cuya alabanza rendimos libremente nuestros

---

20 http://www.thecatholictreasurechest.com/sedict.htm

corazones, pueda mostrar en todas las cosas Su acostumbrada benevolencia y favor. Por lo tanto, su Alabanza debe saber que nos ha complacido el remover absolutamente todas las condiciones que se encontraban en los rescritos formalmente dados a Usted de forma oficial, concernientes a los Cristianos y ahora a cualquiera que quiera observar la religión Cristiana puede hacerlo libre y abiertamente, sin ser molestado. Pensamos apropiado encomendar estas cosas completamente a su cuidado para que Usted sepa que hemos dado a aquellos cristianos oportunidad libre y sin restricciones de alabanza religiosa. Cuando Usted vea que esto ha sido otorgado a ellos por nosotros, su Alabanza sabrá que también hemos concedido a otras religiones el derecho libre y abiertamente de la observancia de su culto por el bien de la paz de nuestros tiempos, que cada cual tenga la libre oportunidad de adorar a su gusto; ésta regulación es hecha para no detractar ninguna dignidad o ninguna religión.

Sobre todo, especialmente en el caso de los Cristianos, estimamos de lo mejor que si sucede de aquí en adelante que alguien ha comprado de nuestra propiedad de cualesquiera otra persona, esos lugares en donde previamente se acostumbraban reunir, refiriéndose a tales, había sido hecho cierto decreto y una carta enviada oficialmente a Usted, los mismos deberán ser reivindicados a los Cristianos sin el pago o cualquier demanda de recompensa y sin ninguna clase de fraude o de engaño, aquellos, más que todo, que han obtenido el mismo regalo, igualmente habrán de devolverlos a los Cristianos inmediatamente. Además, ambos, los que los han comprado y los que los han obtenido por regalo, deben abrogar al Vicario si buscan alguna recompensa de nuestra generosidad, para que puedan ser atendidos por nuestra clemencia. Todas estas propiedades deben ser entregadas inmediatamente a la comunidad de los cristianos a través de su intercesión, y sin retraso. Y puesto que estos Cristianos como es conocido habían poseído no solamente esos lugares en los cuales estaban acostumbrados a reunirse, sino también otras propiedades, a saber las iglesias, perteneciendo a ellos como a una corporación y no como individuos, todas estas cosas que hemos incluido bajo el reglamento anteriormente dicho, Usted ordenará su reivindicación para estos Cristianos, sin ninguna vacilación o controversia alguna para ellos, es decir para las corporaciones y sus lugares de reunión: previendo, por supuesto, que los arreglos antedichos sean seguidos para que los que devuelvan aquello sin pago, como hemos dicho, puedan esperar una indemnización de nuestra generosidad. En todas estas circunstancias Usted deberá ofrecer su intervención más eficaz a la comunidad de los Cristianos, para que nuestra disposición pueda ser llevada en efecto lo más rápidamente posible, por lo cual, por otra parte, con nuestra clemencia, el orden público pueda ser asegurado. Deje que esto sea hecho de modo que, como hemos dicho arriba, el favor Divino hacia nosotros, mismo que, bajo las más importantes circunstancias que hemos experimentado ya, pueda, por todo el tiempo, preservar y prosperar nuestros éxitos junto con el bien del estado. Sobre todo, para que la declaración de este decreto de nuestra buena voluntad pueda ser notado por todos, este rescrito, publicado por su decreto, será anunciado por todas partes y llevado al conocimiento de todos, para que el decreto de esta, nuestra benevolencia, no pueda ser encubierto.

En este edicto se declara la libertad de culto en el imperio romano y el dejar de perseguir a los cristianos, pero en ningún momento ni tampoco en ningún lugar se menciona a la Iglesia Católica o al Catolicismo. Luego, este edicto no habla sobre la Iglesia, fue un edicto dado por el emperador romano buscando la libertad de culto, incluso de los paganos. Con este edicto tampoco el cristianismo se hace religión oficial del Estado, deben pasar bastantes años hasta que Teodosio la haga religión oficial.

Además de todo esto, Constantino nunca fue católico, fue bautizado en su lecho de muerte por Eusebio de Nicomedia, un obispo arriano, no católico. Por tanto, el decir que "Constantino fundó la Iglesia Católica" es totalmente falso pues un no católico no puede fundar la Iglesia Católica.

Por si esto fuera poco, algunos protestantes dicen que Constantino influyó en el concilio de Nicea, lo presidió y tomó las decisiones más importantes. Quienes afirman esto deberían leer enciclopedias e historia de la Iglesia pues nada de eso tiene base histórica seria:

En ese tiempo estaba el cristianismo en lucha teológica pues los arrianos avanzaban duramente imponiendo su herejía. Era necesario reunirse para anatemizar la doctrina arriana y declarar de manera infalible la divinidad de Cristo. Ahora, la pregunta es, ¿quién fue el partidario de elaborar un concilio donde se tocara este tema? La respuesta es: el obispo Osio de Córdoba:

Sobre Osio dice en la *"Enciclopedia Británica"*:

Osio (nacido c. 256, probablemente Córdoba, España -muerto 357 / 358, Córdoba), obispo español de Córdoba que, como consejero eclesiástico de emperador Constantino I, era uno de los principales defensores de la ortodoxia en Occidente contra la temprana herejía de los donatistas. Consagrado obispo de Córdoba (c. 295), Osio asistió al Concilio de Elvira (Granada, c. 300) y 312-326 actuaron como consejero eclesiástico en la corte de Constantino, que en el 324 lo envió como emisario imperial hacia el Este a resolver la controversia arriana. Osio convocó un sínodo en Alejandría de obispos egipcios y otro en Antioquía de los obispos sirios, a los cuales Arrio y sus seguidores fueron condenados. Impulsada por Osio, Constantino convocó el entonces primero Concilio ecuménico de Nicea (325), donde Osio fue influyente en la obtención de la inclusión en el Credo de Nicea la palabra clave homoousio" [21].

Otro teólogo experto en historia de la Iglesia que podemos mencionar es Jesús Álvarez, en su obra "Historia de la Iglesia, Edad Antigua I", editorial BAC, en la página 240-241 dice así: [22]

-*"Osio de Córdoba, con cartas para Alejandro y para Arrio que había regresado a la ciudad, pero Osio no consiguió ni la retractación de Arrio ni la paz eclesial, en vista de lo cual, aconsejó al emperador que convocase un concilio universal para resolver el problema.*

Constantino aceptó el consejo de Osio y convocó el concilio universal, es decir, en el que participarían obispos provenientes de todo el mundo."

Luego más adelante continua diciendo:

No se sabe con certeza quién presidió el concilio porque no existen actas de las reuniones, sino solamente sus resultados…, pero lo más seguro es que la presidencia fuera ocupada por Osio de Córdoba como representante del emperador, porque en todas las listas de los Padres de este concilio figura en primer lugar, y después de él siempre aparecen los delegados del Papa Silvestre. [23]

Es muy importante esto que nos enseña Jesús Álvarez pues está afirmando que el Concilio fue presidido por el obispo Osio de Córdoba, ya que figura en las listas como primero y que ese concilio tenía delegados papales. Mucho se ha hablado sobre esto,

---

21 https://global.britannica.com/biography/Hosius-of-Cordoba
22 Historia de la Iglesia Tomo I- Jesús Álvarez Gómez edit BAC
23 Historia de la Iglesia Tomo I- Jesús Álvarez Gómez edit BAC

pero rápidamente se puede resumir en que el Papa Silvestre en esa época era una persona mayor y envió a sus delegados papales para que hubiera presencia papal en el Concilio.

Lo mismo indica Belarmino Llorca y García Villoslada en su obra "Historia de la Iglesia", Edad Antigua, páginas 406-407: 24

Unos trescientos obispos fueron reunidos, según las fuentes contemporáneas y las actas que se han conservado. En su mayoría orientales, pero entre ellos se hallaban dos representantes del papa Silvestre, los presbíteros Vito y Vicente y como presidente nato, el confidente del emperador, Osio de Córdoba".

Aquí se amplía la información aportada por Jesús Álvarez al nombrar a los representantes del Papa: Vito y Vicente. Por tanto en Nicea hubo representación papal y Osio presidió el concilio.

Finalmente citaré el *"Manual de Historia de la Iglesia"*, Boulanger, página 140-141:25

Osio presidió el importantísimo concilio de Nicea (325) atribuyéndosele la paternidad de la célebre fórmula de fe, introducida en el Símbolo, condenatoria de las doctrinas de Arrio. (...) El Papa Silvestre I estuvo representado por los dos legados Vito y Vicente. Arrio fue invitado por el obispo de Córdoba, Osio, presidente de la asamblea a que expusiera su doctrina a la misma.

Así que la fórmula de "homousis" se la debemos a Osio de Córdoba y no a Constantino como ciertos protestantes defienden. Todos estos manuales de historia de la Iglesia enseñan que hubo aprobación papal mediante sus delegados.

Es decir, la influencia del emperador Constantino en el concilio de Nicea fue mínima. Simplemente lo convocó pero se mantuvo al margen mientras los obispos discutían los temas teológicos. Por ello no podemos afirmar con bases históricas serias que Constantino haya corrompido la Iglesia Católica.

Muchos protestantes afirman al día de hoy que Constantino fundó el Catolicismo e introdujo las principales doctrinas católicas. Bien

---

24 Historia de la Iglesia Católica Tomo I-Bernardino Llorca edit BAC
25http://www.obrascatolicas.com/livros/Historia/Historia%20de%20la%20Iglesia%20-%20Boulenger.pdf

nos vamos a encargar de desmontar este mito:

El Catolicismo en la *"Enciclopedia Británica"*:26

"El Catolicismo romano, ha sido la fuerza espiritual decisiva en la historia de la civilización occidental. Junto con la ortodoxia oriental y el protestantismo, es una de las tres ramas principales del cristianismo. La Iglesia Católica Romana remonta su historia a Jesucristo y los Apóstoles. A lo largo de los siglos se desarrolló una teología altamente sofisticada y una estructura organizativa elaborada encabezada por el papado, la continuación de monarquía absoluta más antigua del mundo".

Así que la Enciclopedia Británica afirma que la Iglesia Católica ha sido fundada por Cristo. Valga este testimonio de una enciclopedia para refutar cualquier idea de los protestantes de que Constantino fundó el Catolicismo.

Una vez probado esto ahora pasaremos a demostrar como muchas de las doctrinas católicas se practicaron antes de Constantino. Veamos algunos ejemplos:

- Bautismo de Infantes (Hipólito de Roma, Tradición Apostólica, 21; Orígenes, Homilía en Romanos, V: 9 (AD 244), Homilía sobre el Levítico, 8:3).

- Eucaristía como Presencia Real (Carta a los Romanos, San Ignacio de Antioquía. C.7 n.3, San Justino, Apología primera. C.66ss).

- Santísima Virgen María (Orígenes, In Mt. comm 10,17, San Justino Diálogo con Tryfón, 100 D.C., "Sub Tuum Praesidium", año 250 d.C, Ireneo, Contra las herejías 5,19,1).

- Purgatorio (Inscripción de Abercio, Cipriano de Cartago Cartas 51[55]:20, Cipriano de Cartago Cartas Cipriano 56 (60): 5, Martirio de Policarpo 17,18).

- Primado de Pedro (San Cipriano, Unidad de la Iglesia Católica 4. Firmiliano, Obispo, Carta a Cipriano 75:17, San Ireneo Contra las Herejías, III-3:3)

---

26 https://global.britannica.com/topic/Roman-Catholicism

Posteriormente en el último bloque de este libro pondremos citas patrísticas de todos los temas tratados en el libro y se podrá comprobar cómo ya todas estas doctrinas existían antes de Constantino. Todo esto nos lleva a concluir que el emperador Constantino no influyó para nada en el Catolicismo. Al contrario, al dar libertad de culto ayudó a su expansión y difusión por todo el orbe.

LA SUPUESTA APOSTASÍA DE LA IGLESIA

La perpetuidad de la Iglesia es una nota característica de la misma que fue definida en el concilio Vaticano I (puede verse la referencia en el Dezinger 1821-1824ss). Lo que esta doctrina viene a enseñar es que es imposible que la Iglesia de Cristo apostate o desaparezca de la Tierra. En la actualidad algunas sectas restauracionistas, como mormones, testigos de Jehová, adventistas, luz del mundo, defienden la idea de que al morir los apóstoles o en tiempos de Constantino se corrompe la Iglesia siendo está totalmente paganizada y perdiendo la verdadera fe, cayendo así en una apostasía total y ellos son los encargados de restaurar la Iglesia de Dios.

Veamos cómo podemos fundamentar esta doctrina de la perpetuidad de la Iglesia:

Toda herejía puede ser antigua pero hubo una época en la que desapareció, todas duran un tiempo y desaparecen, no existe una herejía que dure eternamente. Véase el caso de los Cataros, de los Arrianos, de los Adopcionistas, Sabelianos etc. Sin embargo, la Iglesia, al ser de Cristo, no puede desaparecer. Estas son las razones:

a) Fue adquirida con su propia sangre:

Maridos, amad a vuestras mujeres como Cristo amó a la Iglesia y se entregó a sí mismo por ella, **Efesios 5,25**

Tened cuidado de vosotros y de toda la grey, en medio de la cual os ha puesto el Espíritu Santo como vigilantes para pastorear la Iglesia de Dios, que él se adquirió con la sangre de su propio hijo. **Hechos 20,28**

Si el Señor adquirió con su sangre la Iglesia, ¿quién osará quitársela? Desde luego quien diga que Satanás puede arrebatarle a Cristo la Iglesia está afirmando Satanás es más poderoso que

Cristo (1Juan 4:4). Si la Iglesia de Cristo apostató, su sacrificio en la Cruz fue nulo porque el habría muerto por una Iglesia corrupta, pagana y apostata.

b) Ha sido profetizado que será para siempre:

Hemos visto lo que habíamos oído en la Ciudad de nuestro Dios, en la Ciudad del Señor de los ejércitos, que él afianzó para siempre. **Salmo 48,9**

Su descendencia permanecerá para siempre y su trono, como el sol en mi presencia; como la luna, que permanece para siempre, será firme su sede en las alturas. **Salmo 89,37-38**

En tiempo de estos reyes el Dios del Cielo hará surgir un Reino que jamás será destruido, y este Reino no pasará a otro pueblo. Pulverizará y aniquilará a todos estos reinos, y el subsistirá eternamente. **Dan 2,44**

No temas, que contigo estoy yo; no receles, que yo soy tu Dios. Yo te he robustecido y te he ayudado, y te tengo asido con mi diestra justiciera. 11 ¡Oh! Se avergonzarán y confundirán todos los abrasados en ira contra ti. Serán como nada y perecerán los que buscan querella. **Isaías 41,10-11**

A él se le dio imperio, honor y reino, y todos los pueblos, naciones y lenguas le sirvieron. Su imperio es un imperio eterno, que nunca pasará, y su reino no será destruido jamás. **Daniel 7,14**

Porque yo, el Señor, amo el derecho y odio lo que se arrebata injustamente; les retribuiré con fidelidad y estableceré en favor de ellos una alianza eterna. **Isaías 61,8**

Todas estas citas demuestran claramente que la Iglesia de Cristo, la nueva alianza, el nuevo Reino de Dios en la Tierra, duraría por siempre, no tendría fin. Afirmar que hubo una apostasía es negar todas estas profecías, pues claramente se están refiriendo todas ellas a la Iglesia fundada por Cristo.

c) No existe interrupción entre el fin y la Iglesia:

Cada uno según el orden que le corresponde: Cristo, el primero de todos, luego, aquellos que estén unidos a él en el momento de su Venida. 24 En seguida vendrá el fin, cuando Cristo entregue el

Reino a Dios, el Padre, después de haber aniquilado todo Principado, Dominio y Poder. **1 Corintios 15,23-24**

San Pablo enseña que no existe interrupción alguna entre los que son de Cristo y el fin. Por lo tanto, tiene que existir gente de Cristo cuando llegue el fin, esto significa que la Iglesia de Cristo ha de durar hasta el fin del mundo puesto que si no durara y hubiera apostatado habría habido un periodo en el que no "había personas que eran de Cristo" y se incumpliría la Escritura.

d) Ha sido plantada por el Padre y su fruto es duradero:

La Iglesia de Cristo ha sido plantada por el Padre sobre la persona de San Pedro (Mateo 16:17)" esto no te lo ha revelado ni la carne ni la sangre, sino mi Padre que está en el cielo". Es decir era voluntad del Padre que Cristo edificara una Iglesia, su reino aquí en la tierra para guiar a los hombres, para orientarles, ayudarles, recordarles su Evangelio y salvarles. Era entonces plan de Dios Padre el plantar una Iglesia, y la Escritura dice:

Él les respondió: "Toda planta que no haya plantado mi Padre celestial, será arrancada de raíz". **Mateo 15,13**

¿Cómo podría la Iglesia plantada por Dios ser arrancada de raíz? Es imposible, porque si es plantada por el Padre nadie tiene el poder suficiente como para arrancarla; pero si no es de Dios, será arrancada. Así sucede con las sectas, duran 200 o 300 años, y luego desaparecen y se crean otras que duran cientos de años y vuelven a desaparecer, pero la Iglesia de Cristo perdura hasta el fin porque ha sido plantada por Dios. Y esta planta permanece para siempre porque da fruto el cual también permanece:

No me habéis elegido vosotros a mí, sino que yo os he elegido a vosotros, y os he destinado para que vayáis y deis fruto, y que vuestro fruto permanezca; de modo que todo lo que pidáis al Padre en mi nombre os lo conceda. **Juan 15,16**

Pero el que fue sembrado en tierra buena, es el que oye la Palabra y la comprende: éste sí que da fruto y produce, uno ciento, otro sesenta, otro treinta." **Mateo 13,23**

e) Que exista una apostasía total hace de Cristo un mentiroso:

Si la totalidad de la fe se perdió y debe ser restaurada, si la Iglesia de Cristo apostató, entonces las promesas de Cristo no se han cumplido y si no se han cumplido quiere decir que mintió. Yo creo en mi Señor, y sé que no hay pecado en él. Luego, no ha podido mentir y sus promesas siguen siendo ciertas y válidas:

Y enseñándoles a guardar todo lo que yo os he mandado. Y he aquí que yo estoy con vosotros todos los días hasta el fin del mundo. **Mateo 2820**

Y yo pediré al Padre y os dará otro Paráclito, para que esté con vosotros para siempre **Juan 14,16**

No os dejaré huérfanos; volveré a vosotros. **Juan 14,18**

Porque nadie aborreció jamás su propia carne; antes bien, la alimenta y la cuida con cariño, lo mismo que Cristo a la Iglesia, **Efesios 5,29**

Jesús afirma que cuida con cariño, alimenta a su Iglesia y esto lo hace todos los días hasta el fin del mundo tal y como prometió en Mateo 28,20. También prometió darnos el Espíritu Santo o Paráclito, para que guiara a la Iglesia y esté siempre con nosotros de forma que sería imposible apostatas porque él siempre se ocuparía de recordarnos todas las cosas, todas las verdades de fe y de cuidarnos de no caer en el error (1 Timoteo 3,15).

LA JERARQUÍA DE LA IGLESIA

Nos enseña el Catecismo:

938 Los obispos, instituidos por el Espíritu Santo, suceden a los Apóstoles. "Cada uno de los obispos, por su parte, es el principio y fundamento visible de unidad en sus Iglesias particulares" (LG 23).

939 Los obispos, ayudados por los presbíteros, sus colaboradores, y por los diáconos, los obispos tienen la misión de enseñar auténticamente la fe, de celebrar el culto divino, sobre todo la Eucaristía, y de dirigir su Iglesia como verdaderos pastores. A su misión pertenece también el cuidado de todas las Iglesias, con y bajo el Papa.

Funciones de los presbíteros:

- Confesar y escuchar confesiones:

Y muchos de los que habían creído venían, confesando y dando cuenta de sus hechos. **Hechos 19,18**

Así que, al contrario, vosotros más bien debéis perdonarle y consolarle, para que no sea consumido de demasiada tristeza. 8 Por lo cual os ruego que confirméis el amor para con él. 9 Porque también para este fin os escribí, para tener la prueba de si vosotros sois obedientes en todo. 10 Y al que vosotros perdonáis, yo también; porque también yo lo que he perdonado, si algo he perdonado, por vosotros lo he hecho en presencia de Cristo. **2 Corintios 2,7-10**

- Predicar y Enseñar:

Los ancianos que gobiernan bien, sean tenidos por dignos de doble honor, mayormente los que trabajan en predicar y enseñar. **1 Timoteo 5,17**

- Apacentar y cuidar de la Iglesia:

Ruego a los ancianos que están entre vosotros, yo anciano también con ellos, y testigo de los padecimientos de Cristo, que soy también participante de la gloria que será revelada: 2 Apacentad la grey de Dios que está entre vosotros, cuidando de ella, no por fuerza, sino voluntariamente; no por ganancia deshonesta, sino con ánimo pronto. **1 Pedro 5,1-2**

Funciones de los Obispos:

- Ordenar presbíteros-imponer manos:

Por esta causa te dejé en Creta, para que corrigieses lo deficiente, y establecieses ancianos en cada ciudad, así como yo te mandé. **Tito 1,5**

No impongas con ligereza las manos a ninguno, ni participes en pecados ajenos. Consérvate puro. **1 Timoteo 5,22**

- Defender la fe, corregir, excomulgar:

Por tanto, mirad por vosotros, y por todo el rebaño en que el Espíritu Santo os ha puesto por obispos, para apacentar la Iglesia del Señor, la cual él ganó por su propia sangre. **Hechos 20,28**

Que prediques la palabra; que instes a tiempo y fuera de tiempo; redarguye, reprende, exhorta con toda paciencia y doctrina. **2 Timoteo 4,2**

- Administrar la Confirmación:

Cuando los apóstoles que estaban en Jerusalén oyeron que Samaria había recibido la palabra de Dios, enviaron allá a Pedro y a Juan; 15 los cuales, habiendo venido, oraron por ellos para que recibiesen el Espíritu Santo; 16 porque aún no había descendido sobre ninguno de ellos, sino que solamente habían sido bautizados en el nombre de Jesús. 17 Entonces les imponían las manos, y recibían el Espíritu Santo. **Hechos 8,14-17**

Una vez analizadas las funciones de los obispos y presbíteros y la jerarquía de la Iglesia, es necesario conocer cómo funcionaba esta Iglesia que se nos narra en el libro de los Hechos y las epístolas, es decir, cómo se organizaban entre obispos y sacerdotes. Esto es conocido como *Episcopado Monárquico.* Básicamente consiste en un colegio de presbíteros con un obispo a la cabeza, así estaban en todas las iglesias, incluida, claro está, la Iglesia de Roma.

Los hermanos protestantes afirman que no hubo tal episcopado monárquico al menos hasta el siglo II o III, de esta forma intentan justificar su jerarquía y cómo esto no viene establecido por los apóstoles. Daremos, pues, las pruebas bíblicas del episcopado monárquico y para concluir citaremos alguna fuente histórica que avale esto.

Santiago o Jacobo, el obispo de Jerusalén:

Antes que llegaran algunos de parte de Jacobo, Pedro solía comer con los gentiles. Pero cuando aquéllos llegaron, comenzó a retraerse y a separarse de los gentiles por temor a los partidarios de la circuncisión. **Gálatas 2,12**

Cuando llegamos a Jerusalén, los creyentes nos recibieron calurosamente. 18 Al día siguiente Pablo fue con nosotros a ver a Jacobo, y todos los ancianos estaban presentes. 19 Después de saludarlos, Pablo les relató detalladamente lo que Dios había hecho entre los gentiles por medio de su ministerio. **Hechos 21,17-19**

Timoteo obispo de Éfeso:

17 Los ancianos que dirigen bien los asuntos de la Iglesia son dignos de doble honor, especialmente los que dedican sus esfuerzos a la predicación y a la enseñanza. 18 Pues la Escritura dice: «No le pongas bozal al buey mientras esté trillando», y «El trabajador merece que se le pague su salario». 19 No admitas ninguna acusación contra un anciano, a no ser que esté respaldada por dos o tres testigos. 20 A los que pecan, repréndelos en público para que sirva de escarmiento. 21 Te insto delante de Dios, de Cristo Jesús y de los santos ángeles, a que sigas estas instrucciones sin dejarte llevar de prejuicios ni favoritismos. 22 No te apresures a imponerle las manos a nadie, no sea que te hagas cómplice de pecados ajenos. Consérvate puro. **1 Timoteo 5,17-22**

Vemos cómo la distinción entre los cargos de obispo y presbítero ya está establecido, y cómo también hay un solo obispo en Jerusalén, Santiago; y en Éfeso, Timoteo.

Tito obispo de Creta:

Te dejé en Creta para que pusieras en orden lo que quedaba por hacer y en cada pueblo nombraras ancianos de la Iglesia, de acuerdo con las instrucciones que te di. **Tito 1,5**

Fijémonos cómo en los casos de Tito y Timoteo se habla de "ancianos", es decir, "presbíteros", esto es, un colegio de presbíteros que estaban gobernados por Tito o en su caso Timoteo. Este es el *Episcopado Monárquico* del que hemos hablado antes.

Como documentación extra bíblica podemos citar las cartas de San Ignacio de Antioquía que son del año 106 d.C. aproximadamente donde se ve claramente ya el episcopado monárquico establecido, pero incluso en la carta de Clemente Romano a los Corintios vemos los tres grados de jerarquía eclesiástica y un episcopado monárquico temprano.

Carta de Clemente Romano a los Corintios nº 40

Por cuanto estas cosas, pues, nos han sido manifestadas ya, y hemos escudriñado en las profundidades del conocimiento divino, deberíamos hacer todas las cosas en orden, todas las que el Señor nos ha mandado que hiciéramos a su debida sazón. Que las ofrendas y servicios que Él ordena sean ejecutados con cuidado, y no precipitadamente o en desorden, sino a su tiempo y sazón debida. Y donde y por quien Él quiere que sean realizados, Él mismo lo ha establecido con su voluntad suprema; que todas las cosas sean hechas con piedad, en conformidad con su beneplácito para que puedan ser aceptables a su voluntad. Así pues, los que hacen sus ofrendas al tiempo debido son aceptables y benditos, porque siguiendo lo instituido por el Señor, no pueden andar descaminados. Porque al Sumo Sacerdote se le asignan sus servicios propios, y a los sacerdotes se les asigna su oficio propio, y a los levitas sus propias ministraciones. El lego debe someterse a las ordenanzas para el lego.27

En esta carta el Sumo Sacerdote es el Obispo; los sacerdotes, los presbíteros y los levitas son los diáconos. Es la estructura jerárquica del NT y se menciona un solo obispo con varios sacerdotes, esto es el episcopado monárquico, es claro en este aspecto. Posteriormente Ignacio de Antioquía nos aclarará aún más esta estructura jerárquica:

Epístola de San Ignacio de Antioquía a los Magnesios, capítulo II:

Por cuanto, pues, me fue permitido el verlos en la persona de Damas vuestro piadoso obispo y vuestros dignos presbíteros Bassus y Apolonio y mi consiervo el diácono Socio, en quien de buena gana me gozo, porque está sometido al obispo como a la gracia de Dios y al presbiterio como a la ley de Jesucristo. 28

Epístola de San Ignacio de Antioquía a los Tralianos, capítulo I:

He sabido que tenéis una mente intachable y sois firmes en la paciencia, no como hábito, sino por naturaleza, según me ha informado Polibio vuestro obispo, el cual por la voluntad de Dios y de Jesucristo me visitó en Esmirna; y así me regocijé mucho en mis prisiones en Jesucristo, que en él pude contemplar la multitud de todos vosotros. Por tanto, habiendo recibido vuestra piadosa benevolencia de sus manos, di gloria, pues he visto que sois imitadores de Dios, tal como me habían dicho. 29

Epístola a los cristianos de Esmirna, capítulo XI: 30

Saludo a vuestro piadoso obispo y a vuestro venerable presbiterio [y] a mis consiervos los diáconos, y a todos y cada uno y en un cuerpo, en el nombre de Jesucristo, y en su carne y sangre, en su pasión y resurrección, que fue a la vez carnal y espiritual, en la unidad de Dios y de vosotros. Gracias a vosotros, misericordia, paz, paciencia, siempre.

Este obispo era San Policarpo de Esmirna.

En todo esto vemos claramente un solo obispo en cada diócesis con presbíteros y diáconos a su cargo, es evidente ya existía esta

---

27 http://www.apologeticacatolica.org/Primado/PrimadoN29.html
28 http://www.apologeticacatolica.org/Primado/PrimadoN29.html
29 http://www.apologeticacatolica.org/Primado/PrimadoN29.html
30 http://www.apologeticacatolica.org/Primado/PrimadoN29.html

estructura en los comienzos de la Iglesia y la Iglesia la ha mantenido hasta el día de hoy.

Finalmente, para concluir el tema del episcopado monárquico temprano, citaré una obra del Cardenal Joseph Ratzinger titulada *"El nuevo pueblo de Dios. Esquemas de eclesiología"*, dice: *Para entender este hecho y poder valorar rectamente el alcance de esa afirmación, hemos de recordar con toda brevedad la estructura de la Iglesia antigua en general como «contexto» de tales primados. Sabido es que el elemento fundamental de la Iglesia en la antigüedad era la comunidad local, gobernada por un obispo.* 31

Así que el Cardenal y Papa emérito Benedicto XVI nos enseña que la estructura de la Iglesia antigua, esto es, la primitiva, de los dos o tres primeros siglos era la de una comunidad local que tenía un obispo a la cabeza quien la gobernaba y dirigía. Es, entonces, sumamente claro que el Papa emérito Benedicto XVI reconoce la existencia de un episcopado monárquico ya en la Iglesia Antigua.

¿FUERA DE LA IGLESIA NO HAY SALVACION?

Muchas personas han sacado de contexto o no han entendido bien esta expresión y creen que la Iglesia condena a todos aquellos que no son católicos. Eso no es del todo cierto. Para entender bien esta doctrina primero veamos que nos enseña el Catecismo de la Iglesia Católica:

846 ¿Cómo entender esta afirmación tantas veces repetida por los Padres de la Iglesia? Formulada de modo positivo significa que toda salvación viene de Cristo-Cabeza por la Iglesia que es su Cuerpo:

El santo Sínodo [...] «basado en la sagrada Escritura y en la Tradición, enseña que esta Iglesia peregrina es necesaria para la salvación. Cristo, en efecto, es el único Mediador y camino de salvación que se nos hace presente en su Cuerpo, en la Iglesia. Él, al inculcar con palabras, bien explícitas, la necesidad de la fe y del bautismo, confirmó al mismo tiempo la necesidad de la Iglesia, en la que entran los hombres por el Bautismo como por una puerta. Por eso, no podrían salvarse los que sabiendo que Dios fundó, por medio de Jesucristo, la Iglesia católica como necesaria para la salvación, Sin embargo, no hubiesen querido entrar o perseverar en

---

31El nuevo pueblo de Dios editorial Herder, Barcelona 1972 en su página 139
http://portalconservador.com/livros/Joseph-Ratzinger-El-Nuevo-Pueblo-de-Dios.pdf

ella» (LG 14).

Para empezar recordemos que es voluntad de Dios que todos los hombres se salven:

El cual quiere que todos los hombres sean salvos y vengan al conocimiento de la verdad. **1 Timoteo 2,4**

Por tanto, Dios desea que todos se salven, pero también Dios desea ser obedecido, desea se cumplan sus mandamientos, y muchos no lo hacen. Es por eso que cuando una persona sabe que Dios fundó la Iglesia Católica, pero no desea entrar en ella, esa persona se condenará.

La necesidad de pertenecer a la Iglesia de Cristo se ve en estos dos versículos de forma clara y evidente:

Alabando a Dios, y teniendo favor con todo el pueblo. Y el Señor añadía cada día a la Iglesia los que habían de ser salvos. **Hechos 2,47**

Si la Iglesia no fuera necesaria, no se debería haber recogido en la Escritura, que los bautizados se iban agregando a la Iglesia para ser salvos. Esto prueba que la Iglesia es instrumento de salvación, por eso se agregan a ella.

Por otro lado, tenemos también:

los que en otro tiempo desobedecieron, cuando una vez esperaba la paciencia de Dios en los días de Noé, mientras se preparaba el arca, en la cual pocas personas, es decir, ocho, fueron salvadas por agua. **1 Pedro 3,20**

Es en el arca donde se salvan, todos los que estaban fuera del arca de Noé perecieron por el diluvio universal. De esta forma el arca de Noé se convierte en instrumento de salvación. Pues bien, el arca prefigura a la Iglesia, de forma que esta Iglesia es la nueva arca de Noé, donde los que están en ella, si viven conforme a sus enseñanzas podrán salvarse.

Eso sí, debemos dejar muy claro que los que no conocen a Dios, están fuera de esta afirmación, para ellos se les aplica el siguiente numeral del Catecismo:

847 Esta afirmación no se refiere a los que, sin culpa suya, no conocen a Cristo y a su Iglesia: «Los que sin culpa suya no conocen el Evangelio de Cristo y su Iglesia, pero buscan a Dios con sincero corazón e intentan en su vida, con la ayuda de la gracia, hacer la voluntad de Dios, conocida a través de lo que les dice su conciencia, pueden conseguir la salvación eterna (LG 16; cf DS 3866-3872).*

Es decir, si buscan a Dios de forma sincera, hacen el bien, según lo que su conciencia les dice, aunque no hayan conocido el Evangelio de Cristo, pueden salvarse. Esto también está basado en la Escritura:

Porque cuando los gentiles que no tienen ley, hacen por naturaleza lo que es de la ley, éstos, aunque no tengan ley, son ley para sí mismos, 15 mostrando la obra de la ley escrita en sus corazones, dando testimonio su conciencia, y acusándoles o defendiéndoles sus razonamientos, 16 en el día en que Dios juzgará por Jesucristo los secretos de los hombres, conforme a mi Evangelio. **Romanos 2,14-16**

Es decir, los gentiles tienen la ley escrita en sus corazones y actúan conforme a ella, es por eso que estas personas no son culpables de no conocer el Evangelio de Cristo. De ellos, entonces, no se puede afirmar que se vayan a condenar.

Jesús les dijo: Si fuerais ciegos, no tendríais pecado; pero ahora, porque decís: "Vemos", vuestro pecado permanece. **Juan 9,41**

Con esto nuestro Señor Jesucristo indica claramente que ciertas personas que no han conocido el Evangelio no se les puede culpar de pecado porque no están bajo la ley. Sin embargo, los que sí lo conocen sí serán juzgados por ello.

III

EL PONTIFICADO ROMANO

EL PRIMADO DE PEDRO

Quizás el tema más polémico de toda la doctrina católica es el tema del primado del Papa. Los protestantes y los ortodoxos rechazan esta doctrina, la primacía del obispo de Roma, Pedro, primer Papa, el primero de los apóstoles, la cabeza de la Iglesia visible. Es un tema apasionante, pero también es un tema muy polémico que ha suscitado muchas objeciones a lo largo de los siglos y es un tema que siempre nos cuestionan nuestros hermanos protestantes en los debates. Pasaremos a analizar en profundidad el tema, dando las bases bíblicas por las cuales creemos que Pedro es el jefe de la Iglesia y posteriormente, en el último bloque del libro, se dará la evidencia histórica-patrística de esto.

Nos dice el Catecismo:

880 Cristo, al instituir a los Doce, "formó una especie de colegio o grupo estable y eligiendo de entre ellos a Pedro lo puso al frente de él" (LG 19). "Así como, por disposición del Señor, san Pedro y los demás apóstoles forman un único Colegio apostólico, por análogas razones están unidos entre sí el Romano Pontífice, sucesor de Pedro, y los obispos, sucesores de los Apóstoles"(LG 22; cf. CIC, can 330).

881 El Señor hizo de Simón, al que dio el nombre de Pedro, y solamente de él, la piedra de su Iglesia. Le entregó las llaves de ella (cf. Mt 16, 18-19); lo instituyó pastor de todo el rebaño (cf. Jn 21, 15-17). "Consta que también el colegio de los apóstoles, unido a su cabeza, recibió la función de atar y desatar dada a Pedro" (LG 22). Este oficio pastoral de Pedro y de los demás Apóstoles pertenece a los cimientos de la Iglesia. Se continúa por los obispos bajo el primado del Papa.

882 El Sumo Pontífice, obispo de Roma y sucesor de san Pedro, "es el principio y fundamento perpetuo y visible de unidad, tanto de los obispos como de la muchedumbre de los fieles "(LG 23). "El Pontífice Romano, en efecto, tiene en la Iglesia, en virtud de su función de Vicario de Cristo y Pastor de toda la Iglesia, la potestad plena, suprema y universal, que puede ejercer siempre con entera libertad" (LG 22; cf. CD 2. 9).

Una vez visto lo que enseña el Catecismo de la Santa Madre Iglesia, ahora veamos si tiene o no fundamento bíblico. Para ello voy a usar varias citas bíblicas fundamentales y directas y luego otros argumentos bíblicos complementarios e indirectos con el fin de dejar bien fundamentada la primacía de Pedro.

1) Mateo 16,13-19

Llegado Jesús a la región de Cesárea de Filipo, hizo esta pregunta a sus discípulos: "¿Quién dicen los hombres que es el Hijo del hombre?" 14 Ellos dijeron: "Unos, que Juan el Bautista; otros, que Elías, otros, que Jeremías o uno de los profetas." 15Él les dice: "Y vosotros ¿quién decís que soy yo?" 16 Simón Pedro contestó: "Tú eres el Cristo, el Hijo de Dios vivo". 17 Replicando Jesús le dijo: "Bienaventurado eres Simón, hijo de Jonás, porque no te ha revelado esto la carne ni la sangre, sino mi Padre que está en los cielos. 18 Y yo a mi vez te digo que tú eres Pedro, y sobre esta piedra edificaré mi Iglesia, y las puertas del Hades no prevalecerán contra ella. 19 A ti te daré las llaves del Reino de los Cielos; y lo que ates en la tierra quedará atado en los cielos, y lo que desates en la tierra quedará desatado en los cielos.

Vamos a comenzar con la respuesta de Pedro: "Tú eres el Cristo, el Hijo de Dios Vivo". San Pedro declara la divinidad de Jesucristo en una frase para enmarcar, en una frase que ha pasado a la historia. Sencillamente de forma infalible afirma dos cosas: es el Cristo, el Mesías esperado por el Pueblo de Dios, y el Hijo de Dios vivo, o sea, Dios hecho carne. Es una respuesta infalible, pero dicha respuesta no vino de él sino del Padre, por ello Cristo le responde: "Bienaventurado, porque no te lo ha revelado carne ni sangre sino mi Padre del Cielo". Esto es, su Padre le eligió entre todos los apóstoles para ser infalible y decir quién en verdad era Cristo. Esto es muy importante porque la expresión "carne ni sangre" es usada en otros lugares de la Escritura:

Revelar en mí a su Hijo, para que le anunciase entre los gentiles, al punto, sin pedir consejo ni a la carne ni a la sangre, 17 sin subir a Jerusalén donde los apóstoles anteriores a mí, me fui a Arabia, de donde nuevamente volví a Damasco. **Gálatas 1,16-17**

San Pablo también tuvo una revelación de Dios no de la carne y de la sangre. Esto significa claramente que lo que ellos predicaron y dijeron era infalible y no humano, venía de Dios. Pero en el caso de Pedro hay algo especial ya que es el Padre quien le elige a él y solo a él para hacer tal declaración pues "¿Quién es Jesús?". Era un misterio total que San Pedro no podía conocer salvo por revelación directa de Dios.

Por último, quiero hacer hincapié en que Cristo llama a Pedro "bienaventurado", lo cual es importante pues nos da a entender la supremacía que poseería Pedro respecto a los demás apóstoles. Este llamado "bienaventurado" siempre está asociado con los favores de Dios, lo cual es prueba evidente de que Dios estará siempre con el Papa.

Y yo a mi vez te digo que tú eres Pedro, y sobre esta piedra edificaré mi Iglesia, y las puertas del Hades no prevalecerán contra ella.

Aquí sucede algo muy especial: Cristo cambia el nombre a Pedro, antes le había llamado "Simón bar Jonás", o sea, "Simón hijo de Jonás". Ahora le llama "Pedro", es decir le está cambiando el nombre. Debemos conocer que Cristo no habló en español, tampoco en griego, sino en arameo, y en dicho idioma la palabra usada fue "Kepha", que significa "piedra, roca". Lo que le está diciendo a Pedro es "Tú eres Kepha y sobre esta Kepha" edificaré mi Iglesia.

Voy a citar varios pasajes del Antiguo Testamente donde se usa la palabra Kepha para roca, piedra:

Luego trajeron una piedra y la pusieron sobre la abertura del foso; el rey la selló con su anillo y con el anillo de sus dignatarios, para que no se cambiara nada en lo concerniente a Daniel. **Daniel 6,18**

También los cimientos eran de piedras seleccionadas, grandes piedras de cinco y cuatro metros. **1 Reyes 7,10**

La Biblia peshita[32], que es una traducción de la Biblia al arameo, usa en 1 Reyes 7:10 la palabra Kepha para grandes piedras. Esto nos da una clara definición de la palabra aramea usada por Cristo, es decir, Cristo llama a Simón bar Jonás, "gran piedra", "pedrusco", no le llama "piedra pequeña" o "piedra insignificante". Aquí los protestantes tienen un grave problema al intentar desacreditar a Pedro pues no pueden explicar por qué en 1 Reyes 7,10 se usa Kepha para piedras grandes. En Daniel 6,18 la Kepha es la que cubre el foso, entonces no se trata de una piedra pequeña tampoco

---

32 http://www.peshitta.org/

pues era un foso de leones, y los fosos de leones no son pequeños, así que lo que hicieron fue traer una gran piedra o pedrusco y tapar el foso. He querido usar estas dos citas para demostrar la importancia de la palabra usada por Cristo, pues no le llamó "piedrita o piedrecita" sino "pedrusco o gran piedra".

Tenemos en las Escrituras también casos en los que Yahvé menciona a los líderes de su pueblo por un nombre similar a piedra, roca, que denota fortaleza, firmeza y seguridad. Veamos dos casos:

Porque he aquí que yo te prescribo hoy, una ciudad fortificada, como columna de hierro, y como muro de bronce hecho, contra toda esta tierra, contra los reyes de Judá, contra sus príncipes, a sus sacerdotes, y contra el pueblo de la tierra. Y pelearán contra ti, pero no prevalecerán contra ti; porque yo estoy contigo, dice Yahvé, para librarte. **Jeremías 1, 18-19**

La palabra hebrea "profeta" en este pasaje se traduce como "pilar". Entonces Jeremías es llamado pilar de hierro. Esto nos da a entender la importancia que tenía el profeta para Dios, que este le pone como pilar. Podemos ver una similitud con "piedra": mientras Pedro es llamado piedra, Jeremías es llamado, pilar, muro, ciudad fortificada. Es clara la idea de que ambos términos denotan fortaleza y cimientos fuertes.

También tenemos a Abraham en:

Oídme, los que seguís la justicia, los que buscáis a Yahvé; Mirad a la piedra de donde fuisteis cortados, y al hueco de la cantera de donde os se hicieron pozos. Mirad a Abraham vuestro padre, y a Sara que os dio a luz. **Isaías 51, 1-2**

Es llamado piedra o roca (צוּר)33 en Isaías 51:1-2. Nuevamente Dios da un nombre a una persona que desprende la idea de fortaleza, seguridad, resistencia y buen cimiento.

Así que Simón bar Jonás no es el único al que se le da un nombre que representa la dureza o firmeza de algo. También el profeta Jeremías y Abraham fueron llamados de manera similar y parecida. Esto dice mucho pues ambos, Abraham y Jeremías fueron líderes de su pueblo y guiaron al pueblo, ¿por qué entonces no podría hacerlo Pedro?

---

33 http://biblehub.com/hebrew/6697.htm

Recordemos que en Marcos 3,16 y Juan 1,42 es donde el Señor llama a Simón Kepha por primera vez:

Así instituyó a los Doce: Simón, al que puso el sobrenombre de Pedro; **Marcos 3:16**

Entonces lo llevó a donde estaba Jesús. Jesús lo miró y le dijo: «Tú eres Simón, el hijo de Juan: tú te llamarás Cefas», que traducido significa Pedro. **Juan 1:42**

La palabra Cefas nos viene del arameo, es lo mismo que Kephas y significa "piedra". Es importante el uso del arameo puesto que el pasaje en cuestión que estamos analizando fue escrito originalmente en arameo. Es más, todo el Evangelio de Mateo se escribió inicialmente en arameo. ¿Tenemos pruebas de esto? Sí, podemos dar algunas pruebas rápidas:

En el Evangelio en Mateo abundan términos semíticos y expresiones semitas. Por ejemplo: Mateo 27,46 (Eli eli, lema sabactani), Mateo 27,33 (Gólgota), Mateo 16,18, 18:18 (atar y desatar), Mateo 5,22 (gehena). También cita costumbres palestinas en Mateo 5,23 (ofrendas al altar) mientras que en el resto de Evangelios, como el de Marcos, se explican las expresiones semitas, Mateo no suele hacerlo.

Los Padres de la Iglesia de los primeros siglos reconocen que el evangelista Mateo escribió su Evangelio en Arameo: San Ireneo, Contra las herejías 3.3.1, Eusebio Historia Eclesiástica VI,25, Papías lo afirma, recogido en Eusebio Histor eclesiástica III, 39, San Panteno lo afirma también, recogido en Eusebio, Hist ecl V,10, San Jerónimo en Praef in Matth;cf contr. Pelag.III,1, San Epifanio en Haeres XXX,3, San Cirilo en Catech XIV.

Estos dos motivos demuestran claramente que no podemos dudar de la veracidad del idioma arameo usado en este Evangelio. Luego, el pasaje en cuestión debe interpretarse en arameo y este sería "Tu eres Kehpa y sobre esta Kepha edificaré mi Iglesia". En el arameo no existe posibilidad de duda, la Kepha sobre la que Cristo edifica su Iglesia es San Pedro. La misma palabra se usa para designar al apóstol y a la piedra sobre la que la Iglesia sería edificada.

El problema ha venido cuando el Evangelio de Mateo se tradujo al griego, pues el arameo no tenía diferencia de género, pero el griego sí, y, por tanto, aquí es donde se ha tenido que cambiar el género de la palabra. No le quedó más remedio al evangelista que donde dijo "Kepha" para Simón, poner "Petros", y donde dijo "Kepha" para la roca, poner "Petra". No podía haber puesto en ambos sitios *Petra* ya que a un varón no se le podía dar un nombre de género femenino. Así que ese cambio se debe al género solamente pero eso no significa que se deba perder el sentido ni el contexto de la frase a la hora de interpretarla adecuadamente.

Antes hemos citado Juan 1:42, donde Jesús dice que Simón se llamará Cefas, pero lo curioso de este pasaje es que no dice el motivo por el cual se llamará así, solo dice que se llamará Cefas. Podríamos, entonces, preguntarnos: ¿por qué Cristo cambia el nombre a Simón y le dice que será Cefas?

Antes que nada, vamos a ver dónde se ha recogido la palabra Cefas en las Escrituras. Para eso citaré todos los pasajes en los que viene este nuevo nombre:

Y lo trajo a Jesús. Mirándolo Jesús, dijo: -Tú eres Simón hijo de Jonás; tú serás llamado Cefas - es decir, Pedro. **Juan 1, 42**

Quiero decir, que cada uno de vosotros dice: "Yo soy de Pablo", "Yo, de Apolos", "Yo, de Cefas" o "Yo, de Cristo. **1 Corintios 1, 12**

Sea Pablo, Apolos o Cefas, sea el mundo, la vida o la muerte, sea lo presente o lo por venir. **1 Corinitios 3, 22**

¿No tenemos derecho a llevar con nosotros una hermana por esposa, como hacen también los otros apóstoles, los hermanos del Señor y Cefas? **1 Corintios 9, 5**

1 Corintios 15, 5: *Y se apareció a Cefas, y después a los doce.*

Y reconociendo la gracia que me había sido dada, Jacobo, Cefas y Juan, que eran considerados como columnas. **Gálatas 2, 9**

Bien, el nuevo nombre de Pedro quedó registrado en muchas cartas paulinas y en el Evangelio de Juan. Ahora pasaremos a analizar qué significa el cambio de nombre dado a Pedro: en la Biblia al cambiar el nombre a alguien se le da una nueva autoridad, una autoridad, una función, un ministerio, una misión que antes no tenía. No se puede afirmar que sea algo meramente testimonial pues estaríamos yendo contra la propia Escritura. A lo largo de toda la Escritura a muchas personas se les cambió el nombre. Concretamente fue Dios quien los cambió de nombre para darles una misión (no por mero testimonio) como es el caso de Abraham, Sara, etc.

Veamos esto con ejemplos claros:

No te llamarás más Abram, sino que tu nombre será Abraham, pues padre de muchedumbre de pueblos te he constituido. 6 Te haré fecundo sobremanera, te convertiré en pueblos, y reyes saldrán de ti. 7 Y estableceré mi alianza entre nosotros dos, y con tu descendencia después de ti, de generación en generación: una alianza eterna, de ser yo el Dios tuyo y el de tu posteridad. **Génesis 17,5-7**

Este cambio de nombre de Abram a Abraham es para que él sea "el Padre de multitudes". Esa será su función y misión. Desde entonces los judíos se han sentido tan orgullosos de ello que se llaman hijos de Abraham para recordar que él era el "Padre de multitudes", la misión que Dios le asignó.

Dijo Dios a Abraham: "A Saray, tu mujer, no la llamarás más Saray, sino que su nombre será Sara. 16 Yo la bendeciré, y de ella también te daré un hijo. La bendeciré, y se convertirá en naciones; reyes de pueblos procederán de ella". **Génesis 17,15-16**

Saray pasa a ser Sara, su misión es ser Madre de naciones y pueblos, madre de reyes.

Y él le dijo: "No te llamarás ya en adelante Jacob, sino Israel, pues has luchado con Dios y con hombres y has vencido". **Génesis 32, 29**

Estos son los nombres de los mandados por Moisés para explorar la tierra. A Oseas, hijo de Nun, le dio Moisés el nombre de Josué. **Números 13, 17**

Así que Oseas se llamará Josué. Este nombre significa "Dios salva". Este nombre no es un mero testimonio sino que ya implica una nueva función, Josué será aquel que llegará a Canaán, el que concluirá lo que inició Moisés, salvando a su Pueblo del desierto e introduciéndolo en la Tierra prometida.

En general podemos decir que siempre que hay un cambio de nombre es porque a esa persona se le va a dar una misión especial tal como lo vemos en:

Le condujo a Jesús, que, fijando en él la vista, dijo: Tú eres Simón, el hijo de Juan; tú serás llamado Cefas, que quiere decir Pedro. **Juan 1, 42**

Y yo a mi vez te digo que tú eres Pedro, y sobre esta piedra edificaré mi Iglesia, y las puertas del Hades no prevalecerán contra ella. 19 A ti te daré las llaves del Reino de los Cielos; y lo que ates en la tierra quedará atado en los cielos, y lo que desates en la tierra quedará desatado en los cielos. **Mateo 16,18-19**

La función de Pedro queda bien definida: "Ser la piedra sobre la cual se edificará la Iglesia" y ser el dueño de las llaves que Cristo le dará. Claramente el cambio de nombre de Pedro cumple perfectamente las dos condiciones que cumplen todos los demás. Es por eso que es totalmente cierta la interpretación de que Pedro sea la roca sobre la que el Señor edifica su Iglesia. Ahora bien, podemos profundizar un poco más y ver el motivo por el cual el Señor usa esta comparación con la piedra y la Iglesia.

Así pues, todo el que oye estas palabras mías y las pone en práctica, se asemejará a un varón sensato que ha edificado su casa sobre la roca: Las lluvias cayeron, los torrentes vinieron, los vientos soplaron y se arrojaron contra aquella casa, pero ella no cayó, porque estaba fundada sobre la roca. Y todo el que oye estas palabras mías y no las pone en práctica, se asemejará a un varón insensato que ha edificado su casa sobre la arena: Las lluvias cayeron, los torrentes vinieron, los vientos soplaron y se arrojaron contra aquella casa, y cayó, y su ruina fue grande. **Mateo 7,24-27**

Este versículo es muy interesante para lograr comprender en plena profundidad y totalidad las palabras que Cristo dijo a Pedro. Aquí se nos enseña que el varón sensato edifica su casa sobre la roca, Cristo, es un varón sensato, pues su función es comunicar la buena nueva que su Padre le mandó. Por tanto, podemos ver en Cristo a un varón sensato, y a la Iglesia como su casa:

Pero si tardo, para que sepas cómo hay que portarse en la casa de Dios, que es la Iglesia de Dios vivo, columna y fundamento de la verdad. **1Tim 3,15**

La Casa de Dios es construida por Dios (Salmos 127,1, Hechos 20,28), la Casa de Dios es la casa de Cristo (Hebreos 3,6).

Por tanto, vemos cómo Cristo varón construye su casa, la Iglesia, sobre la roca, que es Pedro, para que de esta forma, aun cuando vengan lluvias y torrentes, la Casa siga en pie. Alguno podría pensar que la roca es Cristo, pero Mateo 7,24 no dice que el varón edifique sobre sí mismo, sino sobre "la roca" y edifica sobre ella por un motivo: "Las lluvias cayeron, los torrentes vinieron, los vientos soplaron y se arrojaron contra aquella casa, pero ella no cayó, porque estaba fundada sobre la roca".

Vemos cómo la casa soportará toda tempestad. Ahora bien, ¿no es precisamente eso lo que viene a decirnos Cristo en este versículo?: *Y yo a mi vez te digo que tú eres Pedro, y sobre esta piedra edificaré mi Iglesia, y las puertas del Hades no prevalecerán contra ella.*

Como vemos existen grandes similitudes entre ambos pasajes y la interpretación católica es totalmente correcta y complementaria entre los dos. Cristo edificó su Iglesia sobre la roca, que era Pedro, y esta Iglesia no será destruida jamás.

Las llaves del Reino de los Cielos:

A ti te daré las llaves del Reino de los Cielos; y lo que ates en la tierra quedará atado en los cielos, y lo que desates en la tierra quedará desatado en los cielos. **Mateo 16,19**

En Mt 16, 19 Jesús cumple la profecía del profeta Isaías:

Y pondré la llave de la casa de David sobre su hombro; y abrirá, y nadie cerrará; y cerrará, y nadie abrirá. Y lo hincaré como clavo en lugar firme; y será por asiento de honra a la casa de su Padre. **Isaías 22, 22-23.**

Este pasaje del profeta Isaías es muy importante entenderlo conforme al Evangelio de Mateo. Hay muchas similitudes. En ambos casos las llaves son algo simbólico, en uno se presenta como casa de David, y sabemos por Hechos 15:16 que la Iglesia es la nueva casa del rey David, que las llaves las tiene Cristo (Apocalipsis 3:7) y el Señor es Rey y como Rey debe tener un mayordomo a quien confiarle sus cosas, su casa. Este mayordomo del AT se llamaba Eliaquim (mayordomo de Ezequías, el rey en ese tiempo), pero en el NT se llama Pedro. Recordemos que no existe en todo el AT ningún pasaje donde se le asigne a Cristo el título de mayordomo. Por tanto, él no puede ser el mayordomo a quien se le entregan las llaves, tiene que ser, pues, otra persona.

La importancia de la entrega de llaves se muestra en Isaías 22:20-22, pero la prueba de que Eliaquim tenía autoridad sobre la Casa o Palacio, se muestra en 2 Reyes 18:37 con: *Entonces Eliaquim hijo de Hilcías, que estaba a cargo del palacio.*

Así que Eliaquim estaba a cargo del palacio. Estar a cargo de algo es lo mismo que tener autoridad sobre algo y esto es porque tenía las llaves del Palacio que se las dio el Rey. Así Pedro tiene autoridad y queda a cargo de la Iglesia ya que Cristo, quien tiene las llaves (Apoc 3:7), se las da a Pedro (Mateo 16:18-19) para que cuide de su casa, la Iglesia.

Veamos qué similitudes existen entre ambos pasajes: *Pondré la llave de la casa de David sobre su hombro; abrirá, y nadie cerrará, cerrará, y nadie abrirá.*

Al mayordomo se le da la llave del palacio para abrir y cerrar, y nadie cerrará lo que abrió ni abrirá lo que cerró.

A ti te daré las llaves del Reino de los Cielos; y lo que ates en la tierra quedará atado en los cielos, y lo que desates en la tierra quedará desatado en los cielos."

A Pedro se le da las llaves del Reino de los cielos de forma que nadie desate lo que él ate y nadie ate lo que él desate.

Quizás llegados a este punto nos podamos preguntar: ¿pero por qué Isaías habla de llave y Mateo habla de llaves?, ¿no es eso una evidencia de que no estamos hablando de lo mismo y, por tanto, no se deberían comparar ambos pasajes? Sin embargo, eso no es evidencia de nada ya que el Evangelio de Mateo tiene gran tendencia a los plurales (revisar, por ejemplo, Mateo 15:36, 12:46, 4:3, 8:26 etc.), además en Mateo se habla de llaves porque se trata de relación Cielo - Tierra mientras que en Isaías solo es Tierra. Es por eso que uno es plural y otro singular pero esto no impide se puedan comparar ambos pasajes.

Un pasaje que puede ayudar a entender mejor esta relación de Isaías con Mateo lo encontramos en Marcos 13. Allí se dice:

Será como un hombre que se va de viaje, deja su casa al cuidado de sus servidores, asigna a cada uno su tarea, y recomienda al portero que permanezca en vela. **Marcos 13:34**

La casa de Dios que es la Iglesia, ha sido dejada al portero como máximo responsable, por ello debe permanecer en vela. En Juan 10:3 vemos cómo el portero es el que abre la puerta. Sabemos que Cristo es la puerta (Juan 10:9), entonces el portero debe ser San Pedro. Es, entonces, el portero quien tiene el cargo de "mayordomo" y quien se encarga de vigilar y por eso debe disponer de las llaves del Reino ¿Cómo vigilar una casa sino tienes las llaves? Esta es la misión que Cristo encomienda a Simón Pedro.

Debemos ver cómo en el NT se entendía el cargo de mayordomo, administrador o portero para poder ver mejor la relación entre San Pedro y Elyaquim:

Dijo también a sus discípulos: Había un hombre rico que tenía un mayordomo, y éste fue acusado ante él como disipador de sus bienes. **Lucas 16,1**

Y dijo el Señor: "¿Quién es el mayordomo fiel y prudente al cual su señor pondrá sobre su casa, para que a tiempo les dé su ración?" **Lucas 12,42**

En ambos pasajes se ve que el mayordomo es el encargado de la casa y de los bienes del Señor, es quien se encarga de distribuirlos, cuidarlos, guardarlos, administrarlos. Esta es, pues, la misión de Eliaquim y la nueva misión que el Señor le da a San Pedro, convirtiéndose este en el nuevo mayordomo de la casa. Es, pues, San Pedro el mayordomo fiel y prudente al cual Cristo ha dejado su Iglesia para administrarla y le ha dado tanta confianza que le dejó sus llaves para atar y desatar.

Por otro lado, vamos a ahora a estudiar la palabra griega *Kleis-*κλεῖς34

La palabra *Kleis* significa "llaves" y es usada en este pasaje para indicar que quien tiene las llaves es Cristo y él se las dará a San Pedro. Es al único apóstol a quien se le dan las llaves. En el pasaje Mateo 18,18 no se mencionan llaves, sino la autoridad de atar y desatar que es dada a toda la Iglesia, colegio episcopal, mientras en Mateo 16,19 la autoridad de atar y desatar se da al primero, a San Pedro, y solo a él las llaves del reino de los cielos. Las llaves son símbolo de autoridad y poder. Así lo demuestra la Escritura en diversos pasajes: Lucas 11,52, Apocalipsis 3,7, Apoc. 1,18, Isaías 22:22. Pues bien, en este pasaje esas llaves (κλεῖς) son solo para

---

34 http://biblehub.com/greek/2807.htm

San Pedro. Es el único apóstol que tiene las llaves.

Poder de atar y desatar:

A ti te daré las llaves del Reino de los Cielos; y lo que ates en la tierra quedará atado en los cielos, y lo que desates en la tierra quedará desatado en los cielos. **Mateo 16,19**

Atar y desatar significa poder tomar decisiones doctrinales, tener el poder de enseñar algo o rechazar algo. Es poder decir "Esto es verdad, esto es herejía", eso es precisamente el atar y desatar. Declara así lo permitido y lo prohibido pero también se relaciona con el poder para perdonar los pecados de alguien e incluso para excomulgarlo de la Iglesia. Eran, entonces, plenos poderes "judiciales" para absolver o condenar. Más adelante en Mateo 18:18 se dará este poder también a los demás apóstoles.

El Comentario bíblico de Alberto Colunga sobre este pasaje nos dice: *Te daré las llaves del Reino de los Cielos, y todo lo que ates en la tierra será atado en el cielo, y todo lo que desates aquí en la tierra será desatado en el cielo." Esta promesa hecha solo en apariencia a Pedro más tarde se hizo efectiva a todos los apóstoles. Consiste en la prerrogativa que tienen todos los apóstoles y sus sucesores, los obispos de la Iglesia, de asumir la responsabilidad de juzgar a los pecadores y castigarlos, incluso separándolos de la Iglesia. El poder de desatar significa el poder de perdonar los pecados, y admitir en la Iglesia por medio del Bautismo y el Arrepentimiento.35*

También la "Breve Enciclopedia del dogma católico, la moral y el culto fundamentada en la Biblia" del Dr. Benjamín Martin Sánchez, editorial apostolado Mariano, dice:

Atar y desatar-esta metáfora equivale al poder de las llaves (abrir y cerrar) esto es en el Cielo el mismo Dios ratifica las decisiones tomadas por Pedro en la Tierra en nombre y por virtud de Cristo. 36

En consecuencia, Pedro y, por tanto, el Romano Pontífice, como sucesor suyo, tiene el poder legislativo, judicial y punitivo.

Pedro usa este poder de atar y desatar con Ananías y Safira,

---

35   http://www.mercaba.org/Biblia/Comentada/evang_mateo_10-18.htm#_Toc38078862
36 Breve Enciclopedia del dogma católico. Benjamín Martin Sánchez pág 87

declarándolos anatemas en Hechos 5,2-11 y también cuando reconoce al hereje Simón el Mago y le refuta en Hechos 8,14-24. También lo usa para declarar como Escrituras a las cartas de San Pablo en 2 Pedro 3,14-16.

Finalmente, me gustaría citar la nota que trae la Biblia *Bover Cantera* sobre este pasaje en sí para entenderlo mucho mejor y que está muy en relación con lo que he dicho:

Con tres metáforas expresa Jesús lo que Pedro es y representa en la Iglesia: la de piedra fundamental, la de las llaves y la de atar y desatar. La piedra fundamental es la que da estabilidad al edificio, que es la Iglesia. Ahora bien, la Iglesia, como reino de Dios que es en la tierra, es una sociedad. Y el fundamento de toda sociedad es 'la autoridad. Por su autoridad, pues, es Pedro el fundamento de la Iglesia. Análoga es la significación de las llaves. Quien por derecho propio posee las llaves es Jesucristo: «que tiene la llave de David; que abre, y nadie cerrará; que cierra, y nadie abrirá» (Ap 3,7). Al prometer ahora Jesús a Pedro que le dará las llaves del reino, promete comunicarle su potestad soberana. Con la metáfora de atar y desatar designaban los judíos las soluciones doctrinales y las decisiones legales. A Pedro, por tanto, se promete la autoridad de definir en los conflictos doctrinales y de sentenciar en los conflictos jurídicos.37

Las puertas del infierno no prevalecerán contra ella:

¿Qué significa esto? Es un lenguaje puramente oriental, concretamente hebreo. Por tanto, está hablando de unas "puertas del infierno", o sea del Hades griego o *sheol* hebreo, donde se localizaba la morada de los muertos, es decir, parafraseando, la muerte no vencerá a la Iglesia. Es decir, Jesús promete que su Iglesia no será derrotada por la muerte, o sea, que aun cuando muera Pedro, otros sucesores tendrá y ocuparan su cargo.

Veamos algunas citas donde se usa esta expresión:

Yo dije: A la mitad de mis días me voy; en las puertas del sheol se me asigna un lugar para el resto de mis años. **Isaías 38,10**

¿Te han sido reveladas las puertas de la muerte, o has visto las puertas de la densa oscuridad? **Job 38,17**

---

37 Sagrada Biblia Bover Cantera pag 1286 .editorial bac. notas al pasaje mateo 16

Ten misericordia de mí, Yahvé Mira mi aflicción que padezco a causa de los que me aborrecen, Tú que me levantas de las puertas de la muerte. **Salmo 09,13**

Su alma abominó todo alimento. Y llegaron hasta las puertas de la muerte. **Salmo 107,13**

Para que usted tenga dominio sobre la vida y la muerte; que conducen a las puertas del mundo inferior, y la llevas de espalda. **Sabiduría 16,13**

Al Sheol es donde iban los muertos del judaísmo, era la morada de los muertos. Por eso cuando habla de "las puertas de la muerte" está hablando de la *perpetuidad de su Iglesia.* Esa perpetuidad conlleva una sucesión de obispos, sucesores de San Pedro: Lino, Cleto, Clemente, Evaristo, Alejandro, Sixto, Telésforo, Higinio, Pio I, Sotero, Eleuterio, Víctor I, Ceferino, Calixto, Urbano, Ponciano, Antero, Fabián, Cornelio, Lucio, Sixto II, Dionisio, Félix, Eutiquiano, Cayo, Marcelino, Marcelo, Eusebio, Melquiades etc. De esta manera, siglo a siglo, fue cumpliéndose la promesa del Señor y se fue venciendo a la muerte.

También podríamos ver en la expresión "puertas del hades" o "puertas del infierno" el reino del mal que quiere acabar con la Iglesia, mediante la muerte de sus líderes. Luego, es importante destacar la palabra griega χατισχυσουσιν[38] que es la que se traduce como "prevalecer". Esto significa o indica una actividad hostil, es decir, una lucha entre la Iglesia y el mal, dos reinos: el de Cristo y el del Príncipe de este Mundo. Pero la victoria está asegurada, Cristo anuncia la victoria de su reino sobre el del Maligno. Esta palabra demuestra otra prueba también de la persecución que sufrirá la Iglesia, una nota característica de la verdadera Iglesia como ya hablamos en su momento.

Podemos encontrar en la Biblia otros ejemplos sencillos donde aparece el verbo "prevalecer" en el mismo sentido:

Porque trazaron el mal contra ti: Fraguaron maquinaciones, mas no prevalecerán. **Salmo 21,11**

Siguiendo el mismo razonamiento de los defensores de la apostasía y corrupción. ¿El mal prevaleció aquí contra él?

---

38 http://biblehub.com/greek/2729.htm

Mas Yahvé está conmigo como poderoso gigante; por tanto, los que me persiguen tropezarán, y no prevalecerán; serán avergonzados en gran manera, porque no prosperarán; tendrán perpetua confusión que jamás será olvidada. **Jeremías 20,11**

¿Los perseguidores le derrotaron y prevalecieron contra él?

En definitiva, el mal no puede derrotar a la Casa de Dios que es la Iglesia. Esta Iglesia está en continua batalla con el Reino de Satanás, pero aun así triunfará y ganará dicha batalla porque ha sido fundada por Cristo.

2) Juan 21,15-19

Uno de los testimonios más claros del primado de Pedro se encuentra en el capítulo 21 del Evangelio de San Juan. En este capítulo observamos como el Señor pregunta 3 veces a San Pedro si le ama y cada respuesta contesta con un "apacienta mis ovejas" o "apacienta mis corderos". Tres veces le preguntó porque tres veces le negó. De esta forma fortaleció nuevamente la fe de San Pedro delante de todos los apóstoles.

Siendo un capítulo de tan sumo interés apologético deseo estudiarlo detenidamente para poder demostrar como a Pedro se le da una función diferente a la del resto de apóstoles.

Después de esto, se manifestó Jesús otra vez a los discípulos a orillas del mar de Tiberíades. Se manifestó de esta manera. 2 Estaban juntos Simón Pedro, Tomás, llamado el Mellizo, Natanael, el de Caná de Galilea, los de Zebedeo y otros dos de sus discípulos. **Juan 21,1-2**

Aquí en estos primeros dos versículos vemos algo interesante:

Estaban los apóstoles en el mar de Galilea, en las orillas del mar de Tiberíades. Recordemos: en el mar de Galilea es donde encontró Jesús a Pedro y le dijo que fuera pescador de hombres (Mateo 4:18). Curiosamente es en las orillas de este mar donde nuevamente se confirmará la misión de San Pedro.

El versículo 2 nos indica quiénes eran los discípulos del Señor que estaban allí y curiosamente el primero en ser nombrado es San Pedro.Sin embargo, al apóstol amado no se le nombra directamente por su nombre. Esto también nos indica hacia dónde se va encaminado ya el capítulo: a dejar claramente establecido el primado petrino.

Simón Pedro les dice: "Voy a pescar." Le contestan ellos: "También nosotros vamos contigo." Fueron y subieron a la barca, pero aquella noche no pescaron nada. 4 Cuando ya amaneció, estaba Jesús en la orilla; pero los discípulos no sabían que era Jesús. 5 Les dice Jesús: "Muchachos, ¿no tenéis pescado?" Le contestaron: "No". 6 Él les dijo: "Echad la red a la derecha de la barca y encontraréis." La echaron, pues, y ya no podían arrastrarla por la abundancia de peces. 7 El discípulo a quien Jesús amaba dice entonces a Pedro: "Es el Señor", se puso el vestido - pues estaba desnudo - y se lanzó al mar. **Juan 21,3-7**

El impetuoso de Pedro se decide ir a pescar y curiosamente los demás dicen que van con él. Pero la mala suerte fue que no pescaron nada, así que tuvo que aparecerse el Señor y decirles dónde tenían que tirar las redes como hace tres años había hecho. Cuando ocurrió esto el discípulo amado le dice a Pedro que era el Señor, y la Escritura nos dice que Pedro estaba "desnudo" y se vistió y luego se lanzó al mar. Es interesante el dato de que Pedro estaba "desnudo". Quizás para muchos esto sea un dato más, innecesario, pero realmente este dato no tiene que pasar desapercibido ya que de nuevo este dato nos encamina a lo que más adelante pasará. En este momento Pedro se encontraba con mala consciencia por haber negado tres veces al Señor, no se encontraba animado para realizar la tarea que se le había encomendado, se encontraba desnudo espiritualmente ante el Señor, sin ser digno de él, por eso versículos después será reconfortado en su misión.

Los demás discípulos vinieron en la barca, arrastrando la red con los peces; pues no distaban mucho de tierra, sino unos doscientos codos. 9 Nada más saltar a tierra, ven preparadas unas brasas y un pez sobre ellas y pan. 10 Les dice Jesús: "Traed algunos de los peces que acabáis de pescar." **Juan 21,8-10**

Es muy interesante lo que se nos cuenta aquí, realmente este capítulo rememora acontecimientos pasados para siempre llevarnos al mismo punto: la misión que dentro de poco el Señor encomendará a Pedro.

Si nos fijamos, vemos que se nos dice "Ven preparadas unas brasas y un pez sobre ellas". En griego la palabra usada para "brasas" es ἀνθρακιὰν y casualmente esta palabra solamente se usa una vez más en todo el Evangelio de San Juan, ¿dónde? Aquí:

Los siervos y los guardias tenían unas brasas encendidas porque hacía frío, y se calentaban. También Pedro estaba con ellos calentándose. **Juan 18,18**

Antes de que Pedro negará tres veces al Señor había unas brasas encendidas donde se calentaban. Antes de volver a ser confirmado por Cristo para ser Pastor universal de su rebaño, hay unas brasas encendidas también. ¿Curiosidad?

Subió Simón Pedro y sacó la red a tierra, llena de peces grandes: ciento cincuenta y tres. Y, aun siendo tantos, no se rompió la red. 12 Jesús les dice: "Venid y comed." Ninguno de los discípulos se atrevía a preguntarle: "¿Quién eres tú?", sabiendo que era el Señor. 13 Viene entonces Jesús, toma el pan y se lo da; y de igual modo el pez. 14 Esta fue ya la tercera vez que Jesús se manifestó a los discípulos después de resucitar de entre los muertos. **Juan 21,11- 14**

Es curioso como en el versículo 10 Jesús les dice a todos en general que traigan los peces que acaban de coger y en el versículo 11 se nos dice que el único que fue por ellos es San Pedro. Cristo en el versículo 10 habla a todos pero en el 11 solo San Pedro realiza la acción, es decir, San Pedro sirve a los demás, siendo así siervo de siervos y trae los peces.

Aquí el versículo 14 nos termina de narrar la preparación para lo que ha de venir. Esta tercera vez que Jesús se manifestó a los discípulos será clave en la historia de la Cristiandad porque volverá a recordar a Pedro cuál es su misión y para lo que le eligió.

Recordemos que antes dijimos que Pedro estaba desnudo espiritualmente, es decir, avergonzado por haber negado al Verbo divino tres veces. Esto le hacía sentirse mal y no capacitado para dirigir la Iglesia, no terminaba de entender por qué Cristo le había dicho a él que era la roca, cuando otros como Juan habían sido más fieles al Señor que él mismo. Pero el Señor le elige precisamente por eso, porque sabe que en Pedro se juntan dos cosas que todo hombre tiene, amor y pecado, y así quería que fuera el líder de su Iglesia, era preciso, pues, confortarle y recordarle nuevamente su tarea. Y eso hará en los versículos que ahora estudiaremos:

Después de haber comido, dice Jesús a Simón Pedro: "Simón de

Juan, ¿me amas más que éstos?" Le dice él: "Sí, Señor, tú sabes que te quiero." Le dice Jesús: "Apacienta mis corderos". 16 Vuelve a decirle por segunda vez: "Simón de Juan, ¿me amas?" Le dice él: "Sí, Señor, tú sabes que te quiero." Le dice Jesús: "Apacienta mis ovejas". 17 Le dice por tercera vez: "Simón de Juan, ¿me quieres?" Se entristeció Pedro de que le preguntase por tercera vez: "¿Me quieres?" y le dijo: "Señor, tú lo sabes todo; tú sabes que te quiero." Le dice Jesús: "Apacienta mis ovejas". **Juan 21,15-17**

Estos 3 versículos son una prueba irrefutable del primado petrino. Es muy habitual que se pasen por alto o se estudien superficialmente, por eso me dedicaré a hacer un estudio detallado de ellos demostrando que no queda lugar a dudas para afirmar el primado que Jesús concede a San Pedro.

Podemos destacar tres puntos muy importantes:

1. El Señor primero le manda apacentar corderos y luego le manda apacentar ovejas. Sabemos que el cordero es un animal diferente a la oveja, y solo y exclusivamente a Pedro se manda que apaciente a ambos animales.

2. El Señor usa dos veces la palabra griega apacentar "βόσκω"39 y luego una vez usa la palabra pastorear "ποιμαίνω"40. Dos palabras diferentes indican, pues, dos misiones diferentes. Además, podemos establecer una relación entre apacentar y pastorear con ovejas y corderos de forma que quede más clara la misión de San Pedro.

3. Tres veces le pregunta a Pedro y tres veces le manda cuidar de su rebaño. Cada una de estas 3 veces es por cada una de las 3 negaciones que San Pedro le hizo al lado de las brasas. Públicamente debía el primer Papa afirmar su amor incondicional al Señor y ser fortalecido en su fe nuevamente para desarrollar el ministerio para el que fue elegido.

Es bueno estudiar punto por punto, para demostrar una sólida defensa del primado petrino, estos tres versículos. Muchos hermanos separados dicen que el primado de Pedro solo se basa en Mateo 16,18 pero olvidan este pasaje que es tan importante como el de Mateo y es preciso mostrar su matiz apologético y

---

39 http://biblehub.com/greek/1006.htm
40 http://biblehub.com/greek/4165.htm

probar por qué creemos que Pedro bíblicamente fue cabeza de todos los apóstoles.

Ovejas y corderos:

Volvamos a recordar qué pone Juan 21,15-17:

Después de haber comido, dice Jesús a Simón Pedro: "Simón de Juan, ¿me amas más que éstos?" Le dice él: "Sí, Señor, tú sabes que te quiero." Le dice Jesús: "Apacienta mis corderos". 16 Vuelve a decirle por segunda vez: "Simón de Juan, ¿me amas?" Le dice él: "Sí, Señor, tú sabes que te quiero." Le dice Jesús: "Apacienta mis ovejas". 17 Le dice por tercera vez: "Simón de Juan, ¿me quieres?" Se entristeció Pedro de que le preguntase por tercera vez: "¿Me quieres?" y le dijo: "Señor, tú lo sabes todo; tú sabes que te quiero." Le dice Jesús:" Apacienta mis ovejas. **Juan 21,15-17**

Entonces aquí tenemos dos funciones diferentes: apacentar corderos y apacentar ovejas. Algunos podrían pensar que se trata de la misma función, más tarde veremos que no es así. Ahora veamos que los corderos son animales diferentes a las ovejas. Es frecuente en la Escritura designar al pueblo de Dios por un rebaño y en todo rebaño existen ovejas y corderos, el cordero es un animal más débil que la oveja y se entiende que es la oveja quien lo cuida.

Tenemos, por ejemplo, en la Sagrada Escritura algún texto que nos enseña esta idea:

Como pastor apacentará su rebaño; en su brazo llevará los corderos, y en su seno los llevará; pastoreará suavemente a las recién paridas. **Isaías 40,11**

Vemos cómo el pastor lleva en sus brazos a los corderos, es decir, los trata con sumo cuidado. Esto es fácil de explicar: el cordero es un animal más débil que la oveja.

Ahora veamos en la Escritura cómo las ovejas son los apóstoles:

Entonces Jesús les dijo: Todos vosotros os escandalizaréis de mí esta noche; porque escrito está: Heriré al pastor, y las ovejas del rebaño serán dispersadas. **Mateo 26,31**

He aquí, yo os envío como a ovejas en medio de lobos; sed, pues, prudentes como serpientes, y sencillos como palomas. **Mateo 10,16**

Tanto los que envió como los que se dispersaron cuando el pastor fue herido eran los apóstoles. Por tanto, podemos concluir que los apóstoles son llamados "ovejas" algunas veces en las Escrituras.

Entendiendo esto podremos entender más fácilmente el versículo en cuestión:

1) Cristo manda a Pedro que apaciente a sus corderos, es decir, aquellos del rebaño cuya fe es débil que acaban de entrar en el rebaño. Pedro como Pastor supremo debe cuidar de ellos y alimentarles espiritualmente con la enseñanza que Cristo dejó a su Iglesia.

2) Cristo manda a Pedro a que pastoree, gobierne, a las ovejas, es decir, a aquellos cristianos cuya fe es más fuerte, cuyo conocimiento es superior al de los corderos; en tiempos de Pedro los apóstoles, presbíteros y diáconos; hoy en día los obispos y sacerdotes.

3) A su vez a estos mismos es necesario también alimentarles espiritualmente con la doctrina de Cristo, es por eso que por tercera vez le manda a Pedro que dé comida a su rebaño. Esta comida no es otra que un alimento espiritual. Y hasta los más firmes en su fe necesitan este alimento. Es por eso que Cristo así lo indica.

Apacentar y pastorear:

Si vemos el texto griego correspondiente a estos versículos observaremos algo muy interesante: el Señor usa dos veces βόσκω y una vez usa ποιμαίνω (poimainō).

Pero lo interesante es que es con Pedro, y solo con Pedro, con quien se usó βόσκω. Con ningún otro apóstol se usó esta palabra.

Bíblicamente el verbo רעה (râ'âh) fue traducido al griego como ποιμαίνω (poimainō) y βόσκω (boskō), y en nuestro idioma como "apacentar". En griego bosko significa "dar de comer, apacentar", mientras que poimaino es "pastorear", son dos palabras diferentes. Βόσκω solo se usa en el NT con Pedro, lo que da muestras nuevamente de su primacía. El Espíritu Santo al inspirar el Evangelio de San Juan solamente usó esa palabra con Pedro, con nadie más, la Escritura es bien clara aquí.

Todos aquellos detractores del Primado de Pedro deberían, pues, poder explicar el cambio de palabra y por qué esta es usada solo con este Apóstol.

Entonces, apacentar es βόσκω. También se puede traducir como "dar de comer", alimentar espiritualmente al rebaño del Señor. Es decir, Pedro era el encargado de alimentar al rebaño y el encargado de pastorearlo también (ποιμαίνω).

Juan 21, 15-17: "*Cuando hubieron comido, dijo Jesús a Simón Pedro: Simón, hijo de Juan, ¿me amas más que éstos? Él le dijo: Sí, Señor, tú sabes que te amo. Le dijo Jesús: **Apacienta (βόσκω)** mis corderos. Por segunda vez le dijo: Simón, hijo de Juan, ¿me amas? Pedro le respondió: Sí, Señor, tú sabes que te amo. Jesús le dijo: Apacienta mis ovejas. Por tercera vez le dijo: Simón, hijo de Juan, ¿me amas? Pedro se entristeció de que por tercera vez le preguntase: ¿Me amas? Y le dijo: Señor, tú lo sabes todo, tú sabes que te amo. Le dijo Jesús: Apacienta mis ovejas".*

Este punto es muy interesante. Si nos fijamos, cuando la Escritura habla del resto de los apóstoles y obispos dice que ellos son los encargados de pastorear la Iglesia de Dios:

Tened cuidado de vosotros y de toda la grey, en medio de la cual os ha puesto el Espíritu Santo como vigilantes para pastorear la Iglesia de Dios, que él se adquirió con la sangre de su propio hijo. **Hechos 20,28**

En griego:

Si vamos al griego veremos que en Hechos 20,28 para pastorear se usó la palabra **ποιμαίνω** pero no se usa **βόσκω. (apacentar)** ¿Por qué? Sencillamente porque son misiones diferentes.

Con esto vemos como a Pedro se le dio el poder de pastorear el rebaño como se le dio al resto de los apóstoles pero curiosamente se le otorga un nuevo poder el de Alimentar al rebaño. Aquí me gustaría citar las palabras del **Santo Padre Juan Pablo II en la audiencia del 10 de marzo de 1993**: *La función de piedra fundamental de la Iglesia que Jesús confirió a Pedro comporta, por consiguiente, un aspecto doctrinal (cf. Mt 16, 18-19). La misión de confirmar a sus hermanos en la fe, que también le confió Jesús (cf. Lc 22, 32), va en la misma dirección. Pedro goza de una oración especial del Maestro para desempeñar este papel de ayuda a sus hermanos a creer. Las palabras «Apacienta mis corderos», «Apacienta mis ovejas» (Jn 21, 15-17) no enuncian explícitamente una misión doctrinal, pero sí la implican. Apacentar el rebaño es* *proporcionarle un alimento sólido de vida espiritual, y en este alimento está la comunicación de la doctrina revelada para robustecer la fe.41*

De ahí se sigue que, según los textos evangélicos, la misión pastoral universal del Romano Pontífice, sucesor de Pedro, comporta una misión doctrinal. Como pastor universal, el Papa tiene la misión de anunciar la doctrina revelada y promover en toda la Iglesia la verdadera fe en Cristo. Es el sentido integral del ministerio petrino.

Con esto creo queda claro que significa **Apacentar**, es decir **βόσκω** y como esa misión fue encomendada única y exclusivamente a San Pedro. Debemos tener en cuenta que cuando Dios realiza las cosas es por algo, el precedente bíblico de esta misión encomendada a San Pedro podemos encontrarlo en el AT en muchos pasajes, aquí mencionare solamente algunos de ellos:

Y aun ayer y antes, cuando Saúl reinaba sobre nosotros, tú sacabas y volvías a Israel. Además Yahvé te ha dicho: Tú apacentarás a mi pueblo Israel, y tú serás sobre Israel príncipe. **2 Samuel 5,2**

Le encarga apacentar el pueblo de Israel, y ese encargo, se lo dio el mismo Dios.

Curioso que a Pedro Cristo le encargue apacentar el pueblo del NT. Es el mismo rey el que alimentaba con la sabiduría de Dios al pueblo y esta función ahora corresponde a San Pedro.

10 Ahí viene el Señor Yahveh con poder, y su brazo lo sojuzga todo. Ved que su salario le acompaña, y su paga le precede .Como pastor apacentará su rebaño; en su brazo cogerá los corderos, y en su seno los llevará; pastoreará suavemente las paridas. **Isaías 40,11**

Aquí el mismo Dios es quien apacienta el rebaño, es el mismo Dios quien le da alimento espiritual, le cuida, protege y guía para que no se desvíe de la doctrina correcta. Es este el ministerio que deja a San Pedro en el NT.

---

41   https://w2.vatican.va/content/john-paul-ii/es/audiences/1993/documents/hf_jp-ii_aud_19930310.html

Y despertaré sobre ellas un pastor, y él las apacentará; a mi siervo David: él las apacentará, y él les será por pastor. **Ezequiel 34,23**

David, siendo rey, apacentará al pueblo de Dios, es decir, Dios le ordenó dirigirlo y gobernarlo.

Si le dijo "Apacienta mis ovejas" es por algo, porque estas ovejas son su pueblo, su reino y Pedro es el encargado de guiarlo y dirigirlo, como David en el AT.

Yo apacentaré mis ovejas, y yo les haré tener majada, dice el Señor Yahvé **Ezequiel 34,15**

Después de haber comido, dice Jesús a Simón Pedro: "Simón de Juan, ¿me amas más que éstos?" Le dice él: "Sí, Señor, tú sabes que te quiero." Le dice Jesús: "Apacienta mis corderos". **Juan 21,15**

Quise poner estos dos textos bíblicos juntos porque veo en ellos una gran similitud:

- Se habla de apacentar ovejas en los dos.

- En Ezequiel es Dios quien las apacienta. En Juan es Dios quien manda a un ser humano esa misión.

- Si esa misión en Ezequiel la realizó Dios, debe ser que es una misión muy especial y solo se le puede confiar a la roca sobre la que se edificaría su Iglesia, o aquel por el que él había rezado (Lucas 22:32).

Ahora veamos algo muy interesante:

a) Jesús dice: Apacienta (βόσκω) mis corderos.

b) Le dice Jesús: "Apacienta (ποιμαίνειν) mis ovejas.

c) Le dice Jesús: "Apacienta (βόσκω) mis ovejas"

Es decir, primero Cristo le manda alimentar a los débiles en la fe, los cristianos que sean más frágiles o confundidos con la fe y su enseñanza infalible les alimentará y les ayudará a seguir en el rebaño y a madurar poco a poco en la fe.

Luego manda que pastoree a los pastores que se encargan de la Iglesia en el mundo, siendo así el Pastor Universal o Supremo de ellos. Finalmente, es a estos pastores que organizan y guían las iglesias del mundo a quienes debe alimentar espiritualmente con su enseñanza y sus decisiones, pues Cristo y él tienen un mismo sentir y un mismo parecer, Cristo y él forman una sola cabeza, la que alimenta espiritualmente a todos los pastores y a todo el pueblo.

Es decir, tres misiones le encomienda a Pedro, tres misiones que en la actualidad realiza el Papa:

1) Reconfortar, alimentar, guiar y madurar en la fe al pueblo de Dios con sus decisiones, consejos y palabras.

2) Pastorear a los pastores que cuidan del rebaño siendo él el Pastor de ellos o Pastor Universal.

3) Alimentar, y madurar en la fe a los pastores, para que cada día se acerquen más a Dios y esta sabiduría les permita guiar mejor a los corderos hacia Cristo.

La triple negación y la triple afirmación de su amor:

Por último, no debemos pasar por alto que este pasaje está muy relacionado con la triple negación de San Pedro. Realmente aquí San Pedro no se le restaura su ministerio porque nunca lo había perdido sino que este pasaje es una forma de que San Pedro reconforte su fe. Si nos damos cuenta el Señor oró por Pedro:

¡Simón, Simón! Mira que Satanás ha solicitado el poder cribaros como trigo; 32 pero yo he rogado por ti, para que tu fe no desfallezca. Y tú, cuando hayas vuelto, confirma a tus hermanos. **Lucas 22,32**

Ora para que la fe de Pedro no desfallezca y cuando haya vuelto confirme a sus hermanos. Realmente esto fue lo que pasó aquí. Pedro tras haber negado tres veces al Señor estaba decaído y se sentía indigno de seguir al Señor, y el Señor sabía cómo era Pedro y para que todos le escucharan era necesario que volviera a ser el de antes, para que la fe de todos sus hermanos creciera y se mantuviera viva.

Por eso le pide 3 declaraciones de amor, para que vea Pedro que Cristo sigue confiando en él a pesar de su pecado, sigue confiando en un pecador, precisamente por eso le eligió: no por el ser el más sabio ni el más santo de entre todos los apóstoles sino por ser el más humano y el que más fuerza de voluntad tendría pues ya no volvería a negarle.

Seguían a Jesús Simón Pedro y otro discípulo. Este discípulo era conocido del Sumo Sacerdote y entró con Jesús en el atrio del Sumo Sacerdote, 16 mientras Pedro se quedaba fuera, junto a la puerta. Entonces salió el otro discípulo, el conocido del Sumo Sacerdote, habló a la portera e hizo pasar a Pedro. 17 La muchacha portera dice a Pedro: "¿No eres tú también de los discípulos de ese hombre?" Dice él: "No lo soy". **Juan 18,15-17**

Aquí la primera negación de San Pedro. Niega que sea discípulo de Cristo:

Estaba allí Simón Pedro calentándose y le dijeron: "¿No eres tú también de sus discípulos?" Él lo negó diciendo: "No lo soy." 26 Uno de los siervos del Sumo Sacerdote, pariente de aquel a quien Pedro había cortado la oreja, le dice: "¿No te vi yo en el huerto con él?" 27 Pedro volvió a negar, y al instante cantó un gallo. **Juan 18,25-27**

Por dos veces San Pedro niega ser discípulo de Cristo, la tercera vez niega haber estado en el huerto con Jesús. Tres negaciones mientras estaban juzgando a Cristo. Estas tres negaciones habían sido predichas por Cristo y Pedro se dio cuenta del pecado que había cometido, por eso:

Saliendo fuera, rompió a llorar amargamente. **Lucas 22,62**

Lloró porque vio que a lo que más amaba en el mundo él lo había negado, porque no había tenido el valor para confesar ser discípulo de aquel a quien colgarían de un madero. Pero Cristo sabía perfectamente esto, y sabía cómo se encontraba Pedro, se sentía indigno de ser su discípulo, era preciso que Pedro volviera a su lugar y para eso nada mejor que hacerlo mediante un acto de amor mutuo. Y lo más importante: un amor infranqueable entre los dos, entre Cristo y Pedro.

Recordemos que tanto Cristo como Pedro tenían ya los destinos unidos, pues esto se ve claramente en la Escritura:

Entrando en Cafarnaúm, se acercaron a Pedro los perceptores de la dracma y le dijeron: ¿Vuestro Maestro no paga la dracma? 25 Y él respondió: Cierto que sí. Cuando entró en casa, se acercó Jesús y le dijo: ¿Qué te parece, Simón? Los reyes de la tierra, ¿de quiénes cobran censos y tributos? ¿De sus hijos o de los extraños? 26 Contestó él: De los extraños. Y le dijo Jesús: Luego los hijos son libres. 27 Mas, para no escandalizarlos, vete al mar, echa el anzuelo, coge el primer pez que pique, ábrele la boca, y en ella hallarás un estater; tómalo y dalo por mí y por ti. **Mateo 17,24-27**

Lo que impacta es: "Tómala y entrégala a ellos por mí y por ti". Me parece muy hermoso este gesto de Jesús de entregar una sola moneda por él y por Pedro, parece una advertencia: "Fíjate que estamos juntos, trata de unirte a mi destino y no pretenderás tener uno distinto para ti, o mirar al mío como separado del tuyo". Realmente este milagro ejemplifica el destino de Cristo y Pedro, ambos el mismo destino, uno cabeza otro el que dice las órdenes de la cabeza en la Tierra, la misma misión, el mismo milagro para ambos pues ambos son la cabeza inquebrantable de la Iglesia y como tal no pueden contradecirse. Es Pedro el elegido, y no otro, para tener el mismo destino en todos los actos importantes que Cristo. Hablando Pedro por Cristo versículos antes ahora Cristo, en señal de unión eterna con su primacía, le manda a dar la moneda por ambos: así quedara unida la Esposa y el Cordero para siempre.

Por eso como su destino era la unidad total hacía falta que Pedro volviera a recuperar las fuerzas perdidas y volviera a cumplir con su destino. Por eso Cristo le pide por tres veces una prueba de su amor y cuando Pedro contesta le manda apacentar y pastorear a su Pueblo.

Esta misión de apacentar y pastorear el pueblo la había tenido Cristo pero como el destino de Pedro se había unido al de Cristo era necesario que sus misiones también se unieran y, por tanto, era él y solamente él quien podía encargarse de todo el rebaño, de alimentarlo y pastorearlo.

3) Pedro es mencionado primero en todas las listas del NT

En las cuatro listas donde se enumeran los apóstoles que se nos transmiten en los tres sinópticos y en el libro de los Hechos de los Apóstoles siempre se pone a Pedro como el primero. Es curioso que incluso en una de ellas se dice "el primero, Pedro". Analizaremos esto detenidamente:

*Jesús, llamando a sus doce discípulos, les dio poder sobre los espíritus impuros, para arrojarlos y para curar toda enfermedad y toda dolencia. 2 Los nombres de los doce apóstoles son éstos: **el primero Simón, llamado Pedro**, y Andrés, su hermano; Santiago* *el de Zebedeo y Juan, su hermano; 3 Felipe y Bartolomé, Tomás y Mateo el publicano; Santiago el de Alfeo y Tadeo; Simón el celador, y Judas Iscariote, el que le traicionó.* **Mateo 10,1-3**

Así instituyó a los Doce: **Simón, al que puso el sobrenombre de Pedro***; 17 Santiago, hijo de Zebedeo, y Juan, hermano de Santiago, a los que dio el nombre de Boanerges, es decir, hijos del trueno; 18 luego, Andrés, Felipe, Bartolomé, Mateo, Tomás, Santiago, hijo de Alfeo, Tadeo, Simón, el Cananeo, 19 y Judas Iscariote, el mismo que lo entregó.* **Marcos 3,16-19**

Cuando se hizo de día, llamó a sus discípulos y eligió a doce de ellos, a los que dio el nombre de Apóstoles: **14 Simón, a quien puso el sobrenombre de Pedro***, Andrés, su hermano, Santiago, Juan, Felipe, Bartolomé, 15 Mateo, Tomás, Santiago, hijo de Alfeo, Simón, llamado el Zelote, 16 Judas, hijo de Santiago, y Judas Iscariote, que fue el traidor.* **Lucas 6,13-16**

Los Apóstoles regresaron entonces del monte de los Olivos a Jerusalén: la distancia entre ambos sitios es la que está permitida recorrer en día sábado. 13 Cuando llegaron a la ciudad, subieron a la sala donde solían reunirse. **Eran Pedro***, Juan, Santiago, Andrés, Felipe y Tomás, Bartolomé, Mateo, Santiago, hijo de Alfeo, Simón el Zelote y Judas, hijo de Santiago.* **Hechos 1,12-13**

Las listas aparecen estructuradas en 4 grupos de 3 apóstoles cada uno, destacando que siempre aparece Pedro primero y luego suele aparecer Santiago y Juan por ser las columnas de la Iglesia, esto es, los apóstoles más cercanos al Señor. El que San Pedro figure primero siempre ya nos debe llamar la atención, pero lo más interesante es que en una de las listas, la de Mateo, aparece como "el primero, Pedro". Esta palabra "primero" no puede referirse a una enumeración puesto que no aparece el término "segundo", "tercero", "cuarto", etc. Luego, ¿por qué se pone aquí? El evangelista nos desea decir algo con esta palabra. Si revisamos otros textos de la Biblia como Génesis 25:23-26, 2 Samuel 3,2-5, 1 Crónicas 8,1-3 vemos claramente cómo se hacían las enumeraciones y vemos que en el caso de Mateo no es una enumeración. Entonces debemos descifrar que significa este término "primero".

PRIMERO-πρωτος42

Los nombres de los doce apóstoles son éstos: el primero [πρωτος], Simón, llamado Pedro... **Mateo 10, 2**

La traducción directa es: "principal, más importante, jefe". Recordemos que el primer discípulo en seguir a Cristo fue Andrés, y no Pedro (Juan 1:35-40). Por tanto, empezar por Pedro como el primer discípulo en seguirle, carece también de sentido.

Veamos algunas evidencias bíblicas donde **πρωτος** es traducido como *"principal, jefe, más importante, dirigente"*:

Pero los judíos instigaron a mujeres piadosas y distinguidas, y a los principales de la ciudad, y levantaron persecución contra Pablo y Bernabé, y los expulsaron de sus límites. **Hechos 13,50**

Y los principales sacerdotes y los más influyentes de los judíos se presentaron ante él contra Pablo, y le rogaron. **Hechos 25,2**

Aconteció que tres días después, Pablo convocó a los principales de los judíos, a los cuales, luego que estuvieron reunidos, les dijo: Yo, varones hermanos, no habiendo hecho nada contra el pueblo, ni contra las costumbres de nuestros padres, he sido entregado preso desde Jerusalén en manos de los romanos; **Hechos 28,17**

Algunos de ellos creyeron y se juntaron con Pablo y con Silas; asimismo un gran número de griegos piadosos, y mujeres notables (proton) no pocas **Hechos 17,4**

Y amarás al Señor tu Dios con todo tu corazón, con toda tu alma, con toda tu mente y con todas tus fuerzas. "Este es el mandamiento principal (protos) **Marcos 12,30**

Un día se presentó la ocasión favorable. Herodes festejaba su cumpleaños, ofreciendo un banquete a sus dignatarios, a sus oficiales y a los notables (protois) de Galilea. **Marcos 6,21**

Y diariamente enseñaba en el Templo. Los sumos sacerdotes, los escribas y los más importantes (protoi) del pueblo, buscaban la forma de matarlo. **Lucas 19,47**

---

42 http://biblehub.com/greek/4413.htm

En todos estos textos "principal" es πρωτος, misma palabra que se usa en Mateo 10,2 para referirse a Pedro. Así que San Mateo nos está diciendo que Pedro era el principal, el jefe de los 12 apóstoles.

Es por este motivo por el que el resto de listas lo ponen en primer lugar: por orden de importancia. Siempre se nombra primero al líder o al jefe y luego a los demás, y las listas siguen entonces ese mismo patrón.

Este es un testimonio directo de la primacía de Pedro, pues aun cuando no se ha traducido como "jefe" o "principal" si es cierto que esa palabra puede traducirse perfectamente por "jefe , dirigente, principal", "más importante".

4) Lucas 22,32

Dijo también el Señor: "Simón, Simón, he aquí Satanás ha pedido poder para zarandearos como el trigo; 32 pero yo he rogado por ti, que tu fe no falte; y tú, una vez vuelto, confirma a tus hermanos". **Lucas 22,31-32**

Este pasaje de las Escrituras es muy claro para demostrar el primado petrino. Debemos empezar por el permiso concedido a Satanás para zarandearles a todos. Satanás quiere resquebrajar la fe de todos los apóstoles, alejarles de la fe, volverles "ateos". De esta forma terminaría con la Iglesia de Cristo y conseguiría su propósito: que no se evangelizara al mundo y que el mensaje de Cristo quedara en el olvido.

Pero Cristo dice, que él "ha rogado por Pedro". El Señor no ruega al Padre por la fe de los otros apóstoles sino que ruega solo y exclusivamente por Pedro ¿por qué? Acaso no dicen los protestantes que Pedro era uno más, ¿por qué Cristo ora solo por Pedro? La respuesta la tenemos en la segunda parte del versículo *"para que confirmes a tus hermanos"*. Es decir, a Pedro Cristo le está dando la misión de confirmar en la fe a los demás apóstoles. La palabra usada aquí es στηρίζω que significa "apoyar para fortalecer, fortaleza, confirmar, hacer firme algo", esto es, Pedro hace firme la fe de los demás apóstoles, la fortalece, por ello él tiene una misión única, diferente a la de los demás y es la misión de confirmar la fe al resto de la Iglesia. Esta es la misión que tiene el Papa como cabeza de la Iglesia. Si Pedro no hubiera sido líder de los apóstoles nadie le habría escuchado y no podría haberles fortalecido su fe. Sin embargo, al ser líder indiscutible de la Iglesia, la roca, el jefe, todos le escucharían y podría confirmarles en la fe a aquellos que dudaran.

Entonces dos elementos fundamentales nos muestran el primado petrino en este texto:

a) Que Cristo solamente ore por San Pedro: Esto implica una posición privilegiada con respecto a los demás. Todos los apóstoles pueden dudar, ser zarandeados por Satanás, pero no Pedro, el que interesa realmente es Simón, porque es la cabeza, el líder.

b) Que Pedro, una vez ha vuelto, debe fortalecer a los demás: Esto se refiere a que una vez que él se ha recuperado de haber negado a Cristo y Cristo le ha perdonado (Juan 21), él confirmará a todos los demás en la fe, él habrá recuperado su confianza y su fe en Cristo y dirigirá la Iglesia.

Por estos dos elementos creemos que el texto indica claramente un primado de Pedro al tener el que desarrollar una función exclusiva no dada a ningún otro apóstol. Pero además nos da otra enseñanza más, y es que como Iglesia debemos orar mucho por el Papa, sucesor de Pedro. La Iglesia primitiva lo aprendió en Hechos 12:5. Nosotros sigamos el ejemplo de Cristo y de la Iglesia primitiva, pues la fe de la Iglesia depende mucho de Pedro.

Además, debemos entender este pasaje en relación con los versículos anteriores para que exista una cohesión en la Escritura. Veamos entonces qué nos dicen los versículos anteriores:

Y surgió una discusión sobre quién debía ser considerado como el más grande. 25 Jesús les dijo: "Los reyes de las naciones dominan sobre ellas, y los que ejercen el poder sobre el pueblo se hacen llamar bienhechores. 26 Pero entre ustedes no debe ser así. Al contrario, el que es más grande, que se comporte como el menor, y el que gobierna, como un servidor". **Lucas 22,24-26**

Surge entre los apóstoles la discusión de cuál es el más grande de ellos y Jesús les dice "El que gobierne a ustedes debe servirles", es decir, les está diciendo que uno de ellos debe gobernarles, de una manera diferente a como se gobierna en el mundo, siendo el "siervo de los siervos", esto es, sirviéndoles a los demás. Posteriormente a esto, les advierte que Satanás quiere tentarles para que abandonen la fe, y que él solo oraría por San Pedro. Podemos ver cómo las palabras de Cristo se cumplieron, vemos que Santo Tomás tenía dudas sobre el Señor:

Los otros discípulos le dijeron: «¡Hemos visto al Señor!». Él les respondió: «Si no veo la marca de los clavos en sus manos, si no pongo el dedo en el lugar de los clavos y la mano en su costado, no lo creeré». **Juan 20,25**

De la misma manera que Santo Tomás dudó, los otros apóstoles se acobardaron y abandonaron a Cristo a su suerte cuando fue preso en el Huerto de los Olivos. Es, pues, así como estas palabras de Cristo se cumplieron. Pero Cristo oró por San Pedro pues aunque él sabía que le iba a negar, esta negación no es por pérdida de fe sino por miedo, el miedo le hace negar su fe, no hubo, pues, en la confesión de fe de San Pedro error sino que no confesó lo que creyó. Pero posteriormente a esto, cuando vuelve de nuevo San Pedro en Juan 21:15-19 es confirmado por Cristo y se encargará de confirmar la fe de los apóstoles.

Llegados aquí podríamos preguntarnos: ¿dónde San Pedro confirmo la fe de la Iglesia a sus hermanos? La respuesta la tenemos en el concilio de Jerusalén:

Al cabo de una prolongada discusión, Pedro se levantó y dijo: «Hermanos, ustedes saben que Dios, desde los primeros días, me eligió entre todos ustedes para anunciar a los paganos la Palabra del Evangelio, a fin de que ellos abracen la fe. **Hechos 15,7**

Tras una acalorada discusión, San Pedro toma la cabeza para zanjar el asunto. Si leemos los versículos siguientes veremos que toda la asamblea calló cuando Pedro terminó de hablar. Este es el famoso: *Roma Locuta, Causa finita est.*

Otro lugar de las Escrituras donde San Pedro se encarga de confirmar la fe es:

Por eso yo les recordaré siempre estas cosas, aunque ustedes ya las saben y están bien convencidos de la verdad que ahora poseen. **2 Pedro 1,12**

Aquí San Pedro les dice que aun cuando ellos están confirmados o convencidos (στηρίζω) él de todas formas les recordará estas cosas que ya saben. Se usa exactamente la misma palabra que en Lucas 22:32 y San Pedro les va a recordar lo que ellos ya tienen confirmado.

La manera de confirmar a los hermanos es a través de servirles, siendo uno más de ellos, compartiendo sus preocupaciones, dudas y problemas. De esto es de lo que nos habla Lucas 22:26 y siguientes, y es por ello por lo que Cristo ora exclusivamente por San Pedro: para fortalecer a los demás hermanos.

5) Mateo 26:40-41

Después volvió junto a sus discípulos y los encontró durmiendo. Jesús dijo a Pedro: «¿Es posible que no hayan podido quedarse despiertos conmigo, ni siquiera una hora? 41 Estén prevenidos y oren para no caer en la tentación, porque el espíritu está dispuesto, pero la carne es débil». **Mateo 26,40-41**

Resulta realmente curioso que Cristo selecciona a los tres pilares de la Iglesia, Cefas, Santiago y Juan, y los manda ir con él, llegados a un punto les ordena orar y velar. Empieza la oración de Cristo que pide al Padre que pase de él ese cáliz, y al volverse se encuentra que los 3 pilares de la Iglesia están dormidos. Sorprendentemente Cristo no dijo "Dormís" sino que va directamente a Kephas y le reclama: "¿Por qué te has dormido?"

¿Que vemos aquí?: Al mismo Dios, el Verbo Divino, reclamando solamente a un apóstol el haberse quedado dormido. De nuevo me pregunto: ¿Y el resto de los apóstoles donde estaban? ¿Por qué Cristo no reclama al resto de apóstoles el haberse quedado dormidos?

Solamente habla a San Pedro, a él es a quien el mismo Dios reclama y pide explicaciones de por qué se ha quedado dormido. Realmente es sorprendente que después de reclamar a Pedro diga al resto: Estén prevenidos y oren para no caer en la tentación. Podemos pues ver aquí dos partes realmente importantísimas: la primera, el reclamo de Dios a Kephas por quedarse dormido; y la segunda, cómo Dios se dirige a todos y les manda orar y estar prevenidos. ¿Por qué no reclama al resto de apóstoles por dormirse? Sencillamente porque el jefe de la Iglesia es quien debe dar ejemplo y en este caso no lo hizo y, como tal, Cristo le reclamó por ello pues Cristo tenía muy claro quién era San Pedro y por eso solamente le reclama a él por haberse quedado dormido.

Resulta increíble cómo teniendo Cristo doce discípulos y tres que son los pilares de la Iglesia el único que es mencionado aquí es San Pedro. Es a quien Cristo acudía, Cristo mismo sabía que en Pedro podía confiar, que era la piedra fundamental la piedra que dirigiría siempre su Iglesia, y es a él a quien instantes antes de su pasión acude pensando que podía ayudarle, pero ve la debilidad de Pedro y la del resto de discípulos y en vez de reclamarles a todos solamente reclama a Simón Pedro por no haber sido capaz de dar ejemplo, pues la función del jefe de la Iglesia es la de dar ejemplo al resto. Ciertamente Cristo habla en plural hacia San Pedro "hayan podido". Eso da de nuevo un carácter de primacía mucho mayor pues Cristo delante de los tres pilares de la Iglesia les reclama a ellos también pero al que se dirige con más fuerza es a Pedro, que es quien debe darle las explicaciones oportunas. Qué gran testimonio del Primado encontramos en este texto.

6) Mateo 17,24-27

Este pasaje es realmente asombroso, nos muestra ya tan tempranamente la unidad entre Pedro y el Señor. Esta es la unidad que hasta hoy existe en la Iglesia católica:

Entrando en Cafarnaúm, se acercaron a Pedro los perceptores de la dracma y le dijeron: ¿Vuestro Maestro no paga la dracma? 25 Y él respondió: Cierto que sí. Cuando entró en casa, se acercó Jesús y le dijo: ¿Qué te parece, Simón? Los reyes de la tierra, ¿de quiénes cobran censos y tributos? ¿De sus hijos o de los extraños? 26 Contestó él: De los extraños. Y le dijo Jesús: Luego los hijos son libres. 27 Mas, para no escandalizarlos, vete al mar, echa el anzuelo, coge el primer pez que pique, ábrele la boca, y en ella hallarás un estater; tómalo y dalo por mí y por ti. **Mateo 17,24-27**

7) Pedro como protagonista

Veamos las siguientes citas bíblicas que nos pueden ayudar a entender este argumento:

Pero id a decir a sus discípulos y a Pedro que os precederá a Galilea: allí le veréis, como os ha dicho. **Mc 16,7**

Simón salió a buscarlo con sus compañeros, **Marcos 1,36**

Jesús preguntó: «¿Quién me ha tocado?». Como todos lo negaban, Pedro y sus compañeros le dijeron: «Maestro, es la multitud que te está apretujando». **Lucas 8,45**

Pedro y sus compañeros tenían mucho sueño, pero permanecieron despiertos, y vieron la gloria de Jesús y a los dos hombres que estaban con él. **Lucas 9,32**

Entonces, Pedro poniéndose de pie con los Once, levantó la voz y dijo: «Hombres de Judea y todos los que habitan en Jerusalén, presten atención, porque voy a explicarles lo que ha sucedido. **Hechos 2,14**

Al oír estas cosas, todos se conmovieron profundamente, y dijeron a Pedro y a los otros Apóstoles: «Hermanos, ¿qué debemos hacer?» **Hechos 2,37**

Pedro, junto con los Apóstoles, respondió: «Hay que obedecer a Dios antes que a los hombres. **Hechos 5,29**

Todas estas citas tienen una cosa o patrón en común: al único apóstol que mencionan es a Simón Pedro. Es curioso como le llaman por su nombre y lo separan del grupo de los once, a veces dice, "compañeros", otras veces dicen, "los once", otras "los otros apóstoles", pero siempre se menciona a Simón exclusivamente por su nombre. ¿Por qué? Sencillamente porque él era el líder o la cabeza de los apóstoles y esto lo sabía también el ángel y por eso separa a San Pedro del resto de los discípulos, como es fácilmente observable habla de dos grupos: primeramente los discípulos del Señor y luego Pedro aparte. Esta separación es de nuevo una prueba más de su supremacía con respecto al resto de los apóstoles pues el mismo ángel del Señor llama a Simón tal y como le había puesto Cristo: Kephas, denotando así quien era la roca en Mateo 16,18 a la que Cristo se refería, tanto que hasta los ángeles del cielo se enteraron perfectamente quién fue llamado "Roca". Recordemos que San Pedro era también discípulo y no era menos que los demás, tampoco era igual pues, de ser igual, ¿por qué lo pondría aparte? Eso solo puede significar una cosa: que era más que los demás apóstoles.

Qué gran testimonio de autoridad tenemos aquí y no nos hemos dado cuenta de esto. Pedro siendo discípulo del Señor también es líder de la Iglesia y como tal merece un lugar especial en ella. Es por eso que el ángel se lo da, pero no solo el ángel sino en todos los demás pasajes de la Escritura aquí señalados se le menciona aparte. Esto es debido claramente a su primacía.

8) Concilio de Jerusalén

Al cabo de una prolongada discusión, Pedro se levantó y dijo: «Hermanos, ustedes saben que Dios, desde los primeros días, me eligió entre todos ustedes para anunciar a los paganos la Palabra del Evangelio, a fin de que ellos abracen la fe. 8 Y Dios, que conoce los corazones, dio testimonio en favor de ellos, enviándoles el Espíritu Santo, lo mismo que a nosotros. 9 El no hizo ninguna distinción entre ellos y nosotros, y los purificó por medio de la fe. 10 ¿Por qué ahora ustedes tientan a Dios, pretendiendo imponer a los discípulos un yugo que ni nuestros padres ni nosotros pudimos soportar? 11 Por el contrario, creemos que tanto ellos como nosotros somos salvados por la gracia del Señor Jesús». 12 Después, toda la asamblea hizo silencio para oír a Bernabé y a Pablo, que comenzaron a relatar los signos y prodigios que Dios había realizado entre los paganos por intermedio de ellos. **Hechos 15,7-12**

Existe una discusión fuerte en el concilio pues hay dos posturas opuestas: la de los judíos cristianos, que no querían en la Iglesia entraran los gentiles, y la de aquellos que creían la Iglesia tenía que abrirse a todos. Era una discusión acalorada. ¿Quién acabará la discusión? Pedro, como cabeza y líder de la Iglesia confirma la fe de sus hermanos (Lucas 22,32). Pedro toma el control, y da la sentencia definitiva en el concilio, que es aceptar a los gentiles. Empieza diciendo: *"Dios me escogió para que por mi boca los gentiles..."*. El aceptar a los gentiles en la Iglesia sería abrir la Iglesia a todos, hacerla universal lo cual era la voluntad de Cristo (Mateo 28,20). Luego San Pedro dice que él habla para todos los católicos, de manera universal, pues fue escogido por Dios para ello. Una vez que Pedro termina su discurso, la muchedumbre calla (v.12) es decir ya no había discusión, sino que ya había quedado todo absolutamente claro, cesó toda discusión precedente y hubo silencio. El silencio demuestra que ya no había nada que objetar ni que cuestionar. Roma había hablado, causa cerrada.

Bernabé y San Pablo solamente apoyan y ratifican la enseñanza petrina, no la contradicen, esto es, dan su apoyo al Papa. Esto es asombroso, pues podían haberle dicho "Eso no es así". Sin embargo, nadie objetó nada a Pedro. Es más, le apoyaron.

9) Figura patriarcal o profética como prefiguración del pontificado

Si vemos en el AT siempre ha existido una figura patriarcal o profeta para guiar al pueblo de Israel. Esta persona era la que hablaba directamente con Dios y daba a conocer sus preceptos y mandatos al pueblo. Era, digamos, la conexión de Dios con los hombres. Podemos empezar con Noé en Génesis 6,10, Abraham en Génesis 17,5, Isaac en Génesis 26, Jacob en Génesis 32,29,

Moisés en Éxodo 3,18,25, y Números 7,11 el Rey David en Ezequiel 34,23-24, o los profetas Jeremías en Jer 1,45-10, Isaías en Is 6,5-9 y Daniel en Dan 2,20-23.

Todos ellos guían al pueblo de Dios, le comunican los preceptos que Dios tiene, sus mandamientos, son la conexión de Dios con los hombres en la Antigua Alianza, en el antiguo Israel. Si esto funcionaba así en el Antiguo Israel ¿por qué ahora debe funcionar de manera diferente? Recordemos dos pasajes del NT que pueden ayudarnos a entender esto:

Que todos los que practican esta norma tengan paz y misericordia, lo mismo que el Israel de Dios. **Gálatas 6,16**

La Ley, en efecto –al no tener más que la sombra de los bienes futuros y no la misma realidad de las cosas– con los sacrificios repetidos año tras año en forma ininterrumpida, es incapaz de perfeccionar a aquellos que se acercan a Dios. **Hebreos 10,1**

Todas esas cosas no son más que la sombra de una realidad futura, que es el Cuerpo de Cristo. **Colosenses 2,17**

La primera de las citas, la de los gálatas, nos dice la Iglesia es el nuevo Israel de Dios, y las otras dos citas nos dicen que las cosas del AT son sombra de la realidad del NT. Que sea sombra significa que el NT (*sombra también significa que es una proyección de algo que existe y produce sombra ante la luz. Esta luz es la obra y la voluntad de Dios que hace que todo lo acontecido en el NT tenga su sombra en el Antiguo. Podemos pensar en la sombra de un edificio, de una persona o incluso de un árbol. Esta sombra nunca es simbólica, es verdadera pero sin el árbol, sin el edificio, o sin la persona nunca habría sombra. Es por ello que cada sombra en el Antiguo Testamento tiene que tener necesariamente en el Nuevo aquello de lo cual es sombra, que será siempre algo creado, existente, real y verdadero*) es mayor que el Antiguo y, por tanto, si en el AT había un líder espiritual que guiaba al pueblo de Dios, en el NT con mayor motivo ese líder debe existir. La Iglesia como nuevo Israel debe tener un pastor que la confirme en la fe (Lucas 22,32), que la alimente (Juan 21,15-19) y que tenga las llaves para atar y desatar, es decir, para juzgar todo lo que pase en ella (Mateo 16,18-19). Luego, es necesario exista un San Pedro, mayordomo, jefe y pastor de la Iglesia, y que este tenga sucesores, lo mismo que en el Israel de Dios se fueron sucediendo los patriarcas.

10) Las metáforas de la Iglesia y su gobernante en la tierra

En todo el NT encontramos varias y diversas metáforas sobre la Iglesia. Podemos entonces afirmar que cada una de estas metáforas tiene una relación directa con San Pedro y su primacía, esto es, no se pueden entender estas metáforas sino hay una persona al mando, una persona que dirija la Iglesia. Veamos algunas de ellas:

En una oportunidad, la multitud se amontonaba alrededor de Jesús para escuchar la Palabra de Dios, y él estaba de pie a la orilla del lago de Genesaret. 2 Desde allí vio dos barcas junto a la orilla del lago; los pescadores habían bajado y estaban limpiando las redes. 3 Jesús subió a una de las barcas, que era de Simón, y le pidió que se apartara un poco de la orilla; después se sentó, y enseñaba a la multitud desde la barca. **Lucas 5,1-3**

Si comparamos la Iglesia con una barca, entonces debe ser la barca de Pedro, desde donde se anunciará el Evangelio. San Pedro es, entonces, el patrón, el gobernante de la barca.

El Reino de los Cielos se parece también a una red que se echa al mar y recoge toda clase de peces. **Mateo 13,47**

Si la Iglesia es una red que recoge los peces buenos y malos, San Pedro es el primero en echar las redes al mar luego los demás apóstoles le acompañaran:

Simón le respondió: «Maestro, hemos trabajado la noche entera y no hemos sacado nada, pero si tú lo dices, echaré las redes». 6 Así lo hicieron, y sacaron tal cantidad de peces, que las redes estaban a punto de romperse. 7 Entonces hicieron señas a los compañeros de la otra barca para que fueran a ayudarlos. Ellos acudieron, y llenaron tanto las dos barcas, que casi se hundían. **Lucas 5,5-7**

Pedro es el primero que va a pescar, los demás le acompañan:

Simón Pedro les dijo: «Voy a pescar». Ellos le respondieron: «Vamos también nosotros». Salieron y subieron a la barca. Pero esa noche no pescaron nada. **Juan 21,3**

Aun cuando no se pescara nada, Pedro es el que toma la iniciativa. Es, entonces, el primer pescador del Reino de los Cielos.

Les aseguro que el que no entra por la puerta en el corral de las ovejas, sino por otro lado, es un ladrón y un asaltante. 2 El que entra por la puerta es el pastor de las ovejas. 3 El guardián le abre y las ovejas escuchan su voz. Él llama a cada una por su nombre y las hace salir. 4 Cuando las ha sacado a todas, va delante de ellas y las ovejas lo siguen, porque conocen su voz. **Juan 10,1-4**

Si la Iglesia es un redil de ovejas, tenemos a Jesucristo como Pastor (Juan 10,11). Pero el también encarga a Pedro el pastorear sus ovejas (Juan 21,17). Luego, Pedro también es pastor de ese redil.

Bastan estas pequeñas metáforas de la Iglesia para demostrar que siempre está Pedro enraizado con la Iglesia, es decir, no se puede separar a Pedro de la Iglesia, pues él de alguna manera está ligado a la Iglesia ya que es la roca sobre la cual se ha establecido la Iglesia de Dios.

11) Entrevistarse con San Pedro

El pasaje bíblico en cuestión es:

Después, pasados tres años, subí a Jerusalén para ver a Pedro, y permanecí con él quince días. **Gálatas 1,18**

Esta palabra traducida en la RV como "ir a ver", realmente significa "visitar a una persona distinguida". Es decir, Pablo visitó a Cefas, o sea a Pedro, por atención y respeto, por ser una persona distinguida. Eso es lo que quiso decir San Pablo con ***historesai(ἱστορῆσαι)*[43]**. Esto nos demuestra cómo Cefas era ya apreciado en la primera comunidad cristiana, tanto que San Pablo debe ir a Jerusalén a verle para que este le dé el visto bueno y pueda seguir predicando. Recordemos que San Pedro no era obispo de Jerusalén. Sin embargo, Pablo va a Jerusalén solamente a visitarle, con este fin, de darle sus respetos como líder de la comunidad cristiana.

En el griego existe otra palabra para visitar: ἐπισκέπτομαι[44] que se traduce como "visitar", "ir a ver", etc. Es usada en Santiago 1:27, Hechos 7:23 y Hechos 15:36. Bien podía haberse usado en la cita de Gálatas, pero no se usó. Si la intención de Pablo era visitar a Pedro como lo hizo Bernabé en Hechos 15:36 habrían usado la

---

43 http://biblehub.com/greek/2477.htm
44 http://biblehub.com/greek/1980.htm

misma Palabra.

Veamos ambas citas

Después de algunos días, Pablo dijo a Bernabé: Volvamos a visitar (ἐπισκέπτομαι) a los hermanos en todas las ciudades en que hemos anunciado la palabra del Señor, para ver cómo están. **Hechos 15,36**

Después, pasados tres años, subí a Jerusalén para ver (ἱστορῆσαι) a Pedro, y permanecí con él quince días; **Gálatas 1,18**

Nota: La Reina Valera de 1977 dice "para visitar a Pedro".

No se trataba de una simple visita de hermano a hermano, como Hechos 15:36. La visita de Pablo a Pedro era algo más importante, era visitar al líder, el jefe de los cristianos y es por eso que se usa una nueva y exclusiva palabra, ἱστορῆσαι, solo con Pedro. Nuevamente tenemos una palabra que se usa de manera exclusiva y única con San Pedro, no se vuelve usar más a lo largo de las Escrituras. Esta palabra, como dije antes, denota respeto. Luego, eso quiere decir que San Pablo fue a Jerusalén a ver a San Pedro porque sabía quién era Pedro y su puesto privilegiado entre los apóstoles del Señor. Esta idea se refuerza también con el v.19 donde dice que solo vio a Santiago, siendo este el único obispo de Jerusalén, y la cabeza de la iglesia de Jerusalén no se puede comprender por qué no va a visitar a Santiago, si era líder de esa iglesia. En cambio, la idea era ir a ver a Pedro, que por ese tiempo estaba en Jerusalén. Eso demuestra que Pedro tenía primacía incluso sobre Santiago, pues la intención de Pablo no fue la de ver a Santiago.

12) El primado de Pedro en sus cartas

Una vez demostrado en las cartas paulinas, en los Evangelios y libro de los Hechos de los Apóstoles el primado de Pedro, cabe preguntarse ¿él era consciente de este primado?, ¿ejerció este primado por escrito como los demás Papas? La respuesta es que sí, y vamos a tratar de probarlo analizando las dos cartas que escribió y viendo cómo en ellas se dejaron huellas de su primacía.

Pedro, Apóstol de Jesucristo, saluda a los que viven como extranjeros, dispersos en el Ponto, en Galacia, Capadocia, Asia y Bitinia, a los que han sido elegidos. **1 Pedro 1,1**

San Pedro escribe una carta a los cristianos de Asia, en concreto, a los de Galacia, Capadocia, Ponto, Bitinia. Ninguna de esas ciudades había sido evangelizada por San Pedro. Sin embargo, les escribe. Recordemos que estas ciudades fueron evangelizadas por San Pablo y sus discípulos:

Allí encontró a un judío llamado Aquila, originario del Ponto, que acababa de llegar de Italia con su mujer Priscila, a raíz de un edicto de Claudio que obligaba a todos los judíos a salir de Roma. Pablo fue a verlos, **Hechos 18,2**

Así lo hizo durante dos años, de modo que todos los habitantes de la provincia de Asia, judíos y paganos, tuvieron ocasión de escuchar la Palabra del Señor. **Hechos 19,10**

Pese a ser comunidades paulinas Pedro les escribe como líder de la Iglesia. Es esta la única explicación posible para escribirles una carta a otra comunidad que no fue fundada por él.

Y en estas cartas encontramos tres citas fundamentales que demuestran su primacía:

Pero tengan presente, ante todo, que nadie puede interpretar por cuenta propia una profecía de la Escritura. 21 Porque ninguna profecía ha sido anunciada por voluntad humana, sino que los hombres han hablado de parte de Dios, impulsados por el Espíritu Santo. **2 Pedro 1,20-21**

En este pasaje les está recordando que no deben interpretar las Escrituras por cuenta propia, de manera individual. Les dice que eso es erróneo e incorrecto. Aquí ejerce su primacía al declarar esto de manera solemne. Dirige sus palabras contra los falsos profetas de aquel tiempo que tergiversaban las profecías del AT. Tenemos, entonces, aquí una condena clara a todo aquel que interpreta privadamente las Escrituras, y esta condena es realizada por el Primer Papa, San Pedro.

Tengan en cuenta que la paciencia del Señor es para nuestra salvación, como les ha escrito nuestro hermano Pablo, conforme a la sabiduría que le ha sido dada, 16 y lo repite en todas las cartas donde trata este tema. En ellas hay pasajes difíciles de entender, que algunas personas ignorantes e inestables interpretan torcidamente –como, por otra parte, lo hacen con el resto de la Escritura– para su propia perdición. **2 Pedro 3,15-16**

Pedro recuerda que San Pablo les escribió cartas donde toca el tema de la paciencia del Señor, pero estas cartas tienen pasajes difíciles que son interpretados torcidamente por algunos, lo cual está muy mal y ellos se están condenando. Sin embargo, lo más importante de este pasaje es la frase "el resto de la Escritura", en griego se usa la palabra: λοιπός que se puede traducir "como las otras", "el resto de", es decir, San Pedro está diciendo que las cartas de San Pablo son otras Escrituras también, como lo podía ser el AT, está poniendo ambas al mismo nivel. Esto es una declaración canónica de las cartas paulinas y lo hizo San Pedro como cabeza de la Iglesia.

Para apoyar este punto citaré el comentario bíblico de Alberto Colunga: *El trato que dan esos falsos doctores a las epístolas de San Pablo es el mismo que dan a las demás Escrituras (v.16). La expresión τάς λοιπάς γραφάς designa el Antiguo Testamento. Por aquí se ve que la 2 Pe coloca las epístolas de Pablo al mismo nivel de las Escrituras. Y demuestra que nuestro autor considera las epístolas paulinas en el mismo plano de autoridad y dignidad que las Sagradas Escrituras. En toda la literatura judía y cristiana, la Escritura o Escrituras designan los escritos sagrados y normativos, los escritos inspirados, en cuanto que fueron compuestos bajo la inspiración del Espíritu Santo[45].*

Así que aquí tenemos la declaración papal de que las cartas de San Pablo son Escrituras y, por tanto, son inspiradas por Dios, y lo declara de manera infalible un Papa, San Pedro, para que sus lectores no se confundan pues en ese tiempo ya existían falsos doctores que podían confundirles (ver v.5-10)

PEDRO EN ROMA

El Catecismo de la Iglesia Católica dice:

882 El Sumo Pontífice, obispo de Roma y sucesor de san Pedro, "es el principio y fundamento perpetuo y visible de unidad, tanto de los obispos como de la muchedumbre de los fieles "(LG 23). "El Pontífice Romano, en efecto, tiene en la Iglesia, en virtud de su función de Vicario de Cristo y Pastor de toda la Iglesia, la potestad plena, suprema y universal, que puede ejercer siempre con entera libertad" (LG 22; cf. CD 2. 9).

---

45 http://www.mercaba.org/Biblia/Comentada/Pedro_2.htm#_Toc43712252

El Papa es obispo de Roma. Esto se debe a que la sede de él está ahí. Pero está en Roma porque esta fue la sede de Pedro. En definitiva, Pedro estuvo en Roma y murió allí crucificado. Los protestantes suelen negar esto afirmando que no existe evidencia bíblica ni histórica al respecto, a lo cual nos vemos obligados a responder en este punto. Comenzaremos por la evidencia bíblica de la estancia de Pedro en Roma. Podemos dar las siguientes citas:

La iglesia de Babilonia, que ha sido elegida como ustedes, los saluda, lo mismo que mi hijo Marcos. **1 Pedro 5,13**

Esta cita habla de dos cosas, "La iglesia de Babilonia" y de "Marcos".

Bien, comenzaré analizando dónde estaba este Marcos, compañero de San Pedro y San Pablo en sus viajes apostólicos:

Solamente Lucas se ha quedado conmigo. Trae contigo a Marcos, porque me prestará buenos servicios. **2 Timoteo 4,11**

Pablo dice que solo Lucas está con él y por eso es necesario que lleven a Roma a Marcos, quien le ayudará bastante. Luego, Marcos estaba en Roma cuando Pedro escribió su carta.

Te saluda Epafras, mi compañero de prisión en Cristo Jesús, 24 así como también Marcos, Aristarco, Demas y Lucas, mis colaboradores. **Filemón 23-24**

Pablo escribe a Filemón desde la cárcel de Roma y dice que Marcos y Lucas están con él allí en Roma. Luego, esta sería la segunda evidencia de que Marcos estaba en Roma.

Ahora pasemos a analizar la expresión "iglesia de Babilonia": Ni la Babilonia del Éufrates que estaba en ruinas ni la de Egipto podían ser. Es necesario en este punto ver otros pasajes de las Escrituras como Apocalipsis 14:8, 16,19; 17,15; 18,2 etc., que identifican a Babilonia con la Roma pagana. También tenemos literatura extra-bíblica, como el Cuarto Libro de Esdras, los Oráculos Sibilinos o el Apocalipsis de Baruc que hablan de Roma como Babilonia.

Además, tenemos otra evidencia bíblica importante y es la siguiente:

Les escribo estas palabras por medio de Silvano, a quien considero un hermano fiel, para exhortarlos y atestiguar que esta es la verdadera gracia de Dios: permanezcan adheridos a ella. **1 Pedro 5,12**

¿Quién es este tal Silvano? Es Silvano o Silas, la misma persona de la que se nos habla en varios lugares de las Escrituras del NT, pero existe un pasaje en particular bastante esclarecedor:

Pero Pablo respondió a los inspectores: «Ellos nos hicieron azotar públicamente sin juicio previo, a nosotros que somos ciudadanos romanos, y nos pusieron en la cárcel. ¡Y ahora nos quieren hacer salir a escondidas! ¡De ninguna manera! Que vengan ellos en persona a dejarnos en libertad». 38 Los inspectores repitieron estas palabras a los magistrados; estos, al enterarse de que eran ciudadanos romanos, se asustaron 39 y fueron a tratar amigablemente con ellos. Luego los pusieron en libertad y los invitaron a alejarse de la ciudad. 40 Cuando salieron de la prisión, Pablo y Silas fueron a la casa de Lidia, donde volvieron a ver a los hermanos y los exhortaron. Después partieron. **Hechos 16,37-40**

Ahí afirma San Pablo que tanto él como Silas, eran "ciudadanos romanos", es decir, tenían la ciudadanía de Roma. Por tanto, es lógico pensar que pudiera encontrarse en Roma cuando Pedro escribió la carta. Por tanto, esto puede constituir un pasaje importante para demostrar la estadía del apóstol en Roma.

Pero fuera de la Escritura, ¿tenemos textos que digan que San Pedro estuvo en Roma? Claro que sí. Daremos algunas referencias: San Ireneo en "Contra las Herejías" 3,1,1; Eusebio, "Historia de la Iglesia", 2,14,6. Quizás uno de los testimonios más antiguos lo tengamos en la carta a los Romanos de San Ignacio de Antioquía, capítulo IV: *"No os mando nada, cosa que hicieron Pedro y Pablo. Ellos eran apóstoles, yo soy un reo; ellos eran libres, pero yo soy un esclavo en este mismo momento. Con todo, cuando sufra, entonces seré un hombre libre de Jesucristo y seré levantado libre en Él. Ahora estoy aprendiendo en mis cadenas a descartar toda clase de deseo".*

Así que en el año 106 d.C. se afirma que Pedro y Pablo mandaban cosas a los cristianos de Roma, esto es, Pedro estuvo allí dirigiéndoles. También tenemos textos que indican que San Pedro murió cabeza abajo: Orígenes, Comentario al libro del Génesis III; Tertuliano, De praescriptione haereticorum XXXVI/1, San Pedro de

Alejandría, Penitencia o Carta Canónica, canon 9.

En cuanto a la arqueología, como dice el Padre Jorge Loring en sus conferencias, es necesario acudir a la arqueóloga Margarita Guarducci que es una autoridad mundial en epigrafía griega. Ella concluyó que los grafitis encontrados en la tumba del Vaticano son de cristianos y que hablaban de San Pedro y de las llaves.[46]

El profesor Venerando Correnti, catedrático de antropología, estudió los huesos encontrados y llegó a la conclusión de que se trataban de los huesos de un hombre del siglo I y que murió de edad avanzada, con complexión robusta, lo cual encajaría muy bien con San Pedro ya que era pescador.

Por tanto, tenemos dos expertos en materia que confirman que la tumba de San Pedro está en el Vaticano. Esto constituye una prueba más de la estancia de San Pedro en Roma.

OBJECCIONES AL PRIMADO DE PEDRO

Creo que este tema es muy importante, ya que todos los hermanos no católicos en algún momento ponen objeciones bíblicas al primado petrino. De esta manera desean demostrar que ellos tienen razón y que Pedro no fue Papa y todo es un invento de la Iglesia Católica. Las objeciones que aquí voy a analizar son comunes a todas las sectas. He intentado recopilar todas las que durante más de nueve años que llevo haciendo apologética se me han presentado en algún momento.

Pienso que el tema de la autoridad petrina es un tema principal en la apologética católica para dejar sentadas las bases de nuestra doctrina, pues todo lo demás viene como complemento a haber aceptado dicha autoridad. Es por eso que me he decidido a escribir esta parte, para que pueda servir también de ayuda a todo el que quiera conocer mejor la fe católica y que no existe contradicción alguna entre lo que enseña la Escritura y el primado petrino.

Como veremos en breve, todas las objeciones presentadas son o bien malas interpretaciones, citas sacadas de contexto para buscar un pretexto, o confusión de términos.

---

46   http://es.catholic.net/op/articulos/29872/cat/872/la-tumba-de-san-pedro-en-el-vaticano.html

Objeción 1: En Mateo 16:18 la roca es la confesión de Pedro y no Pedro como persona.

Respuesta:

Si esto es así, entonces también se debe aplicar a otras personas que han confesado lo mismo que San Pedro:

Natanael exclamó: "¡Rabí, tú eres el Hijo de Dios! ¡Tú eres el Rey de Israel!" **Juan 1,49**

La confesión de Natanael no es diferente a la confesión de Pedro. Sin embargo, en ningún momento Cristo le dijo nada de ser la roca:

Le contestó Jesús: - ¿Crees porque te dije: "Te vi debajo de la higuera"? Cosas mayores que estas verás. **Juan 1, 50**

Esa fue la respuesta de Jesús. Para nada se parece a la que le dio a Pedro en Mateo 16:18-19.

Le dijo: - Sí, Señor; yo he creído que tú eres el Cristo, el Hijo de Dios. **Juan 11, 27**

Nuevamente encontramos la confesión de fe de María Magdalena, que coincide con la de Pedro, y nuevamente no vemos que Jesús diga que ella es la roca, ni su fe es la roca. Luego, esto nos lleva a concluir que la interpretación protestante es errónea.

Pero en las Escrituras no solamente Natanael y María Magdalena declaran que Cristo es Hijo de Dios, también los demonios:

Cuando llegó a la otra orilla, a la tierra de los gadarenos, vinieron a su encuentro dos endemoniados que salían de los sepulcros, feroces en gran manera, tanto que nadie podía pasar por aquel camino. Y clamaron diciendo: ¿Qué tienes con nosotros, Jesús, Hijo de Dios? ¿Has venido acá para atormentarnos antes de tiempo? **Marcos 3,11**

Y los espíritus inmundos, al verle, se postraban delante de él, y daban voces, diciendo: Tú eres el Hijo de Dios. **Mt 8, 28-29**

Cuando vio, pues, a Jesús de lejos, corrió, y se arrodilló ante él. Y clamando a gran voz, dijo: ¿Qué tienes conmigo, Jesús, Hijo del Dios Altísimo? Te conjuro por Dios que no me atormentes. Porque le decía: Sal de este hombre, espíritu inmundo. **Marcos 5, 6-8**

Si el declarar que Cristo es Hijo de Dios es la roca, entonces la declaración realizada por los demonios ha de ser también la roca. Pero no creemos que esto piensen los protestantes, ¿verdad? Luego, queda claro que declarar a Cristo como Hijo de Dios no es "la roca" sino que la roca en Mateo 16:18 es la fe y la persona de Pedro ambas unidas.

Objeción 2: La Roca en Mt 16:18 es Cristo pues se refería a él mismo no a Pedro.

Respuesta:

Bueno, esta interpretación, además de ser anti-bíblica, que luego probaremos porqué, también está mal lingüísticamente pues rompe el orden semántico.

Veamos un ejemplo similar: "Yo tengo un libro y un cuaderno y este es rojo". ¿Cuál es rojo? El cuaderno ya que es el sustantivo que más cerca está de la palabra "este". Dicho de otra forma: "este" se refiere solamente al cuaderno y no al libro.

Aplicando entonces la gramática, encontramos que cuando dice "sobre esta piedra" se refiere al nombre anterior más cercano, y ese es Pedro, no Cristo.

En segundo lugar, si vamos al griego nos encontramos con ἐπὶ ταύτῃ τῇ (epi taute te) que se traduce de manera literal como "esta misma". Por lo tanto, lo que se está diciendo en Mateo 16:15-19 es "sobre esta misma piedra". Esto deja muy claro que se refiere a Pedro pues la palabra misma le designa exclusivamente a él y no hay opción de duda. Veamos dónde en la Escritura encontramos esto:

Por tanto, como en todo abundáis, en fe, en palabra, en ciencia, en toda solicitud, y en vuestro amor para con nosotros, abundad también en esta gracia. **2 Corintios 8,7**

Con esta confianza quise ir primero a vosotros, para que tuvieseis una segunda gracia, **2 Corintios 1,15**

Cada uno en el estado en que fue llamado, en él se quede **1 Corintios 7,20**

Y de allí a Filipos, que es la primera ciudad de la provincia de Macedonia, y una colonia; y estuvimos en aquella ciudad algunos días. **Hechos 16,12**

Lo que hablo, no lo hablo según el Señor, sino como en locura, con esta confianza de gloriarme. **2 Corintios 11,17**

En todos estos casos se usa *tautee47* que significa *esta misma*, nadie duda de que es la anterior, esta misma confianza, esta misma ciudad, este mismo estado. No se habla nunca de dos diferentes. Luego, en Mateo 16 no puede haber dos piedras diferentes, la expresión *tautee* no lo permite.

Objeción 3: La roca o piedra en la Biblia es Cristo siempre, así lo vemos en:

Y todos bebieron la misma bebida espiritual, puesto que bebían de una piedra espiritual que les iba siguiendo, y la piedra era Cristo. **1 Corintios 10,4**

Respuesta:

Aquí se están confundiendo varias metáforas pues se está mezclando textos. Para empezar se cita 1 Corintios 10:4 que habla de la bebida espiritual y de una piedra que era Cristo. Esto está aludiendo a lo que hicieron los padres del AT en el libro del Éxodo:

Ve, porque yo estaré delante de ti, allá sobre la roca, en Horeb. Tú golpearás la roca, y de ella brotará agua para que beba el pueblo". Así lo hizo Moisés, a la vista de los ancianos de Israel. **Éxodo 17,6**

Lo cual es una prefiguración que existe en el A.T. sobre la sangre de Cristo que será derramada en el N.T. Lo mismo paso con el Maná, que es una prefiguración del cuerpo de Cristo como claramente se indica acá:

Les aseguro que no es Moisés el que les dio el pan del cielo; mi Padre les da el verdadero pan del cielo; 33 porque el pan de Dios es el que desciende del cielo y da Vida al mundo. **Juan 6,32-33**

Esta es la comida que comían y la sangre de Cristo la bebida que bebían. Por eso se le llama roca, para hacer una comparación con la roca golpeada por Moisés. Lamentablemente los hermanos separados no se dan cuenta de esto y mezclan y confunden todo.

---

47 http://biblehub.com/interlinear/matthew/16-18.htm

Aquí no se habla de la roca sobre la que se edificará la Iglesia, se habla de la bebida espiritual, sangre derramada, Eucaristía.

Cristo edificó su Iglesia sobre San Pedro, como roca, lo cual no está en oposición a que Cristo sea la Roca principal:

Acercándoos a él, piedra viva, desechada por los hombres, pero elegida, preciosa ante Dios, también vosotros, cual piedras vivas, entrad en la construcción de un edificio espiritual, para un sacerdocio santo, para ofrecer sacrificios espirituales agradables Dios por mediación de Jesucristo. **1 Pedro 2, 4-5**

Ciertamente la Biblia dice que Dios es nuestra roca (Salmo 31:3,2Samuel 22:2,2Samuel 22:32, Deuteronomio 32:4 etc) pero eso no significa que el título de roca sea exclusivo de Dios o de Cristo pues ya hemos visto que en 1 Pe 2:4-5 se usa el nombre de piedra para los seguidores de Cristo y en Isaías 51:1-2 se llama a Abraham "roca de la que fuisteis tallados". Incluso los doce apóstoles son llamados cimientos de la Jerusalén celestial (Apoc 21:14). Suele pasar muchas veces que los protestantes creen que un título como "piedra o roca" es exclusivo de Cristo y luego las Escrituras confirman otra cosa pues no se dan cuenta que muchos nombres que se le dan a Cristo, él los comparte con su Iglesia:

Jesús les habló otra vez diciendo: "Yo soy la luz del mundo; el que me siga no caminará en la oscuridad, sino que tendrá la luz de la vida". **Juan 8, 12**

Vosotros sois la luz del mundo. No puede ocultarse una ciudad situada en la cima de un monte. **Mateo 5, 14**

El Señor es mi pastor; nada me faltará. **Salmo 23,1**

Y levantaré sobre ellas a un pastor, y él las apacentará; a mi siervo David, él las apacentará, y él les será por pastor. **Ezequiel 34:23**

Valgan estos ejemplos para demostrar que el Señor es pastor, pero también lo fue David; Cristo es Luz, pero también nosotros lo somos. De la misma forma, aunque Dios o Cristo sea llamado roca en las Escrituras, eso no significa que Pedro no pueda ser roca pues el mismo Abraham fue llamado así (Isaías 51,1-2).

Objeción 4: En Hechos 4,11 Cristo es la piedra angular, no Pedro.

Respuesta:

Nadie duda de la importancia de Cristo. Él es más importante y superior a Pedro por ser Dios encarnado. Ahora bien, una cosa es decir "piedra angular" y otra muy diferente es "piedra sobre la que se edifica", ambas expresiones no tienen nada que ver.

La expresión "piedra angular" en griego es kephalé, que se traduce como "cabeza". Por tanto, la expresión de manera literal sería "cabeza de ángulo". Es un título único y exclusivo de Cristo y lo vemos usado en diferentes pasajes del AT:

La piedra que desecharon los edificadores ha venido a ser cabeza del ángulo. **Salmo 118,22**

La piedra desechada será la que se usará para luego medir a todos, es decir, todos debemos de imitar a Cristo.

Esto implica que es una misión y ministerio diferente al de ser piedra sobre la que se edifica la Iglesia. Son términos distintos y denotan funciones diferentes, como ya hemos visto. En arquitectura, piedra angular es aquella que sostiene a las demás piedras del edificio, y estas otras deben disponerse de forma tal que tengan a la angular por referencia. Es decir, piedra angular es lo mismo que piedra central o piedra referente, mientras que San Pedro nunca ha sido llamado así, él es la piedra base sobre la que se edifica el edificio, no la piedra central del mismo. Nuevamente vemos que los protestantes se lían con las metáforas.

El mismo profeta Isaías nos dice lo siguiente:

Por tanto, Yahvé el Señor dice así: He aquí que yo he puesto en Sion por fundamento una piedra, piedra probada, angular, preciosa, de cimiento estable; el que creyere, no se apresure. **Isaías 28,16**

La piedra probada, angular y preciosa tiene cimiento estable. Por tanto, no es lo mismo cimiento que piedra angular. En este sentido, Pedro sería la piedra cimiento de la Iglesia y Cristo la piedra preciosa, probada, angular de la Iglesia.

Objeción 5: *Petros* significa "piedrecita" que es Pedro, y Petra "piedra grande" o "roca."

Respuesta:

Es falso afirmar que "petros" significa piedrecita, y "petra" significa piedra grande. Es cierto, "petra" es roca, pedrusco, pero no es cierto que "petros" sea piedrecita. No hay diccionarios griegos que traduzcan así la palaba "petros", todos dicen que es el masculino de "petra" ya que en griego sí hay género. En el griego para piedra pequeña se usa la palabra "lithos"48 que significa piedrecita, piedra:

Y le dijo: - Si eres Hijo de Dios, tírate abajo, pues escrito está: "A sus ángeles mandará acerca de ti, y en sus manos te sostendrán, para que no tropieces con tu pie en piedra λίθος(lithos)". **Mateo 4,6**

Tenemos otros textos donde podemos ver el uso de piedra y roca:

El que caiga sobre esta piedra λίθος(lithos) será quebrantado, y sobre quien ella caiga será desmenuzado. **Mateo 21, 44**

Sobre piedra λίθος(lithos) que no sea derribada. **Matea 24, 2**

Veamos ahora casos donde se usa "petra":

Y lo puso en su sepulcro nuevo, que había labrado en la peña (πέτρα petra) y rodaron una roca λίθος(lithos) a la entrada del sepulcro y se fue. **Mateo 27, 60**

He aquí pongo en Sion piedra (lithos) de tropiezo y roca(petra) de caída; y el que creyere en él, no será avergonzado. **Romanos 9,33**

Este versículo es importante porque vemos que aquí Cristo es llamado "lithos" y también "petra" indistintamente pese a que uno significa pequeño y el otro grande.

Y los reyes de la tierra, y los grandes, los ricos, los capitanes, los poderosos, y todo siervo y todo libre, se escondieron en las cuevas y entre las peñas (petras) de los montes; **Apocalipsis 6,15**

En este otro versículo vemos claramente que petra significa peña, gran roca.

---

48 http://biblehub.com/greek/3037.htm

Es claro que en el NT hay diferencia entre "lithos" y "petra", y Mateo conocía la diferencia pues las ha usado en diferentes casos. El uso de "petros" y "petras" no debe sorprendernos pues como hemos indicado antes es de género. Lo mismo pasa en Efesios 5:27 con *hagia*, y en 1Pe 1,15 con *hagios,* en un caso habla de Iglesia Santa, en femenino y en otro habla de Santos, en masculino, también podemos ver cómo *país,* significa siervo, esclavo en Lucas 7,7 y *paidiski* en Mateo 26,69 que es esclava, criada, sierva (ver Gal 4:22-23). Como vemos, existen en el griego términos diferentes para el masculino y el femenino que son las declinaciones. Por ello no podemos decir que "petros" es una palabra diferente a "petra" y su significado es piedra pequeña pues es erróneo, es simplemente el masculino de petra.

Objeción 6: Pedro es solo el apóstol que predicaba a los judíos, no a los gentiles.

Pero el Señor me dijo: Ve, porque yo te tengo que enviar lejos, a los gentiles. **Hechos, 22, 17-21**

Pues de la misma manera que Dios hizo de Pedro el apóstol de los judíos, hizo también de mí el apóstol de los paganos. **Gálatas 2, 8**

Luego, Pedro no puede el Papa de todos.

Respuesta:

Este argumento es muy flojo ya que no se trata de impedir que uno u el otro convirtieran a judíos o gentiles indiferentemente, lo que estaban haciendo es indicando los sectores de trabajo, para predicar la palabra de Dios. De esta manera se lograría evangelizar más rápidamente. Es una división de trabajo, no un impedimento del mismo.

Y vemos cómo Pedro sí se dirigió a los gentiles:

Dios le dio a Pedro la visión de que todos los alimentos son limpios, un tema que tenía que ver específicamente con los gentiles en relación con la ley judía (Hch 10, 9-16).

Pedro visitó a Cornelio. Esto era voluntad de Dios ya que Cornelio, un gentil, fue informado por un ángel de que debía ir a Pedro y el apóstol le dice cuando le ve:

En verdad comprendo que Dios no hace acepción de personas, 35 sino que en toda nación se agrada del que le teme y hace justicia. **Hechos 10,34-35**

Esto demuestra que no solamente estaba en los planes de Dios que Pedro se dedicara a los judíos sino también a los paganos o gentiles. El Espíritu Santo luego cayó sobre estos hombres y Pedro los bautizó (Hch 10, 44-48).

Un capítulo entero dedicado a él. Sin embargo, los protestantes afirman que Pedro fue a predicar solo a los Judíos. Toda una posición extraña y contraria a la Escritura.

Incluso en el Concilio de Jerusalén dice:

Hermanos, vosotros sabéis que en los primeros días Dios escogió de entre vosotros que por mi boca los gentiles oyeran la palabra del Evangelio y creyesen. **Hechos 15,7**

Entonces, según la Escritura, los gentiles escucharon el Evangelio por boca de Pedro, así que no solamente fueron los judíos.

Objeción 7: Pablo reprendió a Pedro en Antioquía (Gal 2.11-15). Por tanto, Pedro no tenía autoridad sobre Pablo.

Respuesta:

Es frecuente citar este pasaje para desacreditar la autoridad papal. Sin embargo, aquí el error de Pedro no fue doctrinal sino simplemente de disciplina, o sea, del modo de actuar. Todo el mundo sabe que está permitido que un inferior reprenda a un superior cuando la caridad así lo exige. Así lo hicieron santos como Santa Catalina de Siena, San Francisco o San Ireneo e incluso San Bernardo. Hay, entonces, varios casos en la historia de la Iglesia que demuestran que sí se puede reprender a un superior y esto en nada compromete la autoridad del mismo, ni pone al inferior por encima del superior.

Pablo reprende a San Pedro por hacer prácticas hipócritas o por no tener sinceridad, no por predicar herejías.

Pues antes de venir algunos de los de Santiago, comía con los gentiles; pero en cuanto aquéllos llegaron, se retraía y apartaba, por miedo a los de la circuncisión. **Gal 2, 12**

Y consintieron con él en la misma simulación los otros judíos, tanto, que hasta Bernabé se dejó arrastrar a su simulación. **Gálatas 2,13**

Pero cuando yo vi que no caminaban rectamente según la verdad del Evangelio, dije a Cefas delante de todos: Si tú, siendo judío, vives como gentil y no como judío, ¿por qué obligas a los gentiles a judaizar? **Gálatas 2,14**

Pablo no habla de ninguna doctrina errónea. Es más, usa la palabra συνυποκρίνομαι (sunupokrinomai),49 que da la idea de un acto fingido, hipócrita, pero no de una doctrina errónea. Esta palabra sunipokrinomai tiene relación con la palabra griega hypókrisis que se traduce como "hipocresía" en la en Mt 23:28; Mc 12:15 y Lc 12, 1. Esto es lo que Pablo reprende a Pedro, su actitud hipócrita.

Versión Reina Valera 1989:

Pero cuando Pedro vino a Antioquía, lo reprendí cara a cara, porque era de condenar. **Gálatas 2, 11**

Versión Nácar Colunga:

Pero cuando Cefas fue a Antioquía, en su misma cara le resistí, porque se había hecho reprensible. **Gálatas 2,11**

La Traducción protestante de la Reina Valera modifica el texto para hacer ver al lector que Pedro fue reprendido cuando en realidad fue resistido como bien indica la Biblia Católica Nácar Colunga. Y es que la palabra griega usada en Gálatas 2:11 para resistir es αντεστην (anthistēmi)50. Esta palabra no se traduce como reprender o regañar a alguien. Esa palabra es usada en Romanos 9:19 y se traduce como "resistir su voluntad", "resiste a Dios" en Romanos 13:2, también en 1 Pe 5:9: "Resistid firmes en la fe".

Si San Pablo hubiera querido corregir a San Pedro su error doctrinal entonces hubiera usado la palabra ἐλέγχω (elegcho)51 que ya en la Escritura se usa para corregir errores doctrinales (Mateo 18:15,Lucas 3:19, Efesios 5:11 etc.).

Resumiendo:

- El error de San Pedro fue de comportamiento, por actuar de manera hipócrita, no fue un error doctrinal de predicación ni nada

---

49 http://biblehub.com/greek/4942.htm
50 http://biblehub.com/greek/436.htm
51 http://biblehub.com/greek/1651.htm

por el estilo.

- San Pablo no cuestiona la autoridad de San Pedro, no se revela, simplemente le da un toque de atención para que cumpla sus funciones adecuadamente.

- Ha existido a lo largo de la historia de la Iglesia, personas que han corregido a sus superiores, e incluso al Papa de Roma, y esto no merma su autoridad para nada. Pues recordemos que todos podemos caer en pecado y la autoridad de una persona no depende de su pecado como ya hemos demostrado cuando hablábamos de pecadores en una Iglesia infalible y citamos casos de Patriarcas y Reyes del AT y apóstoles del NT.

Objeción 8: En 1 Cor 3:11 dice: "Nadie puede poner otro fundamento". Por tanto Pedro no puede ser fundamento.

Respuesta:

En general suelen unir 1 Cor 3:11 con Apoc 21:14 para indicar que Pedro es un fundamento más y no el fundamento de la Iglesia. También a veces citan Efesios 2:19-20.

Vamos a dejar claro que todos los apóstoles son cimientos de la Iglesia junto con Cristo que también es fundamento y, como no puede existir contradicción en la Escritura, Efesios 2:19-20 no puede contradecir 1Cor 3,11. Debemos, por tanto, ver cómo encajar los dos fundamentos. En 1 Cor 3,11 se usa οὐδείς[52] que es una palabra griega formada por **oudes** y **heis**. Esta última palabra, heis es la que se usa para unidad compuesta (Marcos 10,8, Juan 17,21) esto es, una unidad formada por varias personas, grupos, etc. Oudes se usa en griego para negar, así que simplemente es una negación, *ninguno, nada, no,* etc, esta palabra no nos condiciona para nada el argumento, pues se trata de una simple conjunción para negar algo. Entonces lo importante es la "unidad compuesta" eso significa que fuera de esa unidad compuesta no se puede poner otro fundamento, y esa unidad compuesta, está formada por los apóstoles, profetas y Cristo, pues todos ellos enseñaron un mismo Evangelio, una misma doctrina. Es decir, Pedro, y los demás apóstoles son fundamento de la Iglesia en cuanto a su doctrina, son fundamento por participación, por unidad. De esta manera podemos decir que *Pedro no es otro fundamento además del que está*

---

52 http://biblehub.com/greek/3762.htm

puesto, es el mismo, ya que la doctrina de Pedro, era la de Cristo, su predicación era la de Cristo. Nadie acusaría a Pedro de predicar un Evangelio anatema. Luego, debe ser el mismo Evangelio de Jesús. Por tanto, el fundamento de Pedro es el de Cristo ya que ambos predican lo mismo. Es decir, 1 Cor 3,11 dice que nadie puede poner un fundamento fuera del de Cristo, pero ese fundamento de Cristo ya incluye a los apóstoles y profetas (Efesios 2,19-20) y, por ende, incluye a Pedro.

De esta forma podemos decir que Cristo es el fundamento de nuestra fe, de nuestra esperanza, de nuestra caridad, de toda autoridad eclesiástica, de toda doctrina y de toda la Iglesia. El fundamento de Pedro y el de los apóstoles está subordinado al de Cristo.

Encontramos en la Escritura una cita muy parecida a esto de lo que estamos expresando:

Por tanto, Dios el Señor dice así: He aquí que yo he puesto en Sion por fundamento una piedra, piedra probada, angular, preciosa, de cimiento estable; el que creyere, no se apresure. **Isaías 28, 16**

Esa piedra que se pone en Sion por fundamento tiene fundamento o cimiento firme, así que es "fundamento sobre fundamento". Teniendo en cuenta este precedente bíblico, entonces 1 Cor 3,11 no contradice a Efesios 2,19-20 ni tampoco a Mateo 16,18. Sería Pedro el fundamento sobre otro puesto que es Cristo.

Así, a pesar de que es el Buen Pastor, Jesús nos da pastores (Ef 4, 11). Entre ellos y su Majestad hay una diferencia tan grande que él declara a sí mismo como el único pastor (Juan 10, 11; Ez 34, 23).

De la misma manera pese a que Cristo es el único fundamento (1 Cor 3,11) tenemos otros fundamentos: San Pedro como fundamento autoritativo y de gobierno (Mt 16:18, Jn 21:15-19, Lc 22:32); los demás junto con Pedro como fundamento doctrinal (Ef 2:19-20).

Por ello concluye San Francisco de Sales en su obra *"Las Controversias"*:

El pasaje de S. Pablo parece ser entendido no tanto de la persona de los Apóstoles como de su doctrina. Para que no se diga que somos edificados sobre los Apóstoles, sino sobre el fundamento de los Apóstoles, eso es, en la doctrina que se han anunciado. Esto es fácil de ver, ya que no solo se dice que estamos sobre el fundamento de los Apóstoles, sino también de los Profetas, y sabemos bien que los profetas no tienen otra manera de ser cimientos de la Iglesia que por su doctrina.

Y en este asunto todos los apóstoles parecen estar en un nivel, a menos que S. Juan y S. Pablo van primero por la excelencia de su teología. Es entonces en este sentido que todos los apóstoles son cimientos de la Iglesia; pero en autoridad y gobierno (de manera particular), S. Pedro precede a todos los demás tanto como la cabeza sobrepasa los miembros; porque ha sido nombrado pastor ordinario y jefe supremo de la Iglesia (Jn 21:15-19, Mt 16:18), los otros han sido pastores delegados confiados con todo el poder y autoridad sobre todo el resto de la Iglesia como San Pedro, salvo que S. Pedro era la cabeza de todos ellos y su pastor como el de toda la cristiandad.

Así fueron cimientos de la Iglesia igualmente con él en cuanto a la conversión de las almas y en cuanto a la doctrina; pero en cuanto a la autoridad de gobernar, que eran tan desigual, como S. Pedro era la cabeza ordinaria no solo del resto de toda la Iglesia, sino de los Apóstoles. 53

Objeción 9: Encontramos en Hechos 8:14 cómo los Apóstoles envían a Pedro para predicar en Samaria, esto significa que los obispos envían al Papa, ¿cómo puede ser esto posible?, que unos obispos den órdenes al Papa.

Respuesta:

Curioso que se olvide de cómo en el AT al Sumo Sacerdote también se le envía de misión:

Y enviaron los hijos de Israel a los hijos de Rubén y a los hijos de Gad y a la media tribu de Manasés en tierra de Galaad, a Finees hijo del sacerdote Eleazar, y a diez príncipes con él: un príncipe por cada casa paterna de todas las tribus de Israel, cada uno de los cuales era jefe de la casa de sus padres entre los millares de Israel. Los cuales fueron a los hijos de Rubén y a los hijos de Gad y a la media tribu de Manasés, en la tierra de Galaad, y les hablaron diciendo: Toda la congregación de Yahvé dice así: ¿Qué transgresión es esta con que prevaricáis contra el Dios de Israel

---

53 Meditaciones sobre la Iglesia- San Francisco de Sales BAC

para apartaros hoy de seguir a Yahvé edificándoos altar para ser rebeldes contra Yahvé? **Josué 22,13-16**

Finees era Hijo de Eleazar, nieto de Aarón (Ex 6:25) y Sumo Sacerdote (Jue 20:27, 28). Si el Sumo Sacerdote fue enviado para hablar a otras tribus ¿por qué no podía pasar lo mismo con san Pedro?

Tenemos que tomar en cuenta estas ideas:

El que Pedro haya ido a predicar a Samaria no le hace para nada perder su autoridad o jerarquía. Es como si el Papa fuera ahora a predicar a un país solo porque los obispos así se lo sugieren. Él es libre de actuar, cierto que es jefe de la Iglesia pero a la vez él debe someterse a la propia Iglesia de Cristo y al mismo Cristo, y esta misión, al realizarla, es porque la Iglesia estaba naciendo, se necesitaba que todos los apóstoles predicaran y evangelizaran y no quedarse de brazos cruzados. Es por eso que Pedro va a predicar a Samaria. Él acepta la decisión tomada, en ningún momento se dice que se opusiera a ella, con lo cual el que el Obispo de Roma acepte la decisión de otros Obispos es de lo más habitual siempre y cuando no contradiga en nada la doctrina y la moral y este no es caso.

Cuando Pedro y Juan son enviados allí desde Jerusalén se trataba de manifestar la unidad de la Iglesia, se tenía solicitud por declararse solidarios en la doctrina y en la vida, se pretendía perfeccionar lo que habían empezado los mensajeros de la fe. Sin duda Pedro tiene primacía y una especial dignidad en el grupo de los doce. Así lo atestiguan muchos textos. Sin embargo, esta primacía no le otorga una posición desligada de los otros apóstoles. Él, como miembro de los apóstoles, debe trabajar también por y para la Iglesia y ser solidario con ellos. Su oficio y su poder se ejercen en estrecha solidaridad con los demás.

Es digno de notarse que Pedro no se marcha solo, sino que con él también se marcha Juan, y que Juan trabaja juntamente con Pedro en Samaria. No parece que Pedro hubiera tomado a Juan consigo, sino que los dos son enviados por los apóstoles.

Es extraño, muy extraño, el que no se den cuenta de que en la decisión de **Hechos 8,14** tomaron parte Pedro y Juan. Es decir, no se trata de que el resto de apóstoles se reúnan aparte de Pedro y Juan para enviarles a estos sin su consentimiento. No, lo que ocurre es que todos los apóstoles se reúnen y de dicha reunion sale como resultado el que se envíe a Pedro y Juan para encargarse de la situación en Samaria. Es decir, la decisión no se toma a expensas de la opinión de Pedro sino contando con ella. Es más, ese versículo es una muestra más de la importancia del liderazgo de Pedro ya que es él quien va, junto con Juan, para encargarse de la situación nueva que se estaba dando en Samaria.

Curioso que Pedro y Juan vayan a Samaria cuando versículos antes se nos enseña que Felipe ya había estado allí, entonces ¿por qué debían ir ambos de nuevo a Samaria?

Felipe descendió a la ciudad de Samaria y allí predicaba a Cristo. 6 Al oírlo y al ver los milagros que hacía, todos recibían unánimemente las palabras de Felipe. 7 Porque los espíritus impuros, dando grandes gritos, salían de muchos que estaban poseídos, y buen número de paralíticos y lisiados quedaron curados. 8 Y fue grande la alegría de aquella ciudad. **Hechos 8, 5-8**

Felipe fue a predicar a Samaria, allí muchos recibieron la palabra de Dios. Y el Evangelio causó efecto y alegría como bien afirma. **Hechos 8,8**

Desde hacía un tiempo, vivía en esa ciudad un hombre llamado Simón, el cual con sus artes mágicas tenía deslumbrados a los samaritanos y pretendía ser un gran personaje. 10 Todos, desde el más pequeño al más grande, lo seguían y decían: «Este hombre es la Fuerza de Dios, esa que es llamada Grande». 11 Y lo seguían, porque desde hacía tiempo los tenía seducidos con su magia. 12 Pero cuando creyeron a Felipe, que les anunciaba la Buena Noticia del Reino de Dios y el nombre de Jesucristo, todos, hombres y mujeres, se hicieron bautizar. 13 Simón también creyó y, una vez bautizado, no se separaba de Felipe. Al ver los signos y los grandes prodigios que se realizaban, él no salía de su asombro. **Hechos 8, 9-13**

Simón, el mago, mediante sus artes mágicas tenía engañados a los samaritanos. Pero cuando vio a Felipe, él se asombraba de los prodigios que Felipe realizaba. Observemos que dice que todos fueron bautizados incluso Simón. Esto de ser mago fue uno de los motivos que causó más polémica dentro de los Apóstoles.

Cuando los Apóstoles que estaban en Jerusalén oyeron que los samaritanos habían recibido la Palabra de Dios, les enviaron a Pedro y a Juan. Estos, al llegar, oraron por ellos para que recibieran el Espíritu Santo. Porque todavía no había descendido sobre ninguno de ellos, sino que solamente estaban bautizados en el nombre del Señor Jesús. Entonces les impusieron las manos y recibieron el Espíritu Santo. **Hechos 8,14-16**

Todos los Apóstoles se encontraban entonces en Jerusalén. Los Apóstoles enviaron a Pedro y a Juan. No debe resultar raro ver al líder de la Iglesia trabajando por ella. La autoridad no quita el trabajo. Al contrario: un buen líder es ejemplo a seguir.

Por otro lado, tenemos que ellos ya habían sido bautizados por Felipe, pero necesitaban recibir el Espíritu Santo y esto es lo que San Pedro les otorgará. Por tanto, esta cita deja ver una diferencia entre bautizarse y una transmisión especial del Espíritu Santo que la Iglesia llamará confirmación. Esta transmisión del Espíritu Santo se da como en nuestros tiempos: la confiere el Obispo. En este caso el de más autoridad, que era San Pedro, fue el que la dio. Por tanto, en dicho pasaje podemos ver la autoridad petrina y una evidencia bíblica del sacramento de la confirmación.

El mismo Apóstol Pedro decide ir libremente a Samaria ya que el texto es claro *"los Apóstoles oyeron que los samaritanos tenían la Palabra de Dios y ellos (los Apóstoles incluidos Pedro y Juan) mandaron a estos a Samaria".* Esa decisión fue tomada en consejo, es decir, como las decisiones que se toman en un Concilio, en las que, además del Papa, todos los demás Obispos participan.

Esto fue lo que hicieron los Apóstoles: se reunieron todos, incluido Pedro, en un consejo (Is 16:3), él, como líder de los Apóstoles, muy sabio (Prov 12:15), supo aceptar el consejo que salió de dicha reunión, le pareció correcto, y colaboró solidariamente con el resto de los Apóstoles para ir a Samaria pues él intuía que algo podría pasar en Samaria. ¿No es esto lo que hace el Papa cuando se reúne con el resto de los Obispos? Recordemos, el Papa también es Obispo de Roma y a su vez líder de la Iglesia, pero eso no significa que no tenga que evangelizar ni colaborar con ella.

LOS TÍTULOS DEL PAPA

En el Catecismo podemos encontrar los principales títulos del Papa:

882 El Sumo Pontífice, obispo de Roma y sucesor de san Pedro, "es el principio y fundamento perpetuo y visible de unidad, tanto de los obispos como de la muchedumbre de los fieles "(LG 23)."El Pontífice Romano, en efecto, tiene en la Iglesia, en virtud de su función de Vicario de Cristo y Pastor de toda la Iglesia, la potestad plena, suprema y universal, que puede ejercer siempre con entera libertad" (LG 22; cf. CD 2. 9).

Vamos entonces a explicar qué es Vicario de Cristo, Papa y Sumo Pontífice:

Vicario de Cristo

El ser substituto o ministro de Cristo, es una tarea de hombres tal y como enseña Pablo:

De ser para los gentiles ministro de Cristo Jesús, ejerciendo el sagrado oficio del Evangelio de Dios, para que la oblación de los gentiles sea agradable, santificada por el Espíritu Santo. **Romanos 15,16**

Esta cita es realmente importante y reveladora puesto que aquí claramente se ve que el oficio del Evangelio de Dios no lo desarrolla la Tercera persona de la Santísima Trinidad, sino que esta santifica. Aquí Pablo se autoproclama ministro de Cristo para los gentiles. En cierta forma podemos verlo como un sustituto que hace la función de Cristo, anunciar la buena nueva, y se denota la diferencia entre ministro y santificador.

Nosotros, en cambio, debemos dar gracias en todo tiempo a Dios por vosotros, hermanos, amados del Señor, porque Dios os ha escogido desde el principio para la salvación mediante la acción santificadora del Espíritu y la fe en la verdad. **2Tes 2,13**

Vemos cómo la acción que desarrolla el Espíritu Santo es de santificación, una función diferente al pastoreo y prédica del Evangelio.

¿Representa esta palabra algún tipo de blasfemia por referirse con ella a los discípulos de Jesús? Nuevamente, absolutamente NO, ya que este es el tipo de lenguaje que utilizaba Jesús en referencia a sus discípulos. La definición de la palabra discípulo en sí no es tan distinta de la definición de vicario:

El que os recibe a vosotros, a mí me recibe, y el que me recibe a mí, recibe al que me envió. **Mateo 10,40**

Recibir a ellos es recibir a Cristo. Es como si recibieran su misma función, fueran sus substitutos.

Yo te daré las llaves del reino de los cielos, y cuanto atares en la tierra será atado en los cielos, y cuanto desatares en la tierra será desatado en los cielos. **Mateo 16,19**

Le da el poder a Pedro de atar y desatar. Cristo pasa ese poder a Pedro. Con lo cual este tiene el poder que Cristo le dio para sustituirlo aquí en la Tierra.

Cuanto atareis en la tierra será atado en el cielo, y cuanto desatareis en la tierra será desatado en el cielo. **Mateo 18,18**

Atar y desatar a todos los discípulos, pero no al Espíritu Santo.

A quien perdonareis los pecados, les serán perdonados; a quienes se los retuviereis, les serán retenidos. **Juan 20,23**

Cristo perdona los pecados a través de ellos.

Es decir, el vicario es un instrumento que Dios usa en la Tierra para diferentes funciones: predicar el Evangelio, perdonar pecados. Son ministros de Cristo, y son seres humanos, hombres que él eligió para hacer las veces de él en la Tierra. Cristo también nos enseñó que los hombres podían hacer sus funciones, es decir, que es como si él estuviera en la Tierra:

Quien a vosotros os escucha, a mí me escucha; y quien a vosotros os rechaza, a mí me rechaza; y quien me rechaza a mí, rechaza al que me ha enviado. **Lucas 10,16**

A través de hombres que hablan en su nombre, que nos dan a conocer las verdades, es que le escuchamos, es decir, a través de instrumentos Dios da a conocer la Sabiduría (Efesios 3:10). Estos instrumentos, son sus representantes ante el resto de hombres, los cuales transmiten el mensaje, y el representante, no es ni más ni menos que un vicario.

Jesús incluso va más lejos, extendiendo su representación de Sí mismo a los niños y virtualmente a cualquier ser humano:

Quien recibe a uno de estos niños en mi nombre, a mí me recibe, y quien me recibe a mí, no es a mí a quien recibe, sino al que me ha enviado. **Marcos 9,37**

Y les dijo: El que recibiere a este niño en mi nombre, a mí me recibe, y el que me recibe a mí, recibe al que me envió; y el menor de entre todos vosotros, ése será el más grande. **Lucas 9,48**

Recibir a un niño es recibirle a él, es decir el niño hace las veces de Cristo.

Entonces, observamos ejemplos de identificación sustancial con Jesús, así como el término "Cuerpo de Cristo" para la Iglesia, o San Pablo participando de las aflicciones de Cristo (Colosenses 2:8; comparar con 2 Corintios 1:5-7; 4:10; 11:23-30; Gálatas 6:17), o nuestro "sufrimiento con Cristo" (Romanos 8:17; 1 Corintios 15:31; 2 Corintios 6:9; Gálatas 2:20; Filipenses 3:10; 1 Pedro 4:1,13).

En todos estos casos la Escritura se refiere a algo muy similar a vicario. De esta manera podemos decir que el Papa representa a Cristo en el mundo de una manera visible, siendo la cabeza visible de su Iglesia, y que los obispos también son vicarios de Cristo tal y como lo enseñan los numerales 1560-1561 del Catecismo de la Iglesia Católica. Nosotros entendemos como vicario a "una persona que tiene las veces de, que tiene el poder y facultades de otra persona o que la sustituye".

Este concepto lo entendía muy bien San Ignacio de Antioquía:

Dado que por lo tanto tengo, en la persona antes mencionada, vio toda la gente de ustedes en la fe y amor, os exhorto a estudiar para hacer todas las cosas con una armonía divina, mientras el obispo preside en el lugar de Dios, y sus presbíteros en el lugar de la asamblea de los apóstoles, junto con sus diáconos, que son más querido para mí, y se les ha confiado el ministerio de Jesucristo, que estaba con el Padre antes del comienzo del tiempo. (**Epístola a los Magnesios, capítulo VI, 110 d.C.**) 54

Desde este punto de vista, la expresión "preside en el lugar de Dios" es similar a ser su vicario, pues lo está substituyendo. Pero el obispo de Antioquía no se estaba apartando para nada de las Escrituras, pues podemos mencionar dos maneras de encontrar el vicariato en ellas:

a) Como administradores de Dios:

Así, pues, ténganos los hombres por servidores de Cristo, y administradores de los misterios de Dios. **1 Corintios 4,1**

---

54 http://www.eltestigofiel.org/index.php?idu=pa_o12713

Porque es necesario que el obispo sea irreprensible, como administrador de Dios; no soberbio, no iracundo, no dado al vino, no pendenciero, no codicioso de ganancias deshonestas. **Tito 1,7**

Cada uno según el don que ha recibido, minístrelo a los otros, como buenos administradores de la multiforme gracia de Dios. **1 Pedro 4,10**

Un administrador es un encargado de las cosas de otro, es, en definitiva, un sustituto o vicario de otro, de esta manera Tito 1:7 nos dice que el obispo es administrador de Dios, que viene a ser similar a decir que es vicario de él. Por tanto, no debemos asustarnos porque en la Iglesia digamos el Papa es Vicario de Cristo, no significa que quiera quitarle su puesto o su sitio, simplemente significa que le representa y se encarga de sus cosas aquí en la Tierra, es el máximo encargado, el mayordomo del Reino, el administrador de sus misterios y de su gracia.

b) Actuar en la persona de Cristo:

Y al que vosotros perdonareis, yo también: porque también yo lo que he perdonado, si algo he perdonado, por vosotros lo he hecho en persona de Cristo. **2 Corintios 2,10**

De esta manera San Pablo perdona a un miembro de la Iglesia de Corintio en la persona de Cristo, es decir, en su lugar, como su representante, como vicario de él puede perdonarlo. Esta es una nueva evidencia clara del vicariato en las Escrituras. Recordemos que en Juan 21:15-19 Cristo manda apacentar y pastorear sus ovejas a San Pedro. Las ovejas no eran de Pedro, eran de Cristo, pero nuestro Señor le pone como pastor de ellas. De esta forma le cede su rebaño y le nombra el pastor de las ovejas que antes se había nombrado él mismo en Juan 10. Luego, de esta manera vino a ser el subtítulo de Cristo en la Tierra, su representante.

Santo Padre

Otro de los títulos dados al Papa es el de Santo Padre. Este título no usurpa para nada los títulos mesiánicos, o a Cristo, o a Dios Padre. Se le llama así para denotar dos cosas: Su Santidad y, en segundo lugar, que es nuestro Padre Espiritual. Analizaremos ambas cosas:

Porque Herodes temía a Juan, sabiendo que era varón justo y santo, y le guardaba a salvo; y oyéndole, se quedaba muy perplejo, pero le escuchaba de buena gana. **Marcos 6,20**

Se llama a Juan el bautista varón justo y santo.

Por tanto, hermanos santos, participantes del llamamiento celestial, considerad al apóstol y Sumo Sacerdote de nuestra profesión, Cristo Jesús. **Hebreos 3,1**

Todos los santos os saludan, y especialmente los de la casa de César. **Filipenses 4,22**

Pablo, apóstol de Jesucristo por la voluntad de Dios, a los santos y fieles en Cristo Jesús que están en Éfeso: **Efesios 1,1**

Así que a los cristianos hebreos, a los de Filipos y a los de Éfeso, San Pablo les llama Santos. Y esto es porque no existe ningún problema en llamar a otra persona Santa, o Su Santidad, pues el fin que perseguimos todos los cristianos es la santidad, y si se vive conforme al Evangelio, como vivían estos cristianos, se les puede saludar con el nombre de Santos, pues están en ese proceso de buscar la santidad:

Porque escrito está: Sed santos, porque yo soy santo. **1 Pedro 1,16**

a todos los que estáis en Roma, amados de Dios, llamados a ser santos: Gracia y paz a vosotros, de Dios nuestro Padre y del Señor Jesucristo. **Romanos 1,7**

Estas citas nos muestran el llamado de los cristianos a buscar la santidad. Es por eso que se puede llamar a otro santo, aun cuando todavía este vivo en la Tierra, como se hizo con Juan el Bautista o incluso llama a las mujeres santas el apóstol Pedro en 1 Pe 3:5. Por lógica esto es se puede extender a todos, siendo un pueblo o nación Santa (1 Pe 2:9) con mayor motivo podemos llamarle Santo o Santidad al Obispo de Roma.

La segunda parte del título sería el justificar poder llamar "Padre" al Papa o incluso a los obispos o presbíteros. Esto es un tema que en los grupos protestantes suelen cuestionarnos mucho ya que ellos interpretan de manera literal y fundamentalista este pasaje de las Escrituras:

Y no llaméis padre vuestro a nadie en la tierra; porque uno es vuestro Padre, el que está en los cielos. 10 Ni seáis llamados maestros; porque uno es vuestro Maestro, el Cristo. 11 El que es el mayor de vosotros, sea vuestro siervo. 12 Porque el que se enaltece será humillado, y el que se humilla será enaltecido. **Mateo 23,9-12**

¿Prohíbe Mateo 23:9-12 llamar padre a otro que no sea el Padre Celestial?

Para responder a esta pregunta es necesario entender el contexto en el que se desarrolla el pasaje y la respuesta de Cristo. En el versículo 5 se habla de cómo los fariseos presumen de sus obras para ser vistos por los demás hombres, en los versículos posteriores 6 y 7 habla de que estos mismos fariseos adoran tener el primer puesto y que les llamen Rabí, es algo que les llena de orgullo y satisfacción porque así pueden presumir, a continuación viene el versículo 8-9 donde se les dice que ellos no deben imitar a los fariseos, evitar se les llame Rabí, que se les llame Padre, que se les llame Maestros, etc., para que no presuman como los fariseos, de esta forma el mayor es el siervo, y el versículo clave es el 12 donde dice que el humillado será enaltecido. Así que es un pasaje exclusivamente sobre la humildad, no significa no podamos llamar a otras padres espirituales, sino que no debemos caer en la soberbia, y el fariseísmo de creernos superiores a otros, debemos ser humildes, esta es la clave de todo el pasaje, pero dentro de la humildad se puede reconocer a otro como Padre de la fe, padre espiritual, pedagogo, maestro, etc.

Veamos algunos casos:

Maestros:

Había entonces en la Iglesia que estaba en Antioquía, profetas y maestros: Bernabé, Simón el que se llamaba Niger, Lucio de Cirene, Manaén el que se había criado junto con Herodes el tetrarca, y Saulo. **Hechos 13,1**

¿Son todos apóstoles?, ¿son todos profetas?, ¿todos maestros?, ¿hacen todos milagros? **1 Corintios 12,29**

Al parecer San Pablo y San Lucas reconocen la existencia de maestros en las primeras comunidades cristianas, si no se puede llamar a nadie maestro, estas citas irían entonces en contra de Mateo 23:9-12, Luego, esa cita de Mateo no debe entenderse de un modo literal. Aquí son maestros porque es un don del Espíritu Santo para enseñar a otros, y eso es perfectamente válido.

Padres espirituales:

No reprendas al anciano, sino exhórtale como a padre; a los más jóvenes, como a hermanos. **1Timoteo 5,1**

Os escribo a vosotros, padres, porque conocéis al que es desde el principio. Os escribo a vosotros, jóvenes, porque habéis vencido al maligno. Os escribo a vosotros, hijitos, porque habéis conocido al Padre. **1 Juan 2,13**

Y decís: Si hubiésemos vivido en los días de nuestros padres, no hubiéramos sido sus cómplices en la sangre de los profetas. **Mateo 23,30**

Y padre de la circuncisión, para los que no solamente son de la circuncisión, sino que también siguen las pisadas de la fe que tuvo nuestro padre Abraham antes de ser circuncidado. **Romanos 4,12**

Por tanto, es por fe, para que sea por gracia, a fin de que la promesa sea firme para toda su descendencia; no solamente para la que es de la ley, sino también para la que es de la fe de Abraham, el cual es padre de todos nosotros. **Romanos 4,16**

¿No fue justificado por las obras Abraham nuestro padre, cuando ofreció a su hijo Isaac sobre el altar? **Santiago 2,21**

En todas estas citas se habla de Padres espirituales, nuestro Padre Abraham padre en la fe, los ancianos son tratados como "padres espirituales", los antiguos patriarcas y profetas en Mateo 23,30 a los que escribe el apóstol San Juan en su carta, que son "padres espirituales" de dicha comunidad. Todo esto prueba que no está mal llamar a alguien padre, si se hace en el sentido de que él es quien nos dirige, guía hacia la santidad, en definitiva, es nuestro director y pedagogo, y nosotros somos sus Hijos. Este concepto también lo enseñó San Pablo:

No escribo esto para avergonzaros, sino para amonestaros como a hijos míos amados. 15 Porque aunque tengáis diez mil pedagogos en Cristo, no tendréis muchos padres; pues en Cristo Jesús yo os engendré por medio del Evangelio. **1 Corintios 4,14-15**

La comunidad de Corinto fue fundada por San Pablo, él era su Padre espiritual y su orientador, por ello dice "aunque tienen muchos pedagogos, solo yo os engendré espiritualmente como padre".

A Tito, verdadero hijo en la común fe: Gracia, misericordia y paz, de Dios Padre y del Señor Jesucristo nuestro Salvador. **Tito 1,4**

Si Tito es su hijo en la fe, entonces, San Pablo es su padre espiritual. Nosotros somos hijos en la fe del Santo Padre, por eso le llamamos así.

La palabra "Papa"

Podemos dar dos posibles explicaciones del origen de esta palabra:

1) Que venga del griego πάππας (páppas), se traduciría como "padre" o "papá" y también puede ser entendida como "pastor". El fundamento de "padre" ya lo hemos dado y el fundamento de "pastor" lo encontramos en Juan 21,15-19 donde manda a Pedro a que apaciente y pastoree sus ovejas, así que Cristo le hace pastor supremo de su rebaño. En las catacumbas de San Calixto encontramos por primera vez el uso de esta palabra para referirse al Obispo de Roma.

2) Otra posibilidad es la de *Petri Apostoli Potestatem Accipiens*, que se traduciría como "El que recibe la Potestad del Apóstol Pedro" basado en Mateo 16,15-18 y Lucas 22,32 donde Cristo le da a Pedro las llaves, la potestad de atar y desatar, de confirmar en la fe a los demás hermanos.

Sumo Pontífice

Debemos tener claro que el título Sumo Pontífice no se aplica en las Escrituras de manera exclusiva a Cristo. Dependiendo de la versión de la Biblia que tengamos podemos encontrar el término "Sumo Sacerdote" y otras veces "Pontífice". Por ejemplo, la Biblia Nácar Colunga usa "Pontífice" tanto para Cristo en Hebreos como para los Sumos Sacerdotes Anás y Caifás.

La palabra griega ἀρχιερεύς (archierus)55 es traducida a veces como Sumo Sacerdote y otras como Pontífice, veámoslo:

Reina Valera Antigua (1909):

Por tanto, teniendo un gran Pontífice, que penetró los cielos, Jesús el Hijo de Dios, retengamos nuestra profesión. **Hebreos 4,14**

---

55 http://biblehub.com/greek/749.htm

Biblia Nácar Colunga:

Teniendo, pues, un gran Pontífice que penetró en los cielos, Jesús, el Hijo de Dios, mantengámonos adheridos a la confesión (de nuestra fe). **Hebreos 4,14**

Biblia Nácar Colunga:

Y tal convenía que fuese nuestro Pontífice, santo, inocente, inmaculado, apartado de los pecadores y más alto que los cielos que no necesita, como los pontífices, ofrecer cada día víctimas, primero por sus propios pecados, luego por los del pueblo, pues esto lo hizo una sola vez, ofreciéndose a sí mismo. **Hebreos 7, 26-27**

Biblia Reina Valera Antigua

Y he aquí, uno de los que estaban con Jesús, extendiendo la mano, sacó su espada, e hiriendo a un siervo del pontífice, le quitó la oreja. **Mateo 26,51**

La palabra αρχιερεύς **(archiereus),** es utilizada en la Biblia para referirse a humanos, a hombres, que ejercían ese cargo, como descendencia de Aarón, los Sumos Sacerdotes (Hechos 22,5, Hechos 23,2, Mateo 26,3, Mateo 26,51, Hebreos 7,27) y para Cristo (Hebreos 4,14, Hebreos 7,26) y se traduce como sacerdote o pontífice indistintamente.

La función del Papa es similar a la del Sumo Sacerdote, no es idéntica, es decir, mientras que el Sumo Sacerdote ofrecía los sacrificios a Dios y era el líder de su pueblo, en cuanto a los sacrificios es Cristo el Sumo Sacerdote mientras que en cuanto a ser líder del pueblo o cabeza del pueblo es el Papa. Esta es la similitud con el Sumo Sacerdote e incluso los mismos obispos también lideran las Iglesias locales y por eso en la antigüedad se les llamaba Sumos Sacerdotes.

Clemente Romano, Epístola a los Corintios, LX, 1*: Porque al Sumo Sacerdote se le asignan sus servicios propios, y a los sacerdotes se les asigna su oficio propio, y a los levitas sus propias ministraciones. El lego debe someterse a las ordenanzas para el lego. 56*

---

56 http://www.eltestigofiel.org/index.php?idu=pa_o12709

Este Sumo Sacerdote de la epístola a los corintios del Papa Clemente era el Obispo, ya que en la antigüedad cristiana se les daba este título para asemejarlo al de los judíos del AT si bien no es un Sumo Sacerdote tal y como los del AT sí es similar, pues no ofrece sacrificios nuevos y distintos, pero sí es cabeza de su comunidad y guía de su pueblo como lo era el Sumo Sacerdote en la antigüedad.

La *"Enciclopedia Católica"* nos confirma esto: *Los términos Pontifex Maximus y Summus Pontifex fueron sin duda originalmente utilizados para indicar al Sumo Sacerdote judío, cuyo papel desempeñan los obispos católicos en sus diócesis (I Clemente 40). En cuanto a Pontifex Maximus, sobre todo en su aplicación al papa, hay una cierta reminiscencia de la dignidad que conllevaba ese título en la Roma pagana. Ya se dijo antes que Tertuliano usa ese título en referencia al Papa Calixto y si bien sus palabras están llenas de sarcasmo, ellas mismas nos indican que ya los católicos las utilizaban en referencia al papa.57*

Así que antes de Constantino ya es usado el título de Sumo Pontífice por Tertuliano. Si alguien desea consultar la cita patrística puede hacerlo leyendo Tertuliano, Sobre la Modestia, 1. Incluso en ese mismo texto se emplea la expresión de "obispo de obispos" para referirse al obispo de Roma.

Siervo de siervos

Otro de los títulos del Papa quizás menos conocido pero que es el que suele usar en las bulas papales es el de *Servus servorum Dei* que se traduce como "Siervo de los Siervos de Dios". El primer Papa que uso este título fue el Papa San Gregorio I (590-604 d.C.). Pero podemos preguntarnos: ¿este título viene en la Biblia?, ¿cuál es el fundamento y motivo por el cual el Papa se puso este título? La respuesta como siempre la encontramos en la Escritura:

Entonces se sentó, llamó a los doce y les dijo: —Si alguno quiere ser el primero deberá ser el último de todos y el siervo de todos. **Marcos 9,35**

Y también:

Y el siervo del Señor no debe ser rencilloso, sino amable para con

---

57 http://ec.aciprensa.com/wiki/Papa

todos, apto para enseñar, sufrido. **2 Timoteo 2,24**

En Marcos 9:35 encontramos que el que es el primero, el más grande, debe ser el siervo de los demás. Es por eso que el Papa, como primero de todos los obispos, se hace siervo de ellos y de los demás, y en 2 Timoteo 2:24 vemos que se nos dan las condiciones que debe tener el Siervo del Señor. El título, entonces, podemos decir que emana de ambas citas bíblicas y demuestra la humildad y sencillez que tiene el Obispo de Roma.

La expresión siervos de Dios es muy común en las Sagradas Escrituras para indicar los ministros o aquellos que sirven al Evangelio de Cristo:

Esta, siguiendo a Pablo y a nosotros, gritaba:

¡Estos hombres son siervos de Dios Altísimo! Ellos os anuncian el camino de salvación. **Hechos 16,17**

Pero ahora que habéis sido libertados del pecado y hechos siervos de Dios, tenéis por vuestro fruto la santificación y, como fin, la vida eterna. **Romanos 6,22**

De la misma forma que a San Pablo se le llama siervo de Dios altísimo y a los cristianos de Roma se les llama siervos de Dios, el Papa también es Siervo de Dios y por estar al servicio de otros siervos, para cumplir con Marcos 9:35 Siervo de los siervos de Dios.

Por tanto, se puede concluir que este título también tiene su fundamento bíblico pero lo más importante es que denota la humildad de las personas que administran los misterios de Dios y predican su Evangelio pues se hacen siervos del Señor, y en particular la humildad del Papa, que en vez de enaltecerse se hace sencillo para servir a sus ovejas.

IV

EL CULTO CATÓLICO EN LAS ESCRITURAS

CLASES DE CULTO

Podemos encontrar en la Iglesia católica, dos tipos de culto: latría y dulía. La diferencia entre ellos es evidente:

La latría

Se trata de un culto exclusivo de Dios, solamente a él se le puede dar, se le reconoce como Señor y Creador de todo, se le da adoración.

Las Escrituras enseñan cómo debe ser el culto dado a Dios:

Respondiendo Jesús, le dijo: Vete de mí, Satanás, porque escrito está: Al Señor tu Dios adorarás, y a él solo servirás. **Lucas 4,8**

Entonces Jesús le dijo: Vete, Satanás, porque escrito está: Al Señor tu Dios adorarás, y a él solo servirás. **Mateo 4,10**

La Iglesia Católica en el Catecismo enseña lo mismo:

2096 La adoración es el primer acto de la virtud de la religión. Adorar a Dios es reconocerle como Dios, como Creador y Salvador, Señor y Dueño de todo lo que existe, como Amor infinito y misericordioso. 'Adorarás al Señor tu Dios y solo a él darás culto' (Lc 4, 8), dice Jesús citando el Deuteronomio (6, 13).

2097 Adorar a Dios es reconocer, con respeto y sumisión absolutos, la 'nada de la criatura', que solo existe por Dios. Adorar a Dios es alabarlo, exaltarle y humillarse a sí mismo, como hace María en el Magníficat, confesando con gratitud que Él ha hecho grandes cosas y que su nombre es santo (cf Lc 1, 46-49). La adoración del Dios único libera al hombre del repliegue sobre sí mismo, de la esclavitud del pecado y de la idolatría del mundo.

Resumiendo: Culto exclusivo a Dios, al que se le da adoración. Los católicos no adoramos, a nadie más que no sea Dios, ni a María, ni a los Santos. Adorar es reconocerlos como Dios y ellos no son dioses, son simplemente seres humanos. Luego, el culto dado a ellos no puede ser de latría o de adoración.

El culto de dulía

Es un culto inferior al de latría. Se da a los ángeles y a los santos. No se les reconoce como creadores ni señores, simplemente se les honra y venera por sus virtudes cristianas, su vida heroica, su ejemplaridad de vida, porque son dignos de ser imitados y porque son capaces de ver a Dios "cara a cara". Este culto de dulía, es aplicado a las reliquias de los mártires cristianos, pues las consideramos como "sagradas y santas".

El Catecismo de la Iglesia enseña al respecto:

957. No veneramos el recuerdo de los del cielo tan solo como modelos nuestros, sino, sobre todo, para que la unión de toda la Iglesia en el Espíritu se vea reforzada por la práctica del amor fraterno. En efecto, así como la unión entre los cristianos todavía en camino nos lleva más cerca de Cristo, así la comunión con los santos nos une a Cristo, del que mana, como de fuente y cabeza, toda la gracia y la vida del Pueblo de Dios" (LG 50):

«Nosotros adoramos a Cristo porque es el Hijo de Dios; en cuanto a los mártires, los amamos como discípulos e imitadores del Señor, y es justo, a causa de su devoción incomparable hacia su rey y maestro; que podamos nosotros, también, ser sus compañeros y sus condiscípulos (Martirio de San Policarpo, 17).

Dulía y latría en las Escrituras

En Mateo 4,10 y Lucas 4,8 encontramos la palabra Latría que viene del griego λατρεύω (latreuō) 58 y se traduce como servir. Esta palabra es una traducción de la palabra Hebrea עָבַד (abad)59 que significa también "servir". Sin embargo, en el hebreo se usa esta palabra para referirse a un servicio dado a Dios y a los hombres:

A Dios (Deut 6,13; Éxodo 3,12; Éxodo 4,23)

A los hombres (2 Cro 10,4; 2 Sam 22,44; Gen 29:15,18; Deut 15,12)

En el idioma griego, no hay una sola palabra para dar servicio a Dios, o dar servicio a los hombres. El griego es un idioma más rico

---

58 http://Bibliaparalela.com/greek/3000.htm
59 http://Bibliaparalela.com/hebrew/5649.htm
10 http://biblehub.com/greek/1398.htm

y más elaborado en vocablos que el hebreo y por tanto se usaron dos palabras distintas que provienen de esta misma palabra hebrea. Así, para dar culto o servicio a Dios se usó λατρεύω y para dar servicio a los hombres, o un culto que implica veneración, respeto y honra se usó: δουλεύω (douleo)60. Es de ésta última palabra de donde sale el término "dulía".

Ejemplos de uso de la palabra "dulía" (δουλεύω) en las Escrituras:

Antiguo Testamento:

En el Sentido de servir a un hombre: 2 Samuel 22,44; 1Reyes12:4,7, Deuteronomio 15,12; Génesis 29,15.

En el sentido de servicio religioso: Isaías 65,15; Malaquías 3,18; Isaías 56,6.

Nuevo Testamento:

Servir un hombre a otro, no como esclavo sino en el sentido de respeto, reverencia y honra: Lucas 15,29

Servir a la ley de Dios: Romanos 7,25

Servicio religioso, en comunidad: Gálatas 5,3

Servir al Evangelio: Filipenses 2,22

En resumen, podemos ver claramente que ya en las Escrituras empieza a existir una clara diferencia entre Servir a Dios en adoración Mateo 4,10 y dar un servicio religioso, Gálatas 5,13, o servir al Evangelio Filipenses 2,22. De aquí es de donde emana el culto de dulía. 61

El Catecismo antes citado nos habla del martirio de San Policarpo, obispo de Esmirna, el cual nos dice que a Dios adoramos y a los mártires amamos, ese amor que tenemos a los mártires es un amor servicial, es un amor de honra, un servicio de amor y de veneración tal y como lo pide Gálatas 5,13.

Hasta aquí hemos visto el uso de latría y dulía en las Escrituras de manera directa, ahora es necesario ver otras citas que si bien no se

---

61 http://www.catolicosfirmesensufe.org/dula-y-latra-en-las-Escrituras

usan estas palabras si implican claramente un culto de dulía, inferior al de latría, y como es dado este culto a las criaturas:

Veneración de Ángeles

Sucedió que estando Josué cerca de Jericó, levantó los ojos y vio a un hombre plantado frente a él con una espada desnuda en la mano. Josué se adelantó hacia él y le dijo: "¿Eres de los nuestros o de nuestros enemigos?" 14 Respondió: "No, sino que soy el jefe del ejército de Yahveh. He venido ahora." Cayó Josué rostro en tierra, le adoró y dijo: "¿Qué dice mi Señor a su siervo?" 15 El jefe del ejército de Yahveh respondió a Josué: "Quítate las sandalias de tus pies, porque el lugar en que estás es sagrado". Así lo hizo Josué. **Josué 5,13-15**

Entonces Dios abrió los ojos de Balaán, y vio al ángel de Dios que estaba en el camino, y tenía su espada desnuda en su mano. Y Balaán hizo reverencia, y se inclinó sobre su rostro. **Números 22,31**

Llegaron, pues, los dos ángeles a Sodoma a la caída de la tarde; y Lot estaba sentado a la puerta de Sodoma. Y viéndolos Lot, se levantó a recibirlos, y se inclinó hacia el suelo. **Génesis 19,1**

Entonces dijo Manoa al ángel de Dios: ¿Cuál es tu nombre, para que cuando se cumpla tu palabra te honremos? **Jueces 13,17**

Y aconteció que mientras yo Daniel consideraba la visión y procuraba comprenderla, he aquí se puso delante de mí uno con apariencia de hombre. 16 Y oí una voz de hombre entre las riberas del Ulai, que gritó y dijo: Gabriel, enseña a éste la visión. 17 Vino luego cerca de donde yo estaba; y con su venida me asombré, y me postré sobre mi rostro. Pero él me dijo: Entiende, hijo de hombre, porque la visión es para el tiempo del fin. **Daniel 8,15-17**

El mero acto de *inclinarse* o *caer* al suelo es símbolo de una veneración. Nadie puede poner en duda que dichos ángeles fueron venerados, y no adorados como dioses supremos.

Incluso en el NT encontramos cómo se venera a los ángeles:

Aconteció que estando ellas perplejas por esto, he aquí se pararon junto a ellas dos varones con vestiduras resplandecientes; 5 y como tuvieron temor, y bajaron el rostro a tierra, les dijeron: ¿Por qué buscáis entre los muertos al que vive? **Lucas 24,4-5**

Los varones con vestiduras resplandecientes, son los ángeles que Dios envió para comunicar que Cristo había resucitado. (Recordemos que los ángeles son mensajeros de Dios Hebreos 1,14).

Santos o Héroes

Podemos hacer un recorrido por el AT y el NT encontrando como a los hombres importantes del pueblo de Dios, siempre se les tuvo en alta estima, honra, respeto y veneración. Veamos algunos ejemplos:

Al profeta, que es un hombre Santo de Dios:

Cuando lo vieron los hijos de los profetas que estaban en Jericó frente a él, dijeron: El espíritu de Elías reposa sobre Eliseo. Y fueron a su encuentro y se postraron en tierra ante él. **2 Reyes 2,15**

36 Entonces llamó él a Giezi, y le dijo: Llama a esta sunamita. Y él la llamó. Y entrando ella, él le dijo: Toma tu hijo. 37 Y así que ella entró, se echó a sus pies, y se inclinó a tierra; y después tomó a su hijo, y salió. **(2 Reyes 4,37)**

27 Luego que llegó a donde estaba el varón de Dios en el monte, se asió de sus pies. **2 Reyes 4,27**

Incluso la misma Reina Valera, usa la palabra "venerable" para un hombre:

El anciano y venerable de rostro es la cabeza; el profeta que enseña mentira, es la cola. **Isaías 9,15**

Entonces levantándose en el concilio un fariseo llamado Gamaliel, doctor de la ley, venerado de todo el pueblo, mandó que sacasen fuera por un momento a los apóstoles. **Hechos 5,34**

Gamaliel, fariseo destacado entre los judíos, era venerado por todo el pueblo. Nadie afirma que adoraran a Gamaliel, ¿verdad?

También se honra y venera a los padres terrenales:

Entonces José los sacó de entre sus rodillas, y se inclinó a tierra. **Génesis 48,12**

Vino Betsabé al rey Salomón para hablarle por Adonías. Y el rey se levantó a recibirla, y se inclinó ante ella, y volvió a sentarse en su trono, e hizo traer una silla para su madre, la cual se sentó a su diestra. **1 Reyes 2,19**

Por otra parte, tuvimos a nuestros padres terrenales que nos disciplinaban, y los venerábamos. ¿Por qué no obedeceremos mucho mejor al Padre de los espíritus, y viviremos? **Hebreos 12,9**

También se venera a los que ya se han ido:

Comprendió Saúl que era Samuel y cayendo en tierra se postró. **1 Samuel 28, 14**

Y durmió Ezequías con sus padres, y lo sepultaron en el lugar más prominente de los sepulcros de los hijos de David, honrándole en su muerte todo Judá y toda Jerusalén; y reinó en su lugar Manasés su hijo. **2 Crónicas 32,33**

Y lo sepultaron en los sepulcros que él había hecho para sí en la ciudad de David; y lo pusieron en un ataúd, el cual llenaron de perfumes y diversas especies aromáticas, preparadas por expertos perfumistas; e hicieron un gran fuego en su honor. **2 Crónicas 16,14**

Y aconteció que al pasar muchos días, al fin, al cabo de dos años, los intestinos se le salieron por la enfermedad, muriendo así de enfermedad muy penosa. Y no encendieron fuego en su honor, como lo habían hecho con sus padres. **2 Crónicas 21,19**

En todos estos casos vemos que es común en el pueblo judío del AT cuando moría alguien importante como el rey, hacer un fuego en su honor, y también fiesta. Eso se hizo con Ezequías, Asa, pero no se hizo con Joacaz, seguramente porque él no había sido un rey digno.

En el caso de Samuel, Saúl lo había llamado a que se levantara de la muerte y le comunicará los planes de Dios, ante esto, Saúl se postra en señal de respeto.

El mismo San Pablo nos enseña que podemos alabar a los que ya han muerto, pues son los paladines, o héroes de la fe cristiana:

Y ¿a qué continuar? Pues me faltaría el tiempo si hubiera de hablar sobre Gedeón, Barac, Sansón, Jefté, David, Samuel y los profetas. 33 Estos, por la fe, sometieron reinos, hicieron justicia, alcanzaron las promesas, cerraron la boca a los leones; 34 apagaron la violencia del fuego, escaparon del filo de la espada, curaron de sus enfermedades, fueron valientes en la guerra, rechazando ejércitos extranjeros; 35 las mujeres recobraban resucitados a sus muertos. Unos fueron torturados, rehusando la liberación por conseguir una resurrección mejor; 36 otros soportaron burlas y azotes, y hasta cadenas y prisiones; 37 apedreados, torturados, aserrados, muertos a espada; anduvieron errantes cubiertos de pieles de oveja y de cabras; faltos de todo; oprimidos y maltratados ,38 ¡hombres de los que no era digno el mundo!, errantes por desiertos y montañas, por cavernas y antros de la tierra. 39 Y todos ellos, aunque alabados por su fe, no consiguieron el objeto de las promesas. 40 Dios tenía ya dispuesto algo mejor para nosotros, de modo que no llegaran ellos sin nosotros a la perfección. **Hebreos 11,32-40**

En esta cita se nos dice que los patriarcas y profetas del AT eran alabados por su fe, pero también los hombres pueden ser alabados por otros motivos:

Os alabo, hermanos, porque en todo os acordáis de mí y retenéis las instrucciones tal como os las entregué. **1 Corintios 11,2**

Por ejemplo los corintios son alabados por mantener las enseñanzas que San Pablo les enseñó. O sea que un cristiano que guarda las enseñanzas apostólicas, merece alabanza.

Lo que sí es cierto, es que en el NT existen ciertas personas que merecen una honra y veneración especial, algunos ejemplos de ellos son:

En cambio, gloria, honor y paz a todo el que obre el bien; al judío primeramente y también al griego; 11 que no hay acepción de personas en Dios. **Romanos 2,10-11**

Los ancianos que gobiernan bien, sean tenidos por dignos de doble honor, mayormente los que trabajan en predicar y enseñar. **1 Timoteo 5,17**

Honrad a todos. Amad a los hermanos. Temed a Dios. Honrad al rey. **1 Pedro 2,17**

24 porque los que en nosotros son más decorosos no tienen necesidad. Pero Dios ordenó el cuerpo dando más abundante honor al que menos tenía, 25 para que no haya divisiones en el cuerpo, sino que todos los miembros se preocupen los unos por los otros. 26 De manera que si un miembro padece, todos los miembros se duelen con él, y si un miembro recibe honra, todos los miembros con él se gozan. **1 Corintios 12,24-26**

Este pasaje que nos habla de que todos somos un solo cuerpo, la Iglesia, tanto los del cielo como los de la Tierra y se ve claramente como si honramos a alguien del Cielo todos los miembros se alegrarán y gozarán con él, y si alguien sufre, todos los miembros se duelen con él. Esto sucede porque todos somos miembros de la misma familia, del mismo cuerpo de Cristo que es la Iglesia.

Los motivos por los que se honra a los santos son:

1) Honramos a los santos en el cielo, porque han alcanzado la semejanza (eikon o "imagen") de Dios:

Por tanto, nosotros todos, mirando con el rostro descubierto y reflejando como en un espejo la gloria del Señor, somos transformados de gloria en gloria en su misma imagen, por la acción del Espíritu del Señor. **2 Corintios 3,18**

2) Porque han alcanzado la perfección:

A la congregación de los primogénitos que están inscritos en los cielos. Os habéis acercado a Dios, Juez de todos, a los espíritus de los justos hechos perfectos. **Hebreos 12,23**

3) Ellos son hechura de Dios, obra de Dios:

Pues somos hechura suya, creados en Cristo Jesús para buenas obras, las cuales Dios preparó de antemano para que anduviéramos en ellas. **Efesios 2,10**

Vemos como los Santos son hechura de Dios, por tanto merecen también ser venerados, de esta forma alabamos a Dios por su obra.

4) Pablo nos habla de "imitar" que es un concepto que se asimilar a honrar o venerar:

Por tanto, os ruego que me imitéis. **1 Corintios 4,16**

Hermanos, sed imitadores de mí y mirad a los que así se conducen según el ejemplo que tenéis en nosotros. **Filipenses 3,17**

Y Pablo pide eso porque él tomó de modelo a Cristo:

Sed imitadores míos, así como yo lo soy de Cristo. **1 Corintios 11,1**

5) La Carta a los Hebreos nos exhorta a honrar e imitar a los héroes de la fe:

Pero deseamos que cada uno de vosotros muestre la misma solicitud hasta el fin, para plena certeza de la esperanza, 12 a fin de que no os hagáis perezosos, sino imitadores de aquellos que por la fe y la paciencia heredan las promesas. **Hebreos 6,12**

La veneración que damos a un santo se debe a que son ejemplos para nosotros en cuanto a vida, a fe, a fidelidad al Señor, nosotros debemos imitar las virtudes de estos grandes hombres.

Lugares Sagrados y Objetos Santos

Estos son aquellos lugares en los que Dios de alguna manera se ha manifestado o ha aparecido. Los objetos santos son todos aquellos objetos o utensilios que tienen relación con lo Divino:

No te acerques; quítate el calzado de tus pies, porque el lugar en que tú estás, tierra santa es. **Éxodo 3,5**

Me erigirán un santuario, y habitaré en medio de ellos. **Éxodo 25,8**

Pondrás el velo debajo de los corchetes, y allí, detrás del velo, colocarás el Arca del testimonio. Así el velo servirá para separar el Lugar santo del Lugar santísimo. **Éxodo 26,33**

Después, llevaron los sacerdotes el Arca del pacto de Yahvé a su lugar, en el santuario de la Casa, al Lugar santísimo, debajo de las alas de los querubines. **1 Reyes 8,6**

Y el Príncipe del ejército de Yahvé respondió a Josué: Quita el calzado de tus pies, porque el lugar donde estás es santo. Y Josué así lo hizo. **Josué 5,15**

El objeto sagrado más importante es el Arca de la Alianza donde Moisés depositó las tablas de la Alianza Ex 25,10. Otros objetos sagrados son el Altar, Éxodo 7,1-2; Éxodo 29,37, ungüento o perfume para el altar Éxodo 30,36 y la pila de bronce para las abluciones Éxodo 30,17-21.

Culto de Hiperdulía

El Catecismo de la Iglesia católica enseña:

971 "Todas las generaciones me llamarán bienaventurada" (Lc 1, 48): "La piedad de la Iglesia hacia la Santísima Virgen es un elemento intrínseco del culto cristiano" (MC 56). La Santísima Virgen «es honrada con razón por la Iglesia con un culto especial. Y, en efecto, desde los tiempos más antiguos, se venera a la Santísima Virgen con el título de "Madre de Dios", bajo cuya protección se acogen los fieles suplicantes en todos sus peligros y necesidades [...] Este culto [...] aunque del todo singular, es esencialmente diferente del culto de adoración que se da al Verbo encarnado, lo mismo que al Padre y al Espíritu Santo, pero lo favorece muy poderosamente" (LG 66); encuentra su expresión en las fiestas litúrgicas dedicadas a la Madre de Dios (cf. SC 103) y en la oración mariana, como el Santo Rosario, "síntesis de todo el Evangelio" (MC 42).

Este culto es el que los cristianos católicos le damos a la Virgen María. Ella tiene un lugar especial en el cielo por ser la Madre de Dios, del Salvador, y merece por tanto un culto especial, diferente y superior al del resto de los santos, es por eso que se usa la palabra hiperdulía. Podemos citar Lucas 1,28-29 y Lucas 1,48-49 como bases bíblicas de este culto. Este tema se desarrollará en otros libros. La hiperdulía, es una clase especial de dulía, más elevada, es la máxima veneración y esto es porque María ocupa una posición privilegiada en el cuerpo de Cristo, dentro de la comunión de los santos, el puesto más cercano al Hijo lo tiene su Madre, por tanto si tenemos que honrar a los ancianos, a los hermanos, con dulía; a María, por ser la esclava del Señor (Lucas 1,28-35), se la honra con hiperdulía.

Culto de Protodulia

Se trata de un culto de dulía especial, inferior a la hiperdulía pero superior a la dulía dada a los santos. Literalmente podemos hablar de *"primera dulía"* o *"primera veneración"*, es un culto reservado para San José, padre putativo del Salvador, y esposo de la Virgen María. El Catecismo actual no recoge este término, pero el Catecismo anterior, de San Pio X si habla de ello: 62

192. ¿A qué gloria creemos que elevó Dios en el cielo a San José? - Creemos que en el cielo elevó Dios a San José a una altísima gloria, en proporción al grado eminente de santidad que

---

62 http://www.mercaba.org/PIO%20X/Catecismo_mayor_07.htm

tuvo en la tierra.

Debido a esa altísima gloria que el Señor dio a San José en el cielo, la Iglesia le da el culto de *protodulia.*

El culto de Protodulia se basa en Mateo 1,19 y Mateo 1,24, donde se llama a San José, varón justo, y sabemos que vivió castamente por Mateo 2, fue obediente a Dios y nunca dudó de él ni de su esposa. Es conocido como el santo del silencio pues ninguna palabra suya quedó recogida en la Escritura.

Su misión fue la de un triple título según los evangelistas:

1) Esposo de María (Mateo 1,16; 1,18).

2) Padre putativo de Cristo (Lucas 2,48, Lucas 3,23, Marcos 6,3).

2) Cooperador en el misterio de la encarnación (Mateo 1,19-20).

El Papa Juan Pablo II escribió una exhortación apostólica donde nos habla de San José, su culto y su misión: *Exhortación Apostólica de Redemptoris Custos.63*

LAS SAGRADAS IMÁGENES EN LAS ESCRITURAS

Enseñanza del Catecismo:

2131 Fundándose en el misterio del Verbo encarnado, el séptimo Concilio Ecuménico (celebrado en Nicea el año 787), justificó contra los iconoclastas el culto de las sagradas imágenes: las de Cristo, pero también las de la Madre de Dios, de los ángeles y de todos los santos. El Hijo de Dios, al encarnarse, inauguró una nueva "economía" de las imágenes.

2132 El culto cristiano de las imágenes no es contrario al primer mandamiento que proscribe los ídolos. En efecto, "el honor dado a una imagen se remonta al modelo original" (San Basilio Magno, Liber de Spiritu Sancto, 18, 45), "el que venera una imagen, venera al que en ella está representado" (Concilio de Nicea II: DS 601; cf Concilio de Trento: DS 1821-1825; Concilio Vaticano II: SC 125; LG 67). El honor tributado a las imágenes sagradas es una "veneración respetuosa", no una adoración, que solo

---

63 http://w2.vatican.va/content/john-paul-ii/es/apost_exhortations/documents/hf_jp-ii_exh_15081989_redemptoris-custos.html

corresponde a Dios:

«El culto de la religión no se dirige a las imágenes en sí mismas como realidades, sino que las mira bajo su aspecto propio de imágenes que nos conducen a Dios encarnado. Ahora bien, el movimiento que se dirige a la imagen en cuanto tal, no se detiene en ella, sino que tiende a la realidad de la que ella es imagen» *(Santo Tomás de Aquino, Summa theologiae, 2-2, q. 81, a. 3, ad 3).*

Los hermanos no católicos nos acusan siempre de idolatría por tener imágenes. Es muy frecuente dentro del protestantismo inculcarles la idea de que el católico es idólatra, hasta se les educa con esa idea. Para ellos conforme a Éxodo 20,4-5 y Deuteronomio 4,16 está prohibido cualquier tipo de imagen. Es necesario, pues, abordar este tema como el primero de todos por su gran importancia dentro de esta disciplina teológica.

Daré varios argumentos apologéticos a favor del uso de las imágenes:

Argumento 1: Literalidad del pasaje.

No tendrás dioses ajenos delante de mí.4 No te harás imagen, ni ninguna semejanza de cosa que esté arriba en el cielo, ni abajo en la tierra, ni en las aguas debajo de la tierra: 5 No te inclinarás a ellas, ni las honrarás; porque yo soy Yahvé tu Dios, fuerte, celoso, que visito la maldad de los padres sobre los hijos, sobre los terceros y sobre los cuartos, a los que me aborrecen. **Éxodo 20,3-5**

Vayámonos ahora al mismo capítulo,   pero en versículos posteriores:

Acuérdate del día sábado para santificarlo. Seis días trabajarás y harás tus obras, pero el séptimo día es día de descanso, consagrado a Yahvé, tu Dios, y no harás en él trabajo alguno, ni tú, no tu hijo, ni tu hija, ni tu siervo, ni tu sirva, ni el extranjero que esté dentro de tus puertas, pues en seis días hizo Yahvé los cielos y la tierra, el mar cuanto en ellos se contiene, y el séptimo. **Éxodo 20, 8-11**

Guardaréis el sábado por que es cosa santa para vosotros. El que lo profane, será castigado con la muerte. **Éxodo 31,14**

La pregunta a hacer a los protestantes es: ¿por qué ellos interpretan literalmente Éxodo 20,3-5 y no Éxodo del 8-11 o Éxodo

31,14?

Siendo literalitas con Éxodo 20,3-5 ¿por qué no podemos matar a quien profane el sábado?, ¿en qué se basan para cumplir literalmente Éxodo 20,3-5 pero no Éxodo 31,14?

Iré incluso más lejos, otro mandamiento del decálogo es:

No desearás la casa de tu prójimo, ni la mujer de tu prójimo, ni su siervo, ni su sierva, ni su buey. **Éxodo 20,17**

Siendo literalitas, la mujer es propiedad de tu prójimo, como su buey. Sin embargo, la ley no dice que la mujer no pueda desear al marido de su prójima, pues solamente habla a los hombres en este verso... ¿Seguiremos siendo literalitas con éxodo 20,3-5 o lo entenderemos en el contexto en el cual fue escrito?

¿Cuál fue este contexto?: El versículo clave es el 3, no tener otros dioses diferentes a Yahvé. Recordemos el pueblo de Israel en esa época era muy propenso a caer en idolatría, y en este sentido Dios ordena no tener ídolos de otros dioses diferentes. Esas imágenes o esculturas mencionadas en Éxodo, se refieren a ídolos o falsos dioses, no a imágenes de personas, ángeles o santos.

Argumento 2: Estamos bajo la ley de cristo

Muchas veces los protestantes nos acusan de idólatras por tener imágenes y nos citan Éxodo 20,4 olvidándose de que nosotros estamos bajo la Ley de Cristo. En el NT Cristo solamente cita en dos ocasiones los mandamientos de la ley de Moisés (Mateo 19,17-19 y Mateo 22,34-40) en ambas ocasiones *no cita nunca el mandamiento de las imágenes.* ¿Cuál es el motivo? En el AT nadie podía ver el rostro de Dios (Éxodo 33,20), pero en el NT el Dios eterno se hace carne, se *hace imagen visible* (Juan 1,14 y Col 1,15). Luego, al haberse hecho imagen visible ha permitido al ser humano verle con sus propios ojos y, por tanto, representarle. En el AT la fe de Israel era una fe muy primitiva, eran perseguidos y guerrilleados por otros pueblos y fácilmente caían en Idolatría. Para entender el alcance de esta prohibición (Éxodo 20,4) debemos tener en cuenta el medio ambiente egipcio, de donde salían los israelitas. Los egipcios habían llegado hasta los extremos de adorar los fenómenos naturales, adoraban a los astros y seres creados, como los animales. Véase el caso del becerro de oro como prueba de dicha argumentación, por ello Dios estableció dicha prohibición.

En el NT esa fe ya era más madura, ya Yahvé podía manifestarse en carne y darnos a conocer su imagen. El mismo templo de Salomón, tenía imágenes (2 Crónicas 3,5-7, Éxodo 25,18-20) y eso no fue motivo de escándalo para que Cristo y sus apóstoles subieran a ese templo a orar (Mateo 26,55; Hechos 3,1 y Hechos 5,42).

Argumento 3: La Biblia ordena hacer imágenes.

¿Es cierto que la Biblia prohíbe hacer esculturas? La Biblia no prohíbe, el que prohibiría algo es Dios, pero nosotros no tenemos a la Biblia como Dios. Se trata de un invento de los pastores protestantes para engañar a los ignorantes que no estudian su Biblia ni su fe. En este argumento entonces daré las bases bíblicas explícitas y directas de cómo en la Biblia sí se permiten esculturas.

Para entender este argumento necesitamos conocer que el AT fue escrito en hebreo y no en español.

Las biblias que hoy en día tenemos, algunas, traducen del hebreo al español los textos pero la mayoría de las veces la traducción no es literal, palabra por palabra, y en otras ocasiones las palabras pierden fuerza o significado, por ello es necesario acudir al idioma original para entender correctamente los pasajes.

En el idioma hebreo hay varias palabras, usadas también en las Escrituras, para hablar de esculturas: חִפֵּתֻ (pittuach) 64 -צִֽעֲצֻעִים- (tsaatsuim) 65 y פָּתַח (pathach) 66, también tenemos עָקַל qala67 , engravar, esculpir.

Todas estas palabras hebreas se usan en la Biblia para referirse a esculturas, grabados, bajorrelieves, entalladuras. La RV de 1960 en vez de poner esculturas, lo ha traducido por entalladuras. Si nos vamos a la RAE:

Entallar:

(De en- y talla).

---

64 http://biblehub.com/hebrew/6603.htm
65 http://biblehub.com/hebrew/6816.htm
16 http://biblehub.com/hebrew/6605b.htm
17http://biblehub.com/hebrew/7049b.htm

1. Tr. Hacer figuras de relieve en madera, bronce, mármol, etc.

2. Tr. Grabar en lámina, piedra u otra materia.

3. Tr. Cortar la corteza, y a veces parte de la madera, de algunos árboles para extraer la resina.

4. Tr. Hacer cortes en una pieza de madera para ensamblarla con otra.

La primera definición de entallar es similar a esculpir, ambas palabras son sinónimas, lo único que entallar está más relacionado con la madera. Esta es la palabra usada en la RV para camuflar una verdad evidente, que se está hablando de esculturas. Esto lo demostraré en breve.

Analizaremos las palabras bíblicas anteriormente citadas:

1. Pittuach (פִּתּוּחַ)

Esta palabra significa escultura. Veamos algunos de sus usos:

Esculpió todo en torno los muros de la Casa con grabados de escultura de querubines, palmeras, capullos abiertos, al interior y al exterior. **1 Reyes 6,27-29**

Y la casa estaba cubierta de cedro por dentro, y tenía entalladuras de calabazas silvestres y de botones de flores. Todo era cedro; ninguna piedra se veía. **1 Reyes 6,18**

Y la boca de la fuente entraba un codo en el remate que salía para arriba de la basa; y la boca era redonda, de la misma hechura del remate, y éste de codo y medio. Había también sobre la boca entalladuras con sus tableros, los cuales eran cuadrados, no redondos. **1 Reyes 7,31**

Y ahora con hachas y martillos Han quebrado todas sus entalladuras. **Salmos 74,6**

Este salmo es muy significativo pues vemos cómo los enemigos de Dios destruyen las esculturas del templo.

También se puede traducir como grabado, es así usada en:

Es hijo de una danita, y su padre es de Tiro. Sabe trabajar el oro, la plata, el bronce, el hierro, la piedra y la madera, la púrpura escarlata, la púrpura violeta, el lino fino y el carmesí. Sabe también hacer toda clase de grabados y ejecutar cualquier obra que se le proponga, a una con tus artífices y los artífices de mi señor David, tu padre. **2 Crónicas 2,13- 14**

2. Pathach (פָּתַח)

Pathach se traduce por esculpir, entallar. Veamos dónde se usa:

Así que cubrió la casa, sus vigas, sus umbrales, sus paredes y sus puertas con oro; y esculpió querubines en las paredes. **2 Crónicas 3,7**

Aquí se usa pathach para esculpir querubines, esto significa los querubines eran esculturas.

Porque he aquí aquella piedra que puse delante de Josué; sobre esta única piedra hay siete ojos; he aquí yo grabaré su escultura, dice Yahvé de los ejércitos, y quitaré el pecado de la tierra en un día. **Zacarías 3,9**

Realmente la palabra *pathach* es familia de *pittuach* y en Zacarías 3:9 se muestra esto, se usa *pathach* para "grabar" y *pittuach* para escultura. Nadie llamará ahora a Dios idólatra por grabar una escultura, ¿verdad?

3. Tsaatsuim (צַעֲצֻעִים)

Esta palabra solamente se usa una sola vez en la Escritura, y significa literalmente escultura, imagen, cosas que tienen formas. La Reina Valera no la traduce como "escultura", dice "madera", solamente la Reina Valera Gomez se aproxima al original hebreo:

Y dentro del lugar santísimo hizo dos querubines, obra de escultura, los cuales cubrió de oro. **2 Crónicas 3,10**

Así que en el lugar santísimo, el lugar más preciado por el pueblo de Israel, tenía dos escultura de querubines, cubiertos de oro. Es posible esas esculturas fueran de madera bañadas de oro, pero lo importante es que eran esculturas.

3. Qala (עָקֵל)

Puede traducirse como entalladura, escultura, imagen, figura. Se usa:

Y la casa estaba cubierta de cedro por dentro, y tenía entalladuras de calabazas silvestres y de botones de flores. Todo era cedro; ninguna piedra se veía. **1 Reyes 6,18**

Las dos puertas eran de madera de olivo; y talló en ellas figuras de querubines, de palmeras y de botones de flores, y las cubrió de oro; cubrió también de oro los querubines y las palmeras. **1 Reyes 6,32**

Si existen varias palabras para esculturas en la Biblia y vemos que el templo, el santísimo, tenía esculturas de querubines, grabados, imágenes, es evidente que Dios no lo prohíbe y no lo ve mal. Estas esculturas son decorativas, y es lo mismo que tenemos en la Iglesia católica para decorar los templos dedicados a Dios. Luego, el tener esculturas no te hace idólatra, la Biblia así lo ha demostrado.

Existe otra palabra que designa específicamente a las imágenes representativas y es *tselem*68. Esta palabra la podemos encontrar usada aquí:

Haced, pues, una imagen de vuestros tumores y de las ratas que asuelan la tierra, y honrad al Dios de Israel. **1 Samuel 6, 5**

Colocaron sobre la carreta el arca de Yahveh y el cofre con las ratas de oro y las imágenes de sus tumores. **1 Samuel 6,11**

Vemos como se hicieron imágenes de ratas y de tumores para obtener la reparación de Dios, léase 1Samuel 6,3-4.

Como vemos Dios aceptó esto, aceptó una reparación mediante el uso de imágenes del pueblo y no se ofendió por ello porque claramente las ratas eran *imágenes (tselem).*

¿Entonces qué fue lo que Dios prohibió en el Éxodo y Deuteronomio?, la respuesta es: Dios prohíbe los ídolos, no las imágenes. Tanto en Éxodo como en Deuteronomio se usa la palabra hebrea פיסל (pesel) 69 que se ha de traducir como *ídolo* (usada en Éxodo 20,3-5 y Deuteronomio 4,16).

Esta variedad de palabras es necesario conocerlas para darse cuenta de que en el idioma hebreo existía una clara diferencia entre

---

68 http://biblehub.com/hebrew/6755.htm
69 http://biblehub.com/hebrew/6459.htm

los ídolos, las esculturas y las imágenes representativas y no podemos condenar estas últimas solo porque en el decálogo se condenen los ídolos.

Finalmente, citaré textos que si bien no usan estas palabras de forma directa sí que están referidos al uso de las imágenes o esculturas:

Harás dos querubines de oro macizo. Sus alas cubrirán el Lugar del Perdón. **Éxodo 25,18-20**

Harás también el mando del Efod. En los lados habrá alrededor unas granadas de jacinto. **Éxodo 28,31-33**

Hizo una gran pileta, llamado el mar. Debajo del borde había unas como figuras de granadas. Se apoyaba sobre doce bueyes. **2 Crónicas 4,2-4**

Hizo diez basas de bronce. (...) Sobre el panel que estaba entre los listones había leones, bueyes y querubines. **1 Reyes 7, 27,29**

Entonces vemos cómo se hicieron imágenes de leones, bueyes, flores, y querubines. Así que la prohibición del Éxodo solo es para imágenes idolátricas de falsos dioses, no imágenes decorativas o representativas. Nosotros no tenemos imágenes de falsos dioses, tenemos imágenes de santos que no son dioses, y de Jesús, Dios verdadero.

Algunos protestantes responden a esto diciendo que esas imágenes las mandó construir Dios, pero las de la Iglesia no, esto es simplemente desconocimiento, pues la Iglesia es la columna y pilar de la verdad (1Tim 3,15) y da a conocer la sabiduría de Dios (Efesios 3,10), por tanto ella puede construir imágenes y con ellas evangelizar, *las imágenes son el Evangelio de los pobres y analfabetos*, por ello son otra forma de dar a conocer la sabiduría de Dios, mediante la expresión gráfica y artística.

Argumento 4: Dios se hizo representable.

Si en el AT Dios no se había encarnado, y nadie podía conocer su rostro, en el NT sí se encarnó (1Tim 3,16) y el haberse encarnado conlleva que pueda ser representado físicamente en cuadros, pinturas, esculturas etc., pues ya tiene rostro. La propia Escritura enseña que Cristo es la imagen visible del Dios invisible:

En los cuales el dios de este siglo cegó el entendimiento de los incrédulos, para que no les resplandezca la luz del Evangelio de la gloria de Cristo, el cual es la imagen de Dios. **2 Corintios 4,4**

Él es la imagen del Dios invisible, el primogénito de toda creación. **Colosenses 1,15**

El cual, siendo el resplandor de su gloria, y la imagen misma de su sustancia, y quien sustenta todas las cosas con la palabra de su poder, habiendo efectuado la purificación de nuestros pecados por medio de sí mismo, se sentó a la diestra de la Majestad en las alturas. **Hebreos 1,3**

La palabra griega usada aquí para imágenes es εἰκών, que se traduce como imagen, representación, nunca se traduce como ídolo. Es usada en Mateo 22,20 para enseñarnos que las monedas del tiempo de Jesús tenían la imagen del Cesar, y Cristo no condenó las monedas por tener imágenes. Finalmente en el NT la idolatría incluye también la avaricia, tal y como se desprende de Efesios 5,5 y Col 3,5, por tanto todo aquel pastor que se está aprovechando de los hermanos protestantes pidiéndoles grandes cantidades de dinero como "*diezmo*", también es idólatra. Esto es algo que suelen descuidar e ignorar los protestantes.

LAS PROCESIONES EN LAS ESCRITURAS

Catecismo de la Iglesia Católica:

1674 Además de la liturgia sacramental y de los sacramentales, la catequesis debe tener en cuenta las formas de piedad de los fieles y de religiosidad popular. El sentido religioso del pueblo cristiano ha encontrado, en todo tiempo, su expresión en formas variadas de piedad en torno a la vida sacramental de la Iglesia: tales como la veneración de las reliquias, las visitas a santuarios, las peregrinaciones, las procesiones, el vía crucis, las danzas religiosas, el rosario, las medallas, etc. (cf Concilio de Nicea II: DS 601, 603; Concilio de Trento: DS 1822).

Como bien indica el Catecismo de la Iglesia, el pueblo cristiano ha encontrado, en todo tiempo (es decir no se trata de un invento moderno) diversas formas de piedad, y entre ellas están las procesiones. Vamos, entonces, a demostrar como ya en el AT existían las procesiones. Como siempre comenzaremos por las citas directas:

¡Bendito el que viene en el nombre de Yahveh! Desde la Casa de Yahveh os bendecimos. 27 Yahveh es Dios, él nos ilumina. ¡Cerrad la procesión, ramos en mano, hasta los cuernos del altar! 28 Tú eres mi Dios, yo te doy gracias, Dios mío, yo te exalto. **Salmo 118,26-28**

Este es un interesante argumento para las procesiones del Domingo de Ramos, como vemos aquí también se realiza una procesión con ramos... como hacen los católicos.

24 (25) ¡Se han visto, oh Dios, tus procesiones, las procesiones de mi Dios, mi rey, al santuario: 25 (26) delante los cantores, los músicos detrás, las doncellas en medio, tocando el tamboril! 26 (27) A Dios, en coros, bendecían: ¡es Yahveh, desde el origen de Israel. 27 (28) Allí iba Benjamín, el pequeño, abriendo marcha, los príncipes de Judá con sus escuadras, los príncipes de Zabulón, los príncipes de Neftalí.28 (29) ¡Manda, Dios mío, según tu poder, el poder, oh Dios, que por nosotros desplegaste, 29 (30) desde tu Templo en lo alto de Jerusalén, donde vienen los reyes a ofrecerte presentes! 30 (31) Increpa a la bestia del cañaveral, a la manada de toros y novillos de los pueblos. ¡Que se sometan con lingotes de plata! ¡Dispersa a los pueblos que fomentan la guerra! 31 (32) Los magnates acudan desde Egipto, tienda hacia Dios sus manos Etiopía.32 (33) ¡Cantad a Dios, reinos de la tierra, salmodiad para el Señor, 33 (34) para el que cabalga los cielos, los antiguos cielos: Ved que lanza él su voz, su voz potente! **Salmo 68,24-33**

En este Salmo se nos detalla cómo son las procesiones, con cantantes y músicos y con doncellas y se toca el tambor mientras se va bendiciendo y alabando a Yahveh. Esto es parte de las cosas que hacía en las fiestas el pueblo de Israel. ¿No observan similitudes con las procesiones católicas?

La gente en gran número, las familias de las diversas tribus o aldeas, los líderes de las personas presentes así es como el Pueblo de Dios en el Antiguo Testamento estaban haciendo procesiones y ésta práctica es preservada por los cristianos hasta ahora, eso es un acto agradable a Dios.

Algo que sí encontramos en la Escritura es que toda procesión termina en la Casa de Dios, lo cual también concuerda con las procesiones católicas: salen de la Iglesia y vuelven a la Iglesia:

Yo lo recuerdo, y derramo dentro de mí mi alma, cómo marchaba a la Tienda admirable, a la Casa de Dios, entre los gritos de júbilo y de loa, y el gentío festivo. **Salmo 42,4**

Pero es más, las procesiones eran dirigidas por los escribas de aquella época, los que explicaban las Escrituras al Pueblo, que podemos ver en ello una similitud con los sacerdotes católicos:

Con sus hermanos, Semaías, Azarel, Milalay, Guilalay, Maay, Natanael, Judá, Jananí, con los instrumentos músicos de David, hombre de Dios. Y Esdras el escriba iba al frente de ellos.37 A la altura de la puerta de la Fuente, subieron a derecho por la escalera de la Ciudad de David, por encima de la muralla, y por la subida de la Casa de David, hasta la puerta del Agua, al Oriente.38 El segundo coro marchaba por la izquierda; yo iba detrás, con la mitad de los jefes del pueblo, por encima de la muralla, pasando por la torre de los Hornos, hasta la muralla de la Plaza,39 por encima de la puerta de Efraím, la puerta de los Peces, la torre de Jananel, hasta la puerta de las Ovejas; se hizo alto en la puerta de la Prisión.40 Luego los dos corros se colocaron en la Casa de Dios. - Tenía yo a mi lado a la mitad de los consejeros,41 y a los sacerdotes Elyaquim, Maaseías, Minyamín, Miká, Elyoenay, Zacarías, Jananías, con trompetas,42 y Maaseías, Semaías, Eleazar, Uzzí, Yehojanán, Malkiyías, Elam y Ezer -. Los cantores entonaron su canto bajo la dirección de Yizrajías.43 Se ofrecieron aquel día grandes sacrificios y la gente se entregó a la algazara, pues Dios les había concedido un gran gozo; también se regocijaron las mujeres y los niños. Y el alborozo de Jerusalén se oía desde lejos. **Nehemías 12,36-43**

Un hombre de Dios como Esdras y David se unió y llevó incluso las procesiones.

El profeta Nehemías informó de la procesión como una buena práctica y un motivo de celebración entre la gente.

Otros ejemplos de cómo los profetas y los miembros del pueblo de Dios hacen procesiones los podemos ver aquí:

Después de esto llegarás al collado de Dios donde está la guarnición de los filisteos; y cuando entres allá en la ciudad encontrarás una compañía de profetas que descienden del lugar alto, y delante de ellos salterio, pandero, flauta y arpa, y ellos profetizando. **1 Samuel 10,5**

Hice luego subir a los príncipes de Judá sobre el muro, y puse dos coros grandes que fueron en procesión: el uno a la mano derecha sobre el muro hacia la puerta del Muladar. **Nehemías 12,31**

Ya para concluir quiero comentar algo que no se nos debe olvidar a los católicos y también algo que se les puede decir a los hermanos separados: Cuando se hace una procesión ¿Quién es la figura central?, ¿Quién se encuentra en el centro y quienes van delante y detrás de él cantando?

Pues qué mejor que la Sagrada Escritura para responder a esta pregunta:

Muchos extendieron sus mantos por el camino; otros, follaje cortado de los campos.9 Los que iban delante y los que le seguían, gritaban: "¡Hosanna! ¡Bendito el que viene en nombre del Señor! 0 ¡Bendito el reino que viene, de nuestro padre David! ¡Hosanna en las alturas!"11 Y entró en Jerusalén, en el Templo, y después de observar todo a su alrededor, siendo ya tarde, salió con los Doce para Betania. **Marcos 11,8-11**

Es Cristo quien iba en el medio y la gente iba delante y detrás en procesión cantando *"Bendito el que viene en nombre del Señor"*. Por tanto el centro de toda procesión católica no es otro que el mismo Jesucristo, centro de nuestra vida y de todas nuestras obras.

Tanto en Salmo 68 como en Nehemías se usa la palabra hebrea הֲלִיכַת (halikah) 70 que significa procesión. Lo cual nos muestra como ya el pueblo hebreo del Antiguo Testamento conocía las procesiones y las hacía parte de su vida de piedad y de religiosidad. La Iglesia Católica, como continuación del pueblo de Israel, la nueva Israel, conserva estas formas de piedad.

ARRODILLARSE Y ADORAR EN LAS ESCRITURAS

Finalmente, como acto externo de veneración, los católicos nos solemos inclinar o arrodillar ante las imágenes. Esto en el mundo del protestantismo es muy mal visto, y se nos acusa de idólatras, precisamente porque a ellos en sus reuniones se les enseña a atacar este acto externo de piedad. Usan estas citas: Éxodo 20,4-5; Hechos 10,25; Apoc 19,10; Apoc 22,08-10.

---

70 http://biblehub.com/hebrew/1979.htm

Trataremos de dar una respuesta bíblica a esto: En primer lugar, la palabra hebrea para la *adoración / postrase / homenaje/* es שָׁחָה (shachah)71. Esta palabra hebrea es usada en Éxodo 20,5 cuando habla de *"no darlas culto/no adorarlas"*. Sin embargo, pese a que esta palabra también significa "postrarse" hemos de decir que se usa en otros contextos también de modo favorable:

También David se levantó después, y saliendo de la cueva dio voces detrás de Saúl, diciendo: ¡Mi señor el rey! Y cuando Saúl miró hacia atrás, David inclinó su rostro a tierra, e hizo reverencia (shachah). **1Samuel 24,8**

Y Betsabé se inclinó, e hizo reverencia (shachah) al rey. Y el rey dijo: ¿Qué tienes? **1 Reyes 1,16**

Entonces Betsabé se inclinó ante el rey, con su rostro a tierra, y haciendo reverencia (shachah) al rey, dijo: Viva mi señor el rey David para siempre. **1 Reyes 1,31**

Él le dijo: ¿Cuál es su forma? Y ella respondió: Un hombre anciano viene, cubierto de un manto. Saúl entonces entendió que era Samuel, y humillando el rostro a tierra, hizo gran reverencia (shachah). **1 Samuel 28,14**

Por tanto, lo que marca en sí la idolatría o adoración en Éxodo 20,4-5 no es el postrarse, sino el que se esté hablando de ídolos (*pesel*). Es por ello que se condena el arrodillarse ante un ídolo, pero no se condena nunca el arrodillarse ante una imagen (Josué 7:6) o ante un hombre (citas anteriores).

Daremos más citas del AT que apoyan nuestro argumento:

Y Abraham se levantó, y se inclinó al pueblo de aquella tierra, a los hijos de Het, 8 y habló con ellos, diciendo: Si tenéis voluntad de que yo sepulte mi muerta de delante de mí, oídme, e interceded por mí con Efrón hijo de Zohar. **Génesis 23,7-8**

Y él pasó delante de ellos y se inclinó a tierra siete veces, hasta que llegó a su hermano. **Génesis 33,3**

Acab llamó a Abdías, su mayordomo. Abdías era muy temeroso de Yahvé...Cuando Abdías iba por el camino, se encontró con Elías. Al

---

71 http://biblehub.com/hebrew/7812.htm

reconocerlo, se postró sobre su rostro y dijo: "¿No eres tú Elías, mi señor?" **1 Reyes 18, 3.7**

Al verlo, los hijos de los profetas que estaban al otro lado en Jericó dijeron: "El espíritu de Elías reposó sobre Eliseo". Fueron enseguida a recibirlo, se postraron delante de él. **2 Reyes 2, 15**

En todos estos casos, patriarcas, Abdías y los hijos de los profetas se postran ante un hombre, un profeta, un pueblo, etc., y no es condenado por Dios.

El mismo profeta Natán se postra ante el rey:

Y dieron aviso al rey, diciendo: He aquí el profeta Natán; el cual, cuando entró al rey, se postró delante del rey inclinando su rostro a tierra. **1 Reyes 1,23**

Josué rasgó sus vestiduras, y se postró rostro en tierra ante el arca de Yahvé, hasta por la tarde, él y los ancianos de Israel, y echaron polvo sobre sus cabezas. **Josué 7, 6**

Aquí Josué y los ancianos estaban postrados rostro en tierra delante del arca, que tenía querubines, no adoraban los querubines sino era un signo de veneración y respeto por el arca.

Por tanto, ¿por qué Natán puede postrarse ante un rey si el postrarse ante algo o alguien diferente a Dios era prohibido en Éxodo 20,4-5? Esto sería contradictorio con el decálogo a menos que demos la adecuada interpretación al pasaje de Éxodo 20,4-5 y es que en ese pasaje se habla de dar *adoración o latría* a seres distintos de Yahvé, pero no prohíbe el darles honra y veneración. La adoración debe ser exclusiva a Dios como enseña el Catecismo en *Numerales 2095, 2096, 2097.*

Tenemos más citas:

Y vino Mefi-boset, hijo de Jonatán hijo de Saúl, a David, y se postró sobre su rostro e hizo reverencia. Y dijo David: Mefi-boset. Y él respondió: He aquí tu siervo. **2 Samuel 9,6**

Y todos los siervos del rey que estaban a la puerta del rey se arrodillaban y se inclinaban ante Amán, porque así lo había mandado el rey; pero Mardoqueo ni se arrodillaba ni se humillaba. **Ester 3,2**

Pasemos ahora al NT. Los hermanos protestantes usan Hechos 10,25, Apoc 19,10 y Apoc 22,08-10 para condenar el arrodillarse ante un hombre. Veamos estas citas y cómo podemos responder:

Cuando Pedro entró, salió Cornelio a recibirle, y postrándose a sus pies, le adoró. **Hechos 10,25**

Yo me postré a sus pies para adorarle. Y él me dijo: Mira, no lo hagas; yo soy consiervo tuyo, y de tus hermanos que retienen el testimonio de Jesús. Adora a Dios; porque el testimonio de Jesús es el espíritu de la profecía. **Apocalipsis 19,10**

Yo, Juan, soy el que oyó y vio estas cosas. Y después que las hube oído y visto, me postré para adorar a los pies del ángel que me mostraba estas cosas. 9 Pero él me dijo: Mira, no lo hagas; porque yo soy consiervo tuyo, de tus hermanos los profetas, y de los que guardan las palabras de este libro. Adora a Dios. **Apocalipsis 22,8-9**

En estos tres textos se usa en todos la misma expresión griega *pipto* (arrodillarse)72 y *proskuneó* (adorar)73. Con esta última palabra queda clara cuál es la intención de la persona que se arrodilla y por eso se condena el acto en sí. Pero podemos encontrar otros lugares del NT donde arrodillarse *(pipto)* no es condenado, porque no lleva una actitud de adoración hacia esa persona:

Su compañero, cayendo a sus pies le suplicaba: "Ten paciencia conmigo, que ya te pagaré". **Mateo 18,29**

El carcelero pidió luz, entró de un salto y tembloroso se arrojó a los pies de Pablo y Silas, 30 los sacó fuera y les dijo: "Señores, ¿qué tengo que hacer para salvarme?" **Hechos 16,29**

En estos casos, el arrodillarse no se condena. Tampoco es condenado en Lucas 24,4-5 donde se hace un acto de reverencia y veneración a unos ángeles del Señor.

---

72 http://biblehub.com/greek/4098.htm
73 http://biblehub.com/greek/4352.htm

LOS SACRAMENTALES EN LAS ESCRITURAS

El Catecismo de la Iglesia Católica enseña:

1667. Son signos sagrados con los que, imitando de alguna manera a los sacramentos, se expresan efectos, sobre todo espirituales, obtenidos por la intercesión de la Iglesia. Por ellos, los hombres se disponen a recibir el efecto principal de los sacramentos y se santifican las diversas circunstancias de la vida.

Es decir, a través de los sacramentales vamos santificando diversos aspectos, momentos o circunstancias de nuestras vidas, y recibimos efectos espirituales, beneficiosos para nosotros. Los principales sacramentales son: bendiciones, exorcismos, agua bendita, incienso velas, reliquias, crucifijos etc.

Pasaremos a dar las bases bíblicas de cada uno de ellos:

- Bendiciones

La copa de bendición que bendecimos, ¿no es la comunión de la sangre de Cristo? El pan que partimos, ¿no es la comunión del cuerpo de Cristo? **1 Corintios 10,16**

No devolviendo mal por mal, ni maldición por maldición, sino por el contrario, bendiciendo, sabiendo que fuisteis llamados para que heredaseis bendición. **1 Pedro 3,9**

Todos éstos fueron las doce tribus de Israel, y esto fue lo que su padre les dijo, al bendecirlos; a cada uno por su bendición los bendijo. **Génesis 49,28**

- Exorcismos

Les dio poder sobre todos los demonios y para curar enfermedades. **Lucas 9,1**

En mi nombre expulsarán los demonios, hablarán lenguas nuevas, pondrán sus manos sobre los enfermos y los curarán. **Marcos 16,17-18**

Señor, hasta los demonios se nos sometían en tu nombre. **Lucas 10,17**

Dios hacía milagros extraordinarios por medio de Pablo, hasta el punto de que con solo aplicar a los enfermos los pañuelos o cualquier otra prenda de Pablo, se curaban las enfermedades y salían los espíritus malignos. **Hechos 19,11-12**

- Agua Bendita

En las propias Escrituras podemos encontrar ejemplos de agua que sana, agua llamada incluso santa, que es similar a denominarla bendita. Veamos algunos casos:

En esto, una mujer que padecía flujo de sangre desde hacía doce años se acercó por detrás y tocó la orla de su manto.21 Pues se decía para sí: "Con solo tocar su manto, me salvaré". 22 Jesús se volvió, y al verla le dijo: "¡Ánimo!, hija, tu fe te ha salvado." Y se salvó la mujer desde aquel momento. **Mateo 9,20-22**

Dicho esto, escupió en tierra, hizo barro con la saliva, y untó con el barro los ojos del ciego 7 y le dijo: "Vete, lávate en la piscina de Siloé" (que quiere decir Enviado). Él fue, se lavó y volvió ya viendo. **Juan 9,6-7**

La Biblia enseña que el agua se puede usar para sanar, purificar a los hombres. Esta es también la finalidad del agua bendita:

Vosotros daréis culto a Yahveh, vuestro Dios, yo bendeciré tu pan y tu agua. Y apartaré de ti las enfermedades. **Éxodo 23,25**

Cita literal donde habla de bendecir el agua:

Luego echará el sacerdote un poco de agua santa en un vaso de barro, y tomando del polvo que haya en el suelo del Tabernáculo, lo mezclará con el agua. **Números 5,17**

El agua santa era parte de los elementos litúrgicos del antiguo pueblo de Dios, el pueblo de Israel, el mismo sacerdote lo usaba. También forma parte de muchas de nuestras Iglesias y de nuestra liturgia.

Vemos cómo los Profetas purifican el agua:

Eliseo fue hacia los manantiales de las aguas, echó dentro la sal y dijo:

Así ha dicho Yahvé: "Yo sané estas aguas, ya no habrá en ellas muerte ni enfermedad". 22 Y fueron saneadas las aguas hasta hoy, conforme a la palabra que pronunció Eliseo. **2 Reyes 2,21-22**

Las aguas purificadas y santas del Señor, curan enfermedades:

Descendió entonces Naamán y se zambulló siete veces en el Jordán, conforme a la palabra del varón de Dios, y su carne se volvió como la carne de un niño, y quedó limpio. **2 Reyes 5,14**

- Incienso

Uno de ellos tomará un puñado de la flor de harina de la ofrenda, con su aceite y todo el incienso que está sobre la ofrenda, y lo hará arder sobre el altar como un memorial de olor grato a Yahvé. **Levítico 6,15**

Vemos como en el AT ya se usaba incienso para los sacrificios. Nuevamente el incienso era parte de la liturgia del pueblo de Israel.

Suba mi oración delante de ti como el incienso, el don de mis manos como la ofrenda de la tarde. **Salmo 141,2**

El incienso se usaba, porque se pensaba subía a Dios, como las oraciones y las ofrendas, pues el mismo olor de incienso era grato a Dios.

Pero también en el NT tenemos ejemplos de incienso:

Le tocó en suerte entrar, conforme a la costumbre del sacerdocio, en el santuario del Señor para ofrecer el incienso. 10 Toda la multitud del pueblo estaba fuera orando a la hora del incienso. 11 Entonces se le apareció un ángel del Señor puesto de pie a la derecha del altar del incienso. **Lucas 1,9-11**

Es curioso aquí tenemos:

a) Sacerdote ofrece incienso al Señor.

b) La gente orando a la hora del incienso.

c) Un altar del incienso

- Velas o Candelabros

Los protestantes con frecuencia acusan a los católicos de usar velas y prenderlas a los santos como signo de adoración, pero no existe, no es posible encontrar en toda la Biblia una condena el uso de velas y cirios. Tampoco es posible encontrar en las Escrituras que el uso de velas este asociado exclusivamente a la adoración, por lo que la acusación protestante carece de pruebas bíblicas sólidas. Si vamos a la Biblia encontraremos el uso de velas, candelabros, esto era conocido entre los judíos como "*menorah*" es decir un candelabro de siete brazos, o lámpara de aceite.

Veamos las citas bíblicas que nos hablan del uso de velas en el AT:

Harás también un candelabro de oro puro. Harás de oro macizo el candelabro, su pie y su tallo. Sus cálices, corolas y flores formarán un cuerpo con él.32 Saldrán seis brazos de sus lados: tres brazos de un lado y tres del otro.33 El primer brazo tendrá tres cálices en forma de flor de almendro, con corola y flor; también el segundo brazo tendrá tres cálices en forma de flor de almendro, con corola y flor; y así los seis brazos que salen del candelabro.34 En el mismo candelabro habrá cuatro cálices en forma de flor de almendro, con sus corolas y sus flores:35 una corola debajo de los dos primeros brazos que forman cuerpo con el candelabro; una corola, debajo de los dos siguientes, y una corola, debajo de los dos últimos brazos; así con los seis brazos que salen del candelabro.36 Las corolas y los brazos formarán un cuerpo con el candelabro. Todo ello formará un cuerpo de oro puro macizo.37 Harás sus siete lámparas que colocarás encima de manera que den luz al frente.38 Sus despabiladeras y sus ceniceros serán de oro puro. **Éxodo 25,31-3**

Vemos el mismo Dios manda hacer candelabros.

Cada mañana y cada tarde quemamos holocaustos a Yahveh, y tenemos el incienso aromático; las filas de pan están sobre la mesa pura, y el candelabro de oro con sus lámparas para ser encendidas cada tarde, pues nosotros guardamos el ritual de Yahveh nuestro Dios, en tanto que vosotros le habéis abandonado. **2 Crónicas 13,11**

Hasta llegaron a cerrar las puertas del Vestíbulo, apagaron las lámparas, y no quemaron incienso ni ofrecieron holocaustos en el santuario al Dios de Israel. **2 Crónicas 29,7**

Vemos, pues, el uso de lámparas y candelabros ya era común en el antiguo pueblo de Dios, era siempre algo usado en los sacrificios a Dios. No existe ninguna condena por parte de Dios para aquellos que las usan. ¿Si Dios no lo condena, porque ha de condenarlo el hombre? Pasemos ahora al NT y veamos como aquí también se usan velas:

También la primera Alianza tenía sus ritos litúrgicos y su santuario terreno.2 Porque se preparó la parte anterior de la Tienda, donde se hallaban el candelabro y la mesa con los panes de la presencia, que se llama Santo. **Hebreos 9,2**

Aquí claramente se nos dice era parte de los ritos litúrgicos y del santuario. En nuestras iglesias también es parte de ellas, y de los ritos litúrgicos (procesiones).

Vemos cómo la iglesia primitiva ya usaba candelabros:

Al Ángel de la Iglesia de Éfeso, escribe: Esto dice el que tiene las siete estrellas en su mano derecha, el que camina entre los siete candeleros de oro. **Apocalipsis 2,1**

Del trono salen relámpagos y fragor y truenos; delante del trono arden siete antorchas de fuego, que son los siete Espíritus de Dios. **Apocalipsis 4,5**

RESPUESTA A LAS PRINCIPALES OBJECCIONES

Pasaré a analizar las principales citas usadas por los protestantes contra las imágenes y demostrar donde está su error interpretativo:

Objeción 1:

¿De qué sirve la escultura que esculpió el que la hizo?, ¿la estatua de fundición que enseña mentira, para que haciendo imágenes mudas confíe el hacedor en su obra? 19 ¡Ay del que dice al palo: Despiértate; y a la piedra muda: ¡Levántate! ¿Podrá él enseñar? He aquí está cubierto de oro y plata, y no hay espíritu dentro de él. 20 Mas Yahvé está en su santo templo; calle delante de él toda la tierra. **Habacuc 2,18-20**

Aquí se condenan las esculturas. Por tanto, tener esculturas es cometer idolatría.

Respuesta:

Tenemos dos palabras que nos ayudan a entender el texto: *pesel y elil*, que se traducen ambos como "ídolo". Se trata, pues, de una burla hacia los conquistadores por parte del profeta. 74

Objeción 2:

Antes bien, llevabais el tabernáculo de vuestro Moloc y Quiún, ídolos vuestros, la estrella de vuestros dioses que os hicisteis. **Amós 5,26**

¿Ves?, ahí te hablan de no tener ídolos ni imágenes.

Respuesta:

Es interesante aquí el comentario bíblico de Alberto Colunga sobre este pasaje:

Se han entregado a la idolatría más crasa, admitiendo dioses extranjeros; por eso Yahvé les hará ir al cautiverio con sus dioses queridos: Mas llevaréis a Sakkut, vuestro rey, y a Kewan., la estrella de vuestro dios que os habéis fabricado (v.26). El profeta alude a los cultos astrales, que por influencia asiria habían penetrado en el reino del norte. Sakkut es un epíteto del dios asirio Kewan (en asirio ka-ai-va-nu), que no es otro que el planeta Saturno (la estrella de vuestro dios). Los israelitas irán con sus dioses postizos más allá de Damasco (v.17), es decir, a Mesopotamia. 75

Por tanto está hablando de un culto pagano que había entrado en Israel, y les había hecho caer en la idolatría sirviendo al dios asirio Kewan.

Objeción 3:

¡Reuníos y venid! ¡Acercaos todos los sobrevivientes de entre las naciones! No tienen conocimiento aquellos que erigen su ídolo de madera, y los que ruegan a un dios que no salva. **Isaías 45,20**

Vosotros los católicos tenéis ídolos de madera como dice Isaías.

Respuesta:

Nuevamente estamos en el caso de un ídolo, un *pesel* no se habla de esculturas o imágenes talladas. Al final habla de un *"dios que no*

---

74 http://biblehub.com/hebrew/457.htm
75 http://www.mercaba.org/Biblia/Comentada/profetas_amos.htm

salva". Las imágenes católicas no son dioses ni nos salvan, pero los israelitas creían que sus ídolos sí lo hacían, por ello aquí les da esta advertencia.

Objeción 4:

Los que modelan imágenes de talla, todos ellos son nada, y lo más precioso de ellos para nada es útil; y ellos mismos, para su confusión, son testigos de que los ídolos no ven ni entienden. 10 ¿Quién fabrica un dios o quién funde una imagen que para nada es de provecho? **Isaías 44,9-10**

En esta cita se prohíben las imágenes claramente. Vuestras imágenes son prohibidas y no obedecéis a Isaías.

Respuesta:

La palabra hebrea que aquí se usa es *pesel* y debe ser traducido como "ídolo" no como imagen. El versículo 10 ya indica claramente que se trata de *un falso dios.* Se habla en un contexto idolátrico, en el que se recuerda a Israel que se aleje de toda idolatría, de los falsos dioses. Nada que ver con las imágenes representativas o las esculturas. Todos los versículos posteriores claramente se ve están hablando de idolatría, de falsos dioses fabricados por israelitas, en relación con el único y verdadero Dios que era Yahvé.

Objeción 5:

¡Se ha postrado Bel, se abatió Nebo! Sus imágenes fueron puestas sobre bestias, sobre animales de carga, esas cosas que vosotros solíais llevar son puestas cual una carga sobre las bestias cansadas. **Isaías 46:1**

Nuevamente aquí se habla de imágenes paganas condenadas por el profeta.

Respuesta:

Tanto Bel como Nebo eran dioses babilónicos. Para nada condena las imágenes representativas. Nuevamente, me apoyaré en el Comentario Bíblico de Alberto Colunga:

Bel y Nebo (Júpiter y Mercurio babilónicos) eran las divinidades supremas del panteón babilónico. Los ciudadanos babilónicos quieren salvar sus divinidades en la huida, para seguir disfrutando de su protección y para que no caigan en poder del invasor, con lo que sus poderes quedarían muy reducidos. Las cosas que llevabais es alusión a las procesiones babilonias, que constituían por su pompa el orgullo de los babilonios. Efectivamente, Bel (Marduk) y Nebo eran llevados procesionalmente en barcas en el día de año nuevo. 76

Así que en esta cita se habla de divinidades paganas, concretamente babilónicas. Nada que ver con las imágenes católicas que no son dioses, sino simplemente santos de Dios.

LAS RELIQUIAS EN EL CRISTIANISMO

Podemos definir las reliquias como restos del cuerpo u objetos de los santos. A veces son partes de sus cuerpos, u objetos ellos han usado a los cuales se les da un culto de Veneración. El objeto de este culto viene por el respeto hacia esa persona que ha alcanzado la Santidad de vida, nosotros como cristianos respetamos y honramos su cuerpo, u objetos que él o ella hayan usado. No es un culto de adoración pues no creemos que esos objetos o partes del cuerpo tengan poderes mágicos, al contrario se trata de una veneración por respeto hacia la santidad personal.

¿Se puede encontrar en las Escrituras las bases de este culto? Veamos que sí, haremos un profundo y exhaustivo análisis de las mismas para no dejar lugar a dudas:

El pueblo de Israel conservaba cosas de los antiguos patriarcas en señal de respeto:

Tras el segundo velo estaba la parte del tabernáculo llamada el Lugar Santísimo, 4 el cual tenía un incensario de oro y el arca del pacto cubierta de oro por todas partes, en la que estaba una urna de oro que contenía el maná, la vara de Aarón que reverdeció, y las tablas del pacto. **Hebreos 9,3-4**

En otras ocasiones se molestaban en trasladar los huesos de los patriarcas para enterrarlos en el sitio adecuado. Esto el único sentido tiene es el del profundo amor y respeto que guardaban hacia ellos:

---

76 http://www.mercaba.org/Biblia/Comentada/profetas_isaias.htm

E hizo jurar José a los hijos de Israel, diciendo: Dios ciertamente os visitará, y haréis llevar de aquí mis huesos. 26 Y murió José a la edad de ciento diez años; y lo embalsamaron, y fue puesto en un ataúd en Egipto. **Génesis 50,25-26**

Tomó también consigo Moisés los huesos de José, el cual había juramentado a los hijos de Israel, diciendo: Dios ciertamente os visitará, y haréis subir mis huesos de aquí con vosotros. 20 Y partieron de Sucot y acamparon en Etam, a la entrada del desierto. **Éxodo 13,19-20**

Y enterraron en Siquem los huesos de José, que los hijos de Israel habían traído de Egipto, en la parte del campo que Jacob compró de los hijos de Hamor padre de Siquem, por cien piezas de dinero; y fue posesión de los hijos de José. **Josué 24,32**

Nadie se molesta tanto por unos huesos de un simple mortal sino es porque se le veneraba en el Antiguo Pueblo de Dios. Es la única explicación razonable de que se molestaran en llevar sus huesos y esta era en sí la voluntad de Dios: usar los huesos de José el patriarca para enseñarnos que a través de ellos podemos mejorar en la vida, ofreciendo nuestro sacrificio por cumplir la voluntad de Dios.

Pero también vemos cómo de los mismos objetos se desprende la intervención de Dios:

Tomando entonces Elías su manto, lo dobló, y golpeó las aguas, las cuales se apartaron a uno y a otro lado, y pasaron ambos por lo seco. **2 Reyes 2,8**

Alzó luego el manto de Elías que se le había caído, y volvió, y se paró a la orilla del Jordán. 14 Y tomando el manto de Elías que se le había caído, golpeó las aguas, y dijo: ¿Dónde está Yahvé el Dios de Elías? Y así que hubo golpeado del mismo modo las aguas, se apartaron a uno y a otro lado, y pasó Eliseo. 15 Viéndole los hijos de los profetas que estaban en Jericó al otro lado, dijeron: El espíritu de Elías reposó sobre Eliseo. Y vinieron a recibirle, y se postraron delante de él. **2 Reyes 13,14-15**

Vemos cómo Dios actúa a través del manto de Elías para realizar un milagro. Es Dios y no el manto quien realiza el milagro pero el principio de la fe sobre las reliquias lo vemos claramente en este pasaje cuando a través de un objeto de los profetas el mismo Dios actúa para lograr un milagro, el apartar las aguas. Es, pues, entonces, el manto de Elías una reliquia.

También vemos cómo el tocar los huesos de un hombre santo hace que otra persona resucite, siendo estos una reliquia como enseña la fe de la Iglesia:

Y murió Eliseo, y lo sepultaron. Entrado el año, vinieron bandas armadas de moabitas a la tierra. 21 Y aconteció que al sepultar unos a un hombre, súbitamente vieron una banda armada, y arrojaron el cadáver en el sepulcro de Eliseo; y cuando llegó a tocar el muerto los huesos de Eliseo, revivió, y se levantó sobre sus pies. **2 Reyes 13,20-21**

Pero no solamente en el AT encontramos estos ejemplos. En el mismo NT podemos ver claros ejemplos de objetos que se usan para curar enfermedades y objetos a través de los cuales el poder de Dios se nos manifiesta:

Y he aquí una mujer enferma de flujo de sangre desde hacía doce años, se le acercó por detrás y tocó el borde de su manto; 21 porque decía dentro de sí: Si tocare solamente su manto, seré salva. 22 Pero Jesús, volviéndose y mirándola, dijo: Ten ánimo, hija; tu fe te ha salvado. Y la mujer fue salva desde aquella hora. **Mateo 9,20-22**

Quiero destacar acá que si bien dice que la fe le salvo, fue necesario tocara su manto, es decir, la fe le hizo obrar en consecuencia y tocar el manto, si no hubiera tocado el manto no se habría curado aun cuando hubiera tenido fe, pues si la fe no se lleva en obra o sea a la práctica, esta es inútil. Ella tenía fe en Cristo y por eso tocó su manto, este actuó como reliquia y la curó. Pero no solamente tenemos este caso, encontramos más casos en las Escrituras donde ocurre algo similar:

Y terminada la travesía, vinieron a tierra de Genesaret. 35 Cuando le conocieron los hombres de aquel lugar, enviaron noticia por toda aquella tierra alrededor, y trajeron a él todos los enfermos; 36 y le rogaban que les dejase tocar solamente el borde de su manto; y todos los que lo tocaron, quedaron sanos. **Mateo 14,34-36**

De nuevo la misma pauta: tocan el manto y quedan sanados; a través de un objeto, el manto, se manifiesta el poder de Dios.

Una vez probado esto: ¿Por qué no es posible que esto ocurra en la realidad? Alguno dirá "Bueno, es que era Cristo", a lo cual responderemos "Y también San Pablo lo hacía":

Y hacía Dios milagros extraordinarios por mano de Pablo, 12 de tal manera que aún se llevaban a los enfermos los paños o delantales de su cuerpo, y las enfermedades se iban de ellos, y los espíritus malos salían. **Hechos 19,11-12**

Es decir, el poder de Dios manifestado a través de un objeto no terminó con Cristo, la Biblia nos dice cómo San Pablo curaba enfermos con los paños y delantales que él mismo usaba.

Pero además podemos encontrar en las Escrituras que ciertos objetos han sido elevados a la categoría de "santos" o "sagrados" convirtiéndose así en dignos de honor y veneración, es decir, respeto:

Hablarás a los hijos de Israel, y les dirás: "Este será el aceite de la santa unción para vuestras generaciones. Sobre carne de hombre no será derramado, ni haréis otro semejante conforme a su composición; santo es, y por santo lo tendréis vosotros". **Éxodo 30, 31-32**

Y harás con ello, según el arte del perfumador, un incienso perfumado, bien mezclado, puro y santo. **Éxodo 30,35**

También puso la mitra sobre su cabeza, y encima de la mitra, en la frente, puso la lámina de oro, la diadema santa, como Dios había mandado a Moisés. Después tomó Moisés el aceite de la unción, ungió el Tabernáculo y todas las cosas que estaban en él, y las santificó. **Levítico 8, 9-10**

Se vestirá con la túnica santa de lino, se pondrá los calzoncillos de lino, se ceñirá el cinto de lino y con la mitra de lino se cubrirá. Estas son las santas vestiduras; con ellas se ha de vestir después de lavar su cuerpo con agua. **Levítico 16, 4**

Dijo además a los levitas que enseñaban a todo Israel y que estaban dedicados a Dios: "Poned el Arca santa en la casa que edificó Salomón hijo de David, rey de Israel, para que no la carguéis más sobre los hombros". **2 Crónicas 35, 3**

Por siete días harás expiación por el altar, y lo santificarás, y será un altar santísimo: cualquiera cosa que tocare el altar, será santificada. **Éxodo 29,37**

Así el sacerdote le dio el pan sagrado, porque allí no había otro pan sino los panes de la proposición, los cuales habían sido quitados de la presencia de Dios, para poner panes calientes el día que aquéllos fueron quitados. **1 Samuel 21,6**

Mas toda la plata y el oro, y los utensilios de bronce y de hierro, sean consagrados a Yahvé, y entren en el tesoro de Yahvé. **Josué 6,19**

Y llevaron el arca de Yahvé, y el tabernáculo de reunión, y todos los utensilios sagrados que estaban en el tabernáculo, los cuales llevaban los sacerdotes y levitas. **1 Reyes 8,4**

Teniendo en cuenta que en hebreo *santo* significa *"separado de"* *"grandeza"* podemos ver la importancia que tiene esta palabra en estos textos y como es aplicada a objetos, demostrando que también los objetos pueden ser santos y sagrados. Eso, entonces, sería un antecedente directo de lo que los católicos llamamos *reliquias*: un objeto santo. La propia Escritura nos habla de túnicas, pan, utensilios, arca, mitra y perfumes santos, y a todos ellos se les debe dar un culto de honra y respeto, o sea, veneración.

LA CRUZ EN EL CRISTIANISMO

¿Por qué llevas colgado del cuello el objeto que mató a Jesucristo? Con esta pregunta suelen cuestionar los protestantes a los católicos el uso de los crucifijos. Muchos católicos no saben qué responder. ¿Qué enseña la Biblia sobre la Cruz?, ¿Es cierto la Cruz mató a Cristo?, ¿Cómo entender esto y cómo justificar el uso de la misma?

Para responder a esto debemos primero aclarar una cosa: Cristo fue libremente a la muerte, a él nadie le quita la vida, él la entrega libremente por la salvación de los hombres. Desde esta perspectiva el tema se puede responder con más facilidad: si él se entrega libremente es por algo, ¿no? La respuesta la tenemos en el profeta Isaías:

Ciertamente llevó él nuestras enfermedades, y sufrió nuestros dolores; y nosotros le tuvimos por azotado, por herido de Dios y abatido. 5 Mas él herido fue por nuestras rebeliones, molido por nuestros pecados; el castigo de nuestra paz fue sobre él, y por su llaga fuimos nosotros curados. **Isaías 53,4-5**

Así que lo que realmente mató a Cristo fueron nuestros pecados, mejor dicho, él se entregó a la muerte por nuestros pecados, los culpables de su muerte somos nosotros pecadores, no la Cruz. La Cruz es el objeto usado por los romanos para dar muerte a los malhechores, pero no es el objeto sino la causa la que es la culpable de la muerte, y como enseña el profeta Isaías fueron nuestras rebeliones, nuestros pecados, que para ser curados, y para nuestra paz, él tuvo que morir. Siendo así entonces la Cruz se convierte entonces en la puerta de la gloria, instrumento de salvación del género humano:

Por toda respuesta Jesús declaro: Ha llegado la hora en que el Hijo del Hombre va a entrar en su Gloria. En verdad os digo Si el grano de trigo no cae en tierra y no muere, queda solo, pero si muere da mucho fruto. **Juan 12,23-24**

Por eso para nosotros la Cruz se ha convertido en poder de Dios, como enseña San Pablo:

Pues la predicación de la cruz es una necedad para los que se pierden; mas para los que se salvan es poder de Dios" **1 Corintios 1,18**

Yo deseo llevar el poder de Dios lo más cerca de mi corazón, pues eso me recuerda al Señor, a quien se entregó por mí, murió por mí, me salvó en ella y ella es el poder de Dios, su poder de salvación. Por eso en la Iglesia católica se predica sobre la cruz diaria, aquellas iglesias que hablan de solo felicidad, solo alegría, y no enseñan el sufrimiento de la Cruz diaria, no son la Iglesia de Cristo, pues para ellos predicar la cruz es "necedad". Sin embargo, para nosotros predicar la Cruz es poder, pues nos ayuda a confiar en el Señor y acercarnos más a él. Por ello podemos gritar junto con San Pablo:

Nosotros predicamos a un Cristo crucificado... fuerza de Dios y sabiduría de Dios. **1 Corintios 1, 23-24**

Nosotros tenemos que gloriarnos de la Cruz, es objeto pues de gloria para el cristiano la Cruz del Salvador, así lo enseña San Pablo:

En cuanto a mí, Dios me libre de gloriarme si no es en la cruz de nuestro Señor Jesucristo, por la cual el mundo es para mí un crucificado y yo un crucificado para el mundo. **Gálatas 6,14**

Puedo concluir, entonces, que todo el que no se gloría de la Cruz, se vuelve enemigo de ella:

Porque ya les advertí frecuentemente y ahora les repito llorando: hay muchos que se portan como enemigos de la cruz de Cristo. **Filipenses 3,18**

Dios es todopoderoso, de forma que ha transformado un objeto de suplicio y dolor (Gén 40,19; Deut 21,23) en un objeto de gloria y Salvación (Ef 2,16; Col 1,20; Fil 2,8; Heb 12,2; 1 Pe 2,24). Así, en el NT la Cruz se convierte en tránsito y camino hacia la felicidad eterna, hacia la salvación (Mc 8,31; Jn 3,14; 8,28; 12,32; 19,34.37; He 2,23.32; 3,15; 5,30-31).

CONSTRUIR TEMPLOS EN LAS ESCRITURAS

"Según enseña infaliblemente la Escritura, Dios no habita en templos hechos por manos humanas (Hechos 17,24, Hechos 7,48, Isaías 66,2). Por lo tanto, el edificar iglesias para Dios es algo anti-bíblico, los cristianos no se reúnen en iglesias ya que allí no habita el Señor. Todos los templos católicos son paganos porque la Biblia enseña claramente que Dios no habita en templos. Mateo 18:20: "Donde dos o más se reúnan en mi nombre allí estoy yo". Por lo tanto, no necesitamos iglesia, basta que dos o más nos reunamos, allí en medio estará Cristo". Así es como los hermanos protestantes intentan desacreditar la construcción de templos e iglesias a Dios.

La cita de Hechos 17,24 debe citarse en su contexto:

Porque en él vivimos, y nos movemos, y somos; como algunos de vuestros propios poetas también han dicho: Porque linaje suyo somos. 29 Siendo, pues, linaje de Dios, no debemos pensar que la Divinidad sea semejante a oro, o plata, o piedra, escultura de arte y de imaginación de hombres. 30 Pero Dios, habiendo pasado por alto los tiempos de esta ignorancia, ahora manda a todos los hombres en todo lugar, que se arrepientan; **Hechos 17,28-29**

Evidentemente San Pablo está hablando de los ídolos griegos, en sus templos, hechos por manos humanas, no se encuentra el Dios verdadero. El contexto exige esto, tanto en los versículos posteriores como en los anteriores:

Mientras Pablo los esperaba en Atenas, su espíritu se enardecía viendo la ciudad entregada a la idolatría. **Hechos 17,16**

En este contexto, es evidente que Dios no se encuentra en santuarios realizados por manos humanas.

La cita Hechos 7,48 también está fuera de contexto, pues el contexto mismo vuelve a exigir que se hable de idolatría:

Cuando dijeron a Aarón: Haznos dioses que vayan delante de nosotros; porque a este Moisés, que nos sacó de la tierra de Egipto, no sabemos qué le haya acontecido. 41 Entonces hicieron un becerro, y ofrecieron sacrificio al ídolo, y en las obras de sus manos se regocijaron. **Hechos 7,40-41**

En este sentido, se deben entender las palabras del primer mártir, Esteban: "El Altísimo no habita en templos hechos de mano", esto es, en templos paganos o idolátricos.

Además de ello citan también Isaías 66,1-2, pero lo están citando fuera de contexto pues aquí Dios quiere mostrar a los israelitas que él es transcendente y por su poder y gloria y magnificencia no existe templo que pueda contenerle. Esto es verdad en el sentido de la transcendencia de Dios, él está fuera del espacio y del tiempo, pero no condena el culto externo en templos, puesto que si fuera así, no habría podido Salomón hacerle un templo tan maravilloso (2Cronicas 3,1; 1Cronicas 29,1; Oseas 8,14).

Lo mismo podríamos decir del Arca de la Alianza, que acompañó tanto tiempo al pueblo de Israel y el tabernáculo de reunión (Josué 18:1; 2Samuel 7:6). El versículo 2 de Isaías nos aclara el tema:

Mi mano hizo todas estas cosas, y así todas estas cosas fueron, dice Yahvé; pero miraré a aquel que es pobre y humilde de espíritu, y que tiembla a mi palabra. **Isaías 66,2**

Yahvé mirara al que es humilde, lo que Dios busca con esto es que se le dé culto desde la humildad, reconociendo que él hizo todas las cosas, está por encima de todo, con trono en el cielo, y la Tierra es su estrado (v.1). En el versículo 3 indica que si no son humildes, a Dios le da igual lo que hagan. Es en este sentido que de nada vale adorar a Dios en un templo sino eres humilde de espíritu.

Por otro lado debemos recordar, que el altísimo ya se manifestó en carne (1 Tim 3:6), y esa manifestación, era una persona humana, Jesucristo, el Hijo de Dios, la Palabra hecha carne (Juan 1,14). Por tanto, evidentemente Dios no habita en templos físicos, habita en el templo de Cristo:

Respondió Jesús y les dijo: Destruid este templo, y en tres días lo levantaré. **Juan 2,19**

Porque en él habita corporalmente toda la plenitud de la Deidad, **Colosenses 2,9**

En este sentido, la plenitud de la Deidad no habita en templos judíos, ni en templos paganos, ya que ya había llegado el cumplimiento de los tiempos, y el Cristo ya había nacido.

¿Entonces porque no se puede aplicar a los templos católicos? La respuesta es sencilla: porque en los templos católicos habita el Señor:

Y mientras comían, tomó Jesús el pan, y bendijo, y lo partió, y dio a sus discípulos, y dijo: Tomad, comed; esto es mi cuerpo. 27 Y tomando la copa, y habiendo dado gracias, les dio, diciendo: Bebed de ella todos; 28 porque esto es mi sangre del nuevo pacto, que por muchos es derramada para remisión de los pecados. **Mateo 26,26**

La copa de bendición que bendecimos, ¿no es la comunión de la sangre de Cristo? El pan que partimos, ¿no es la comunión del cuerpo de Cristo? **1 Corintios 10,16**

Por tanto, en los templos católicos, habita Cristo, en el Santísimo Sacramento del Altar. Por eso es diferente a un templo hecho de manos humanas. Este está realizado de manos divinas, engendrado de Dios (Juan 1,13).

¿Es malo entonces orar en el templo y adorar a Dios en él? Los protestantes como siempre se olvidan de otros versículos que refutan la idea de no poder orar y adorar a Dios en un templo:

Pedro y Juan subían juntos al templo a la hora novena, la de la oración. **Hechos 3,1**

La novena hora eran las 15:00 "cuando el sacrificio fue ofrecido con la oración" (Ex 29,39; Lev 6,20).

Y perseverando unánimes cada día en el templo, y partiendo el pan en las casas, comían juntos con alegría y sencillez de corazón, 47 alabando a Dios, y teniendo favor con todo el pueblo. Y el Señor añadía cada día a la Iglesia los que habían de ser salvos. **Hechos 2,46**

Usaban el templo para orar, las casas para la Eucaristía, y alababan en esos lugares, construidos por manos humanas, a Dios.

Un ángel del Señor les manda anunciar el Evangelio en un templo:

Mas un ángel del Señor, abriendo de noche las puertas de la cárcel y sacándolos, dijo: 20 Id, y puestos en pie en el templo, anunciad al pueblo todas las palabras de esta vida. **Hechos 5,19-20**

El mismo Jesús define el templo como su casa:

Y entró Jesús en el templo de Dios, y echó fuera a todos los que vendían y compraban en el templo, y volcó las mesas de los cambistas, y las sillas de los que vendían palomas; 13 y les dijo: Escrito está: Mi casa, casa de oración será llamada; mas vosotros la habéis hecho cueva de ladrones. **Mateo 21,12-13**

Finalmente, nos citan Mateo 18:20. Con esta cita pretenden insinuar que no es necesario Iglesia alguna, basta con reunirse dos personas para que Dios esté presente en medio de ellos. Sin embargo, se olvidan de algo:

Respondió Jesús y le dijo: El que me ama, mi palabra guardará; y mi Padre le amará, y vendremos a él, y haremos morada con él. **Juan 14,23**

Si Jesús mora en quien le ama, ¿qué necesidad tienen de reunirse y vivir en comunidad? Entonces, ¿por qué la Iglesia primitiva se reunía en comunidades?

Y perseveraban en la doctrina de los apóstoles, en la comunión unos con otros, en el partimiento del pan y en las oraciones **Hechos 2,42**

No negamos que Dios esté presente en medio de dos personas que le rezan, pero eso no significa no se necesite vivir dentro de una comunidad de fieles o Iglesia, para ser salvo:

Alabando a Dios, y teniendo favor con todo el pueblo. Y el Señor añadía cada día a la Iglesia los que habían de ser salvos. **Hechos 2,47.**

V

LOS SACRAMENTOS

LOS SIETE SACRAMENTOS EN LAS ESCRITURAS

Debemos empezar este bloque hablando sobre qué es un Sacramento. Usaré la definición dada en el manual de *Teología Dogmática* de Ludwig Ott, sección primera - Tratado del Sacramento, punto 2 - Definición esencial: *El sacramento del Nuevo Testamento es un signo instituido por Cristo para producir la gracia.*[77]

Es decir, es un signo exterior, percibido por el hombre, que nos da la gracia santificante, instituido por Dios, en este caso por el Dios hecho hombre Jesucristo. A través de los sacramentos recibimos la gracia santificante, es decir, son el apoyo o columna de nuestra fe cristiana. Algunos se reciben una sola vez, como el bautismo (Efesios 4:5), otros se pueden recibir todos los días, como la Eucaristía.

Esta palabra es latina, en la Vulgata es usada para traducir el término griego *μysterion* (misterio). Podemos encontrarlo en los Evangelios en Marcos 4:11, relativo a los misterios del Reino de Dios, o en Efesios 5:32, referido al gran misterio de Cristo y su Iglesia. [78]

¿Por qué son siete exactamente? En la Sagrada Escritura el siete significa perfección al igual que el seis simboliza la imperfección. Son siete entonces los sacramentos que nos conducen a la perfección de la vida cristiana. Pero ¿podemos encontrar algún sitio que mencione los siete sacramentos en la Biblia? Bueno la primera prefiguración de los siete sacramentos la podemos encontrar en el libro de los Proverbios:

La sabiduría hizo una casa y le puso siete columnas labradas. **Proverbios 9,1**

Tenemos que recordar quién es la Sabiduría de Dios que ya existía en el AT.

---

77 Teología dogmática Ludwig Ott: http://www.mercaba.org/TEOLOGIA/OTT/485-518_tratado_sacramentos.htm
78 http://biblehub.com/greek/muste_rion_3466.htm

Mas para los llamados, así judíos como griegos, Cristo poder de Dios, y sabiduría de Dios. **1Corintios 1,4**

Luego, Cristo es la sabiduría, y Proverbios indica hizo una casa. En el NT esa casa es la Iglesia (1Timoteo 3:15, Hebreos 3:6). Conforme a esto en la Iglesia existen siete columnas que la sujetan. Estos son, pues, los sacramentos que sujetan a los fieles, pues todos somos Iglesia. Recordemos que sin Cristo, cabeza de la Iglesia, no podemos hacer nada (Juan 15:5, Juan 5:19). Por ello los sacramentos son pilares que nos sujetan y nos mantienen unidos a la Iglesia. Apartarnos de los sacramentos es apartarnos de la casa de Dios.

Veamos ahora cuáles son esos siete sacramentos y demos rápidamente el fundamento bíblico de cada uno de ellos:

Bautismo: Se instituye en Lucas 3,16; Juan 3,5 y Mateo 28,19-20. Se practica en Hechos 8,26-40 y Hechos 9,1-19.

Confirmación: Cristo nos lo promete en Juan 16,7-15. Se confirma la promesa en Hechos 2 y se practica por la Iglesia en Hechos 19,5-6.

Penitencia: La instituye Cristo en Juan 20,21-23, y la celebra la Iglesia en Hechos 19,18.

Eucaristía: La instituye Cristo en Mateo 26,26-29. La celebra la Iglesia en 1Cor 11,23-26.

Orden Sagrado: Prefigurado en Isaías 66,18-21. Instituido en Juan 20,21-23. Practicado en 2 Tim 1,16.

Matrimonio: Instituido por Dios en la creación Génesis 2,8-25 y ratificado por Cristo en Mateo 19,4-6. Relacionado con la Iglesia en Efesios 5,21-33.

Unción de Enfermos: Instituido por Cristo en Marcos 6,7.13 y conservado en la Iglesia en Santiago 5,14.

Como antes dije, los sacramentos nos dan gracia santificante a los que los recibimos. Podemos citar, por ejemplo:

Por eso te recomiendo que avives la llama del don de Dios que recibiste cuando te impuse las manos. **2 Timoteo 1,6**

Otros pasajes donde se relaciona gracia con sacramentos es a través de la regeneración en Tito 3,5, purificación en Efesios 5,26, remisión pecados en Juan 20,23, vida eterna en Juan 6,55. El don de Dios al que se refiere San Pablo en la epístola a Timoteo, es la gracia, ya que esta significa "don de Dios".

EL BAUTISMO

¿Real o simbólico?

El primero de los siete sacramentos, o la puerta de los sacramentos, o puerta de la Iglesia, es el Bautismo. Esta palabra deriva del griego *bapto/baptizo* que significa tanto lavar como sumergirse. Esta etimología es importante porque muchos hermanos protestantes solo entienden que significa sumergirse y no lavarse, lo cual es un error como posteriormente probaremos.[79]

Dice el Catecismo de la Iglesia Católica:

1213 El santo Bautismo es el fundamento de toda la vida cristiana, el pórtico de la vida en el espíritu ("vitae spiritualis ianua") y la puerta que abre el acceso a los otros sacramentos. Por el Bautismo somos liberados del pecado y regenerados como hijos de Dios, llegamos a ser miembros de Cristo y somos incorporados a la Iglesia y hechos partícipes de su misión (cf Concilio de Florencia: DS 1314; CIC, can 204,1; 849; CCEO 675,1): Baptismus est sacramentum regenerationis per aquam in verbo" ("El bautismo es el sacramento del nuevo nacimiento por el agua y la palabra": Catecismo Romano 2,2,5).

El principal problema con los hermanos protestantes radica en que ellos ven el bautismo como algo simbólico, no real, muchos incluso ni sacramento lo consideran. Lo ven como un rito de salvos, pues recordemos para el protestante la fe es lo que salva no el bautismo ni los sacramentos. ¿Cómo podemos responder a esto?

En primer lugar respondemos con las prefiguraciones del bautismo en el AT. La prefiguración es la definición anticipada de un suceso, cosa o signo. Tenemos aquí algunas prefiguraciones del bautismo:

- El paso del Mar Rojo por los israelitas (Ex. 13, 17- 22; 14, 1-31).

- El agua que brotó de la roca de Horeb (Ex. 17, 2-6).

---

79 http://biblehub.com/greek/907.htm

- La curación de Naamán en las aguas del Jordán (2 Re 5, 13-15).

Estas citas nos hablan de realidades que realmente ocurrieron, ningún protestante las niega. El bautismo es una realidad de estos acontecimientos, pero una realidad más plena pues a través del bautismo recibimos el Espíritu Santo, somos miembros de la Iglesia e incluso se perdonan nuestros pecados, por ello es una realidad mayor que las del AT. Nunca una realidad del AT corresponde a un símbolo en el NT; por tanto, el bautismo debe ser real no meramente simbólico.

Por otro lado, la propia Biblia nos muestra por qué este sacramento es necesario para la salvación:

Y les dijo: Id por todo el mundo y predicad el Evangelio a toda criatura. El que creyere y fuere bautizado se salvará, más el que no creyere se condenará. **Marcos 16, 15-16**

La condición es ser bautizado y creer para ser salvo. Obviamente aquella persona que aun siendo bautizada no crea, al estar negando a Dios, se condena. Pero la condena es porque no cumplió con las promesas del bautismo y estas son la de cumplir la voluntad de Dios y creer en él y en su Evangelio. Por ello el bautismo influye en la salvación.

Respondió Jesús: En verdad en verdad te digo que quien no naciere del agua y del Espíritu, no puede entrar en el Reino de los cielos. **Juan 3, 5**

La palabra griega que significa la frase "nacido de nuevo" es ἄνωθεν que se translitera como: "anóthen" y significa literalmente: nacido de arriba. Podemos ver este significado en otra cita, por ejemplo:

El que de arriba viene, es sobre todos; el que es de la tierra, es terrenal, y cosas terrenales habla; el que viene del cielo, es sobre todos. **Juan 3,31**

"De arriba viene"- ἄνωθεν-anóthen es decir, al bautizarnos nacemos de arriba, entramos en el reino de los cielos y eso nos da garantía de podernos salvar, pues ya pertenecemos a su reino.80

---

80 http://biblehub.com/greek/509.htm

Tenemos claro que en Juan 3,5 se habla del bautismo ya que versículos después vemos como los apóstoles comenzaron a bautizar:

Después de esto, vino Jesús con sus discípulos a la tierra de Judea, y estuvo allí con ellos, y bautizaba. **Juan 3,22**

Cuando, pues, el Señor entendió que los fariseos habían oído decir: Jesús hace y bautiza más discípulos que Juan 2 (aunque Jesús no bautizaba, sino sus discípulos). **Juan 4,1-2**

El contexto del bautismo es evidente e innegable. El nacer de nuevo protestante de querer aceptar a Cristo como Señor y Salvador está muy bien, es muy bonito, pero no es bíblico pues es un mero acto de fe y en ningún lugar de la Escritura se enseña que el "nacer de nuevo" consista solamente en aceptar a Cristo como Señor y Salvador.

No por las obras justas que nosotros hubiéramos hecho, sino por su misericordia, nos salvó mediante el lavatorio de la regeneración y renovación del Espíritu Santo. **(Tito 3, 5)**

Este pasaje está íntimamente relacionado con Juan 3,5 fijémonos:

Tito: "salvo" / Juan: "entrar en el reino de Dios".

Tito: "lavamiento de la regeneración" / Juan: "nacido de agua".

Tito: "la renovación por el Espíritu Santo" / Juan: "nacido del Espíritu".

En Tito 3,5 tenemos la palabra παλιγγενεσία **(paliggenesia)** que literalmente es traducida como "nuevo nacimiento" se usa también en Mateo 19,28 para referirse a la vida eterna, como un nuevo nacimiento donde seremos jueces. Por tanto, Tito 3,5 está diciendo que el lavamiento nos regenera, nos hace nacer de nuevo tal y como lo detalla Juan 3,5: nacemos para el Reino de Dios. Esta palabra griega nunca es usada en las Sagradas Escrituras como algo puramente simbólico, tiene relación con una realidad. Así, en Mateo 19,28 se relaciona con la realidad de la vida eterna, y en Tito 3,5 con la realidad del bautismo.81

81 http://biblehub.com/greek/3824.htm

Mientras se fabricaba el arca, en la cual, pocas personas, es decir ocho, fueron salvadas por agua. El bautismo que corresponde a esto ahora nos salva, no quitando las inmundicias de la carne, sino como la aspiración de una buena conciencia hacia Dios por la resurrección de Jesucristo. **1 Pedro 3, 20-21**

Recordemos que Trento se pronunció sobre esto: *si alguno dijere que el bautismo es cosa libre, esto es, que su recepción no es necesaria para salvarse, sea anatema.* **Dz 861; cf. Dz 791. 82**

La expresión *corresponde / es figura de*, no significa que sea algo simbólico sino que realmente San Pedro está haciendo una correspondencia entre el bautismo de Cristo y los que se salvaron a través del agua. Y es que el arca de Noé se puede considerar una prefiguración del bautismo. En este sentido, como la salvación a través del arca de Noé fue real, la salvación por el bautismo también lo es. El problema protestante de esto es que no puede aceptar que el bautismo salve porque va contra el dogma de la sola fe.

Por otro lado, algo simbólico no limpia los pecados:

Ahora, pues, ¿por qué te detienes? Levántate y bautízate, y lava tus pecados, invocando su nombre. **Hechos 22,16**

Y esto erais algunos; mas ya habéis sido lavados, ya habéis sido santificados, ya habéis sido justificados en el nombre del Señor Jesús, y por el Espíritu de nuestro Dios. **1 Corintios 6,11**

Ese lavamiento del que se habla en estas citas es el perdón de los pecados que se otorga en el bautismo. El texto, de hecho, relaciona directamente bautizarse con limpieza de pecados, mientras que el texto de Corintios es escrito a una comunidad cristiana, donde ya habían sido bautizados. Por ello dice *"habéis sido lavados"* aludiendo a su bautismo.

El Bautismo profetizado y necesario

El bautismo es profetizado aquí:

Derramaré sobre ustedes agua purificadora y quedarán purificados. Los purificaré de toda mancha y de todos sus ídolos. Les daré un

---

82 Consultar: http://www.clerus.org/Bibliaclerusonline/es/ffq.htm

corazón nuevo, y pondré dentro de ustedes un espíritu nuevo. Les quitaré del cuerpo el corazón de piedra y les pondré un corazón de carne. Infundiré mi Espíritu en ustedes para que vivan según mis mandamientos y respeten mis órdenes. Habitarán en la tierra que yo di a sus padres. Ustedes serán para mí un pueblo y a mí me tendrán por su Dios. **Ezequiel 36,25-28**

Aquel día habrá una fuente abierta para la casa de David y para los habitantes de Jerusalén, para la purificación del pecado y de la inmundicia. **Zacarías 13, 1**

Y sucederá en aquel día que los montes destilarán mosto, y leche los collados, correrán las aguas portadas por las torrenteras de Judá y brotará de la casa de Yavhé una fuente que regará el valle de Sitim. **Joel 3, 18**

Ahora pasaré a explicar por qué motivos necesitamos recibir el bautismo. Como bien hemos visto, no se trata de un mero ritual, sino de un signo eficaz de donde emana la gracia de Dios hacia nosotros. Estos son los efectos que produce en nuestras almas:

a) Nos da una vida nueva en Cristo

Con Él hemos sido sepultados por el bautismo para participar de su muerte, para que como Él resucitó de entre los muertos por la gloria del Padre, así también nosotros vivamos una vida nueva. **Romanos 6, 4**

No por las obras justas que nosotros hubiéramos hecho, sino por su misericordia, nos salvó mediante el lavatorio de la regeneración y renovación del Espíritu Santo. **Tito 3, 5**

b) Perdona nuestros pecados

Bautizaos en el nombre de Jesucristo para remisión de vuestros pecados. **Hechos 2, 38**

Ahora ¿qué te detiene? Levántate, bautízate y lava tus pecados invocando su nombre. **Hechos 22, 16**

Como Cristo amó a su Iglesia y se entregó por ella para santificarla, purificándola mediante le lavado del agua con la palabra, a fin de presentársela a sí gloriosa, sin mancha o arruga o cosa semejante, sino santa e intachable. **Efesios 5, 24-26**

b) Somos incorporados a la Iglesia Católica

Ellos recibieron la gracia y se bautizaron, siendo incorporados (a la Iglesia) aquel día unas tres mil almas. **Hechos 2, 41**

Todos nosotros hemos sido bautizados en un solo Espíritu, para constituir un solo Cuerpo. **1 Corintios 12, 13**

Podemos revisar también los siguientes numerales del Catecismo: 1131, 1226, 1263, 1265, 1267.

Bautismo Trinitario o en nombre de Jesús

Dentro del protestantismo existen una serie de grupos llamados unicitarios, y también algunas sectas como la Luz del mundo que afirman que el bautismo cristiano válido debe ser solo en nombre de Jesús según Hechos 2,38, 8,16, 10,48, 19,5. Estas sectas creen en la unicidad de Dios, es decir, no hay Trinidad, solo existe una persona que es Dios (antigua herejía de Sabelio del siglo II-III). Con esto quieren negar el texto trinitario de Mateo 28,19-20. Entonces nos preguntamos: ¿debe ser el bautismo trinitario o solo en nombre de Jesús? Responderé con tres argumentos:

1) En la Escritura **nombre significa "autoridad de"**. Esto significa que cuando se bautiza en nombre de Jesús lo que se está haciendo es con la autoridad de él, la que él confirió a sus apóstoles:

Y el que reciba a un niño como este en mi nombre, a mí me recibe. **Mateo 18,05**

Nadie pensará que *"en nombre de Jesús te recibo"* es una frase que debemos decir antes de recibir al niño, ¿verdad? Es en el amor, en la autoridad de Cristo.

Porque donde están dos o tres reunidos en mi nombre, allí estoy yo en medio de ellos. **Mateo 18,20**

Se reúnen en la autoridad, recuerdo, persona de Cristo

Porque vendrán muchos en mi nombre, diciendo: Yo soy el Cristo; y a muchos engañarán. **Mateo 24,5**

Aquí claramente se habla de falsos apóstoles que usaran una falsa autoridad dada por Cristo para engañar a mucha gente. Es una cita muy clara que se refiere a la autoridad de Cristo.

Mas Pedro dijo: No tengo plata ni oro, pero lo que tengo te doy; en el nombre de Jesucristo de Nazaret, levántate y anda. **Hechos 3,6**

Eso significa que con la autoridad y poder que Cristo les confiere a los apóstoles, ellos hicieron el milagro para que el cojo anduviera. Esto significa actuar *en la autoridad de, en su nombre, no es una simple frase o fórmula.* Podemos ver en este claro ejemplo que se refiere a la autoridad de Cristo cuando hablan del nombre de Jesús Nazareno.

Y poniéndoles en medio, les preguntaron: ¿Con qué potestad, o en qué nombre, habéis hecho vosotros esto? **Hechos 4,7**

Quizás este sea el pasaje más claro y evidente, les pregunta con qué autoridad o potestad están ellos predicando, y para eso Lucas usa la fórmula *"potestad o en qué nombre"* eso significa que nombre y potestad son equivalentes. A lo cual responderá San Pedro:

Sea notorio a todos vosotros, y a todo el pueblo de Israel, que en el nombre de Jesucristo de Nazaret, a quien vosotros crucificasteis y a quien Dios resucitó de los muertos, por él este hombre está en vuestra presencia sano. **Hechos 4,10**

Con la autoridad del Nazareno hemos curado al enfermo, eso dijo San Pedro a los que les estaban interrogando. Claramente vemos, entonces, que cuando en la Escritura se habla de bautizar *"en nombre de"* es simplemente bautizar con la autoridad que Cristo les dio. Recordemos él les mando bautizar a todas las gentes (Mateo 28,18-20, Marcos 16,13-17).

2) Ninguno de los pasajes anteriormente citados (Hechos 2,38, 8,16, 10,48, 19,5) se trata de *una formula bautismal válida, pues son ligeramente diferentes,* unas dicen en *el nombre del Señor,* otras *en el nombre de Jesús,* en *el nombre del Señor Jesús.* Además ninguno de esos bautizos se producen in situ, o sea, en ese momento, sino que se da una orden de bautismo para un futuro o del pasado. Por otro lado, cada uno de esos mandatos del bautismo es de diferentes apóstoles. Por tanto, o concluimos que cada apóstol bautizaba de una manera diferente, o concluimos no se realizó el bautismo en ese momento y solo se referían a la autoridad concedida por el Señor para que bautizaran.

En Hechos 19,05 el que manda a bautizar es San Pablo, y es para diferenciar del bautismo de Juan como bien dicen en el versículo 3.

Luego, no es fórmula bautismal sino se refiere a la autoridad o autor del bautismo que es Cristo (recordar Juan 4,1-2).

En Hechos 8,16 nos indica que ya Felipe les había bautizado (ver versículos anteriores al 12). Por eso dicen el bautismo en nombre de Jesús. Es un bautismo pasado, no es una fórmula bautismal pues ya habían sido bautizados antes por Felipe. Entonces no sirve de argumento unicitario.

En Hechos 10,48 y Hechos 2,38 es Pedro quien manda bautizar. No dice "Se bautizarán inmediatamente". Además que en una dice "en nombre del Señor Jesús" y en otra dice "en nombre de Jesucristo", lo cual demuestra no era una fórmula bautismal pues en ambos casos el apóstol usa diferentes palabras. En ambos casos se manda a bautizar, no se bautiza en ese instante. Además en Hechos 2 antes de bautizarse deben arrepentirse lo que clarifica aún más que el bautismo fue posterior a la prédica de san Pedro.

3) Debemos tener en cuenta el texto *de Hechos 19:1-5 donde se nos dice había en ese tiempo un bautismo de Juan, y el bautismo de Jesús.* El hablar de bautizar en nombre de Jesús es para diferenciarlo del de Juan el Bautista. Recordemos que en ese tiempo aún existían personas que habían sido bautizadas por Juan. A lo largo de las Escrituras se nos recoge textos que hablan del bautismo de Juan, y en tiempos de la primera Iglesia aun había gente bautizada por él (Hechos 1,5, 22, Hechos 10,37, Hechos 11,16, Hechos 13,24, Hechos 18,25). Por tanto, es lógico diferenciar entre el bautismo de Juan y el de Cristo, pues este último era más pleno y completo ya que te daba el Espíritu Santo, te incluía en la Iglesia de Dios, etc.

4) El bautismo en nombre de Jesús, significa también que nos incorporamos a él, como un nuevo nacimiento, así se recoge en la carta a los Romanos:

¿O no sabéis que todos los que hemos sido bautizados en Cristo Jesús, hemos sido bautizados en su muerte? **Romanos 6,3**

De esta manera somos parte de su cuerpo que es la Iglesia, tan mencionada en otros pasajes de la Escritura y tan necesaria para la Salvación. Es decir, eso vendría a decir que al bautizarnos en nombre de Cristo, quedamos incorporados a su cuerpo, por lo tanto nuevamente es una expresión para indicar la incorporación de los fieles a la Iglesia y no una fórmula bautismal.

5) En las Escrituras encontramos varios casos de bautismos pero no se indica en ellos la fórmula bautismal:

Cuando, pues, el Señor entendió que los fariseos habían oído decir: Jesús hace y bautiza más discípulos que Juan 2 (aunque Jesús no bautizaba, sino sus discípulos). **Juan 4,1-2**

Ya se bautizaba en ese tiempo, antes incluso de que Cristo muriera, y Sin embargo, no se dice el bautismo fuera en nombre de Cristo.

También bauticé a la familia de Estéfanas; de los demás, no sé si he bautizado a algún otro. **1 Corintios 1,1**

San Pablo habla de haber bautizado a Estéfanas, pero no dice la fórmula bautismal usada.

Y él, tomándolos en aquella misma hora de la noche, les lavó las heridas; y en seguida se bautizó él con todos los suyos. **Hechos 16,33**

En este otro ejemplo donde se nos narra el momento del bautismo, no se dice "Se pronunciará las palabras ´Yo te bautizo en el nombre de Jesús´", simplemente dice "se bautizaron".

Todos estos casos nos prueban claramente que el bautismo no se realizó en nombre de Jesús sino en nombre del Padre del Hijo y del Espíritu Santo Mateo 28:19 como ordenó Jesús pues en ese pasaje si se dio una orden clara de cómo debían bautizar. Eso sí se trata de una fórmula bautismal válida.

¿Aspersión o inmersión?

Como siempre, en primer lugar hemos de ver qué enseña el Catecismo:

1214 Este sacramento recibe el nombre de Bautismo en razón del carácter del rito central mediante el que se celebra: bautizar (baptizein en griego) significa "sumergir", "introducir dentro del agua"; la "inmersión" en el agua simboliza el acto de sepultar al catecúmeno en la muerte de Cristo, de donde sale por la resurrección con Él (cf Rm 6,3-4; Col 2,12) como "nueva criatura" (2 Co 5,17; Ga 6,15).

El bautismo nos habla de inmersión pero lo más común es realizar el bautismo por aspersión. Sin embargo, esto no es válido ni aceptable para los hermanos protestantes. Tal y como indica el numeral del Catecismo, la palabra *baptizein* en griego significa "sumergir", y en base a ello los protestantes creen que el único bautismo válido es por inmersión pues eso significa la palabra. La respuesta a esto es:

El fariseo se sorprendió al ver que él no hubiese lavado [en griego la palabra para "lavado" es baptizo*] antes de la cena.* **Lucas 11,38**

Lo mismo pasa en:

Y volviendo de la plaza, si no se lavaren, no comen. Y otras muchas cosas hay, que tomaron para guardar, como las lavaduras de los vasos de beber, y de los jarros, y de los vasos de metal, y de los lechos. **Marcos 7,4**

En ambos casos la palabra *baptizo*83 se usa como lavarse no como sumergirse. Por lo tanto, podemos decir que ambos usos son válidos, no depende tanto de la etimología, ya que puede tener diversos usos y significados. No existe ninguna orden expresa en todo el NT que indique la manera de bautizar, el mismo Señor mando bautizar con la fórmula trinitaria (Mateo 28,18-20) pero no dijo nada de la forma de cómo se había de hacer.

Es la Iglesia, con la autoridad que Cristo le confirió, la que establece la forma de bautizar. Y, como bien hemos visto, es válido tanto la aspersión como la inmersión.

Si partimos de que en el AT se nos habla de "derramar" el Espíritu Santo, "derramar agua" vamos a concluir que tienen relación entre ellos, una relación bautismal:

Esparciré sobre vosotros agua limpia, y seréis limpiados de todas vuestras inmundicias; y de todos vuestros ídolos os limpiaré Os daré corazón nuevo, y pondré espíritu nuevo dentro de vosotros; y quitaré de vuestra carne el corazón de piedra, y os daré un corazón de carne. 27 Y pondré dentro de vosotros mi Espíritu, y haré que andéis en mis estatutos, y guardéis mis preceptos, y los pongáis por obra. **Ezequiel 32,25-27**

---

83 http://biblehub.com/greek/907.htm

Porque yo derramaré aguas sobre el sequedal, y ríos sobre la tierra árida; mi Espíritu derramaré sobre tu generación, y mi bendición sobre tus renuevos. **Isaías 44,3**

Y sucederá que después de esto, derramaré mi Espíritu sobre toda carne; y vuestros hijos y vuestras hijas profetizarán, vuestros ancianos soñarán sueños, vuestros jóvenes verán visiones. **Joel 2,28**

Y un hombre limpio tomará hisopo, y lo mojará en el agua, y rociará sobre la tienda, sobre todos los muebles, sobre las personas que allí estuvieren, y sobre aquel que hubiere tocado el hueso, o el asesinado, o el muerto, o el sepulcro. 19 Y el limpio rociará sobre el inmundo al tercero y al séptimo día; y cuando lo haya purificado al día séptimo, él lavará luego sus vestidos, y a sí mismo se lavará con agua, y será limpio a la noche. **Números 18,18-19**

Encontramos que el agua es *"rociada/derramada"* y también el Espíritu Santo es *"derramado"*. Este agua *"rociada/derramada"* es un agua que sirve para limpiar de la inmundicias y para purificar. Estamos, entonces, hablando en contexto bautismal, pero un bautismo prefigurado y profetizado, pues los términos "Espíritu Santo", "agua", "derramar" están íntimamente unidos entre sí en el bautismo.

¿Podemos encontrar en la Biblia casos donde se realiza el bautismo por aspersión?

Y ahora, ¿qué esperas? Levántate, recibe el bautismo y lava tus pecados invocando su nombre. **Hechos 22,16**

La oración muestra la intención de bautizarse en "ese momento". Pablo es mandado a "levantarse" para recibir el bautismo. Es importante también notar que estaba en una casa.

Fue Ananías, entró en la casa, le impuso las manos y le dijo: "Saúl, hermano, me ha enviado a ti el Señor Jesús, el que se te apareció en el camino por donde venías, para que recobres la vista y seas lleno del Espíritu Santo". **Hechos 9,17**

Ni en ese entonces, ni ahora, las casas contaban con un río para que Pablo se bautizara por inmersión.

Otro ejemplo claro lo vemos cuando en Jerusalén fueron bautizadas 3000 personas:

Los que acogieron su Palabra fueron bautizados. Aquel día se les unieron unas 3.000 almas. **Hechos 2,41**

En Jerusalén no hay río, ya que está en la cima de una montaña. Por tanto, deberían ser bautizados por aspersión. Es improbable que estos bautismos se hubieran realizado por inmersión por la situación geográfica de la ciudad así como por la ausencia de mar, ríos y lagos cerca.

Y hablando con él, entró, y halló a muchos que se habían reunido. **Hechos 10,27**

Trata del caso del centurión Cornelio. Pedro entra en su casa, donde estaba mucha gente reunida. Pues bien, al final del capítulo vemos cómo se derrama sobre ellos el Espíritu Santo y se bautizan:

Entonces respondió Pedro: ¿Puede acaso alguno impedir el agua, para que no sean bautizados estos que han recibido el Espíritu Santo también como nosotros? 48 Y mandó bautizarles en el nombre del Señor Jesús. Entonces le rogaron que se quedase por algunos días. **Hechos 10,47-48**

Finalmente, podemos citar:

Porque no quiero, hermanos, que ignoréis que nuestros padres todos estuvieron bajo la nube, y todos pasaron el mar; 2 y todos en Moisés fueron bautizados en la nube y en el mar. **1Corintios 10,1-2**

Si vamos a los pasajes referenciados por San Pablo del AT:

Entonces los hijos de Israel entraron por en medio del mar, en seco, teniendo las aguas como muro a su derecha y a su izquierda. **Éxodo 14,22**

Nunca se apartó de delante del pueblo la columna de nube de día, ni de noche la columna de fuego. **Éxodo 13,21**

No se sumergieron en el mar, ni tampoco en la nube, Sin embargo, la nube iba delante de ellos y el mar quedaba a sus laterales, eso para San Pablo ya significa un bautismo. Esto es una prueba más de que para ser bautizado uno no necesita sumergirse. La Iglesia católica acepta ambas formas de bautizarse, tanto por inmersión como por aspersión.

Y un último caso:

Porque si la sangre de los toros y de los machos cabríos, y las cenizas de la becerra rociadas a los inmundos, santifican para la purificación de la carne, 14 ¿cuánto más la sangre de Cristo, el cual mediante el Espíritu eterno se ofreció a sí mismo sin mancha a Dios, limpiará vuestras conciencias de obras muertas para que sirváis al Dios vivo? **Hebreos 9,13-14**

Aquí nos habla de cómo la sangre de los toros eran rociadas a los inmundos para purificarles, de la misma manera la sangre de Cristo nos limpiará a nosotros. Si la sangre de Cristo, nos limpia, y la del AT fue rociada, la de Cristo debe ser también rociada en nuestro cuerpo para que seamos limpios y puros, o sea, a través de su sangre rociada, nos sepultamos en el bautismo con él para nacer de nuevo (Colosenses 2,12).

Bautismo de niños

El Catecismo de la Iglesia Católica nos enseña que los niños también pueden ser bautizados:

1250 Puesto que nacen con una naturaleza humana caída y manchada por el pecado original, los niños necesitan también el nuevo nacimiento en el Bautismo (cf DS 1514) para ser librados del poder de las tinieblas y ser trasladados al dominio de la libertad de los hijos de Dios (cf Col 1,12-14), a la que todos los hombres están llamados. La pura gratuidad de la gracia de la salvación se manifiesta particularmente en el bautismo de niños. Por tanto, la Iglesia y los padres privarían al niño de la gracia inestimable de ser hijo de Dios si no le administraran el Bautismo poco después de su nacimiento (cf CIC can. 867; CCEO, can. 681; 686,1).

1251 Los padres cristianos deben reconocer que esta práctica corresponde también a su misión de alimentar la vida que Dios les ha confiado (cf LG 11; 41; GS 48; CIC can. 868).

1252 La práctica de bautizar a los niños pequeños es una tradición inmemorial de la Iglesia. Está atestiguada explícitamente desde el siglo II. Sin embargo, es muy posible que, desde el comienzo de la predicación apostólica, cuando "casas" enteras recibieron el Bautismo (cf Hch 16,15.33; 18,8; 1 Co 1,16), se haya bautizado también a los niños (cf. Congregación para la Doctrina de la Fe, Instr. Pastoralis actio 4: AAS 72 [1980] 1139).

Si bien es cierto el Catecismo nos da algunas citas bíblicas que atestiguan esta práctica, creo es conveniente profundizar más y dar más argumentos pues este es uno de los puntos más cuestionados por los hermanos protestantes cuando debaten el tema del bautismo. Para ellos el bautismo de niños no es bíblico, ya que leen la Biblia de forma literal y en ella no encuentran ningún versículo que hable de bautizar niños. Posteriormente a esto también añaden que es necesario la fe para ser bautizado y los niños no tienen fe.

Trataremos de dar varios argumentos bíblicos que reafirmen esta práctica:

1. La promesa es también para nuestros hijos

Cuando San Pedro dio su primer discurso después de Pentecostés, dijo:

Y en los postreros días, dice Dios, Derramaré de mi Espíritu sobre toda carne, Y vuestros hijos y vuestras hijas profetizarán; Vuestros jóvenes verán visiones, Y vuestros ancianos soñarán sueños. **Hechos 2,17**

En esta cita está refiriéndose a lo que en su momento dijo el profeta Joel (Joel 2,28). Aquí el profeta Joel profetiza que Dios mismo va a derramar su Espíritu sobre toda carne, esto implica, hijos e hijas, jóvenes, ancianos, etc. Entonces entendemos por "toda carne" también a los niños recién nacidos que entran en la categoría de "hijos e hijas" de la que habla el profeta. Esto para San Pedro no es nada nuevo y lo sigue afirmando y enseñando. Incluso se va más lejos:

Pedro les dijo: Arrepentíos, y bautícese cada uno de vosotros en el nombre de Jesucristo para perdón de los pecados; y recibiréis el don del Espíritu Santo. 39 Porque para vosotros es la promesa, y para vuestros hijos, y para todos los que están lejos; para cuantos el Señor nuestro Dios llamare. **Hechos 2,38-39**

La promesa de la que habla Pedro es la del profeta Joel, derramar "el Espíritu sobre toda carne", esto se produce en el bautismo. Para ello San Pedro usa una palabra muy interesante: τέκνοις (hijos).

La Palabra griega para hijos es τέκνοις[84] y se traduce como: un hijo, un descendiente, cualquiera que vive dependiendo de su padre. Esto significa que no solamente se incluyen hijos adolescentes, o jóvenes, también recién nacidos. Veamos esta

---

84 http://biblehub.com/greek/teknois_5043.htm

palabra aplicándose a recién nacidos en las Escrituras:

Pero se les ha informado en cuanto a ti, que enseñas a todos los judíos que están entre los gentiles a apostatar de Moisés, diciéndoles que no circunciden a sus hijos, ni observen las costumbres. **Hechos 21,21**

No circuncidéis a vuestros hijos (teknos). La circuncisión era a los 8 días de nacer (Génesis 17,12). Por tanto, el contexto implica que se trata de recién nacidos y se usa la misma palabra que en Hechos 2,39 para hijos. Este es un argumento interesante para justificar el bautismo de niños.

Por tanto, teknos se usa para *jóvenes, adultos, e infantes o recién nacidos en las Escrituras.* Conforme a esto la promesa del bautismo de la que habla San Pedro también es para los recién nacidos.

2. Bautismo de familias enteras

Y cuando fue bautizada, y su familia, nos rogó diciendo: Si habéis juzgado que yo sea fiel al Señor, entrad en mi casa, y posad. Y nos obligó a quedarnos. **Hechos 16,15**

En aquella hora de la noche el carcelero los llevó y les lavó las heridas; inmediatamente él y toda su familia fueron bautizados. **Hechos 16,33**

Crispo, el jefe de la sinagoga, y toda su familia creyeron en el Señor; y muchos de los corintios, oyendo, creían y eran bautizados. **Hechos 18,8**

También bauticé a la familia de Estéfanas; de los demás, no sé si he bautizado a algún otro. **1 Corintios 1,16**

La palabra griega para "casa" en los cuatro pasajes que nos hablan del bautismo (Hechos 16: 15,33, 18, 8, y 1 Corintios 1:16) es oikos que se define como *los internos de una casa, todas las personas que forman una familia, un hogar* 85.

Por tanto, podemos ver que oikos también incluye niños. No lo dice de una manera directa pero indirectamente se puede entender pues son todas las personas que forman un hogar y familia y eso incluye niños si existieran. Es muy difícil argumentar que en ninguno de

---

85 http://biblehub.com/greek/3624.htm

esos 4 casos las familias no tenían hijos bebes, es más lógico admitir que podían existir niños.

Muchos pasajes bíblicos conectan hogar y los hijos:

Porque yo lo he escogido para que mande a sus hijos ya su casa después de él que guarden el camino del Señor, haciendo lo que es correcto y justo. **Génesis 18,19**

Fue así durante los veinte años que estuve en su casa. Trabajé para ti catorce años por tus dos hijas. **Génesis 31,41**

Y cualquiera que haya dejado casas, o hermanos, o hermanas, o padre, o madre, o hijos o tierras, por mi nombre, recibirá cien veces más y heredará la vida eterna. **Mateo 19,29**

Los diáconos sean maridos de una sola mujer, y que gobiernen sus hijos y sus casas. **1 Timoteo 3,12**

Esta conexión entre hogar-hijos respalda la interpretación católica de que en esas familias anteriormente citadas había hijos. Por tanto, es muy probable que el bautismo de esas familias incluyera el de infantes.86

3. La Circuncisión y el Bautismo

En él también fuisteis circuncidados, con el despojamiento de la naturaleza pecaminosa, y no con una circuncisión hecha por las manos de los hombres, sino con la circuncisión hecha por Cristo, 12 habiendo sido sepultados con él en el bautismo y se crio con él a través de su fe en el poder de Dios, que lo resucitó de entre los muertos. 13 vosotros, estando muertos en pecados y en la incircuncisión de vuestra carne, os dio vida juntamente con Cristo. Él nos perdonó todos nuestros pecados. **Colosenses 2,11-13**

Pablo en Colosenses 2,11-13 hace una conexión entre el bautismo y la circuncisión. Si observamos en el AT, la Iglesia patriarcal era Israel (Romanos 9,4, Hechos 7,38). En ella la circuncisión se daba a los 8 días de edad y representaba el sello o pacto de Dios con Abraham (Gálatas 3, 14,29). De este sello o señal de arrepentimiento (Romanos 4,11) no se excluía a los niños recién

---

86   http://www.patheos.com/blogs/davearmstrong/2015/04/dialogue-with-baptist-pastor-on-whether.html

nacidos, ellos eran también parte de la antigua alianza junto con los adultos (Génesis 17,7, Deuteronomio 29,10-12, Mateo 19,4). Conforme a todo esto, entonces, si la circuncisión incluía niños, ¿por qué el bautismo no? Siendo este mucho más grande y perfecto que la circuncisión, pues el bautismo es necesario para la Salvación (Tito 3,5, Juan 3:,5), es obvio que debía incluirlos. Además el bautismo te hace miembro de la Iglesia como en su momento la circuncisión:

Ellos recibieron la gracia y se bautizaron, siendo incorporados (a la Iglesia) aquel día unas tres mil almas. **Hechos 2, 41**

Todos nosotros hemos sido bautizados en un solo Espíritu, para constituir un solo Cuerpo. **1 Corintios 12,13**

4. Templo del Espíritu Santo

Es importante recordar que nuestro cuerpo es *"templo del Espíritu Santo",* es decir, la Trinidad mora en nosotros. Eso se llama *"inhabitación trinitaria",* es decir, el alma que está en gracia de Dios, en ella habita la Santísima Trinidad. Los textos bíblicos que enseñan esto son los siguientes:

Si alguno me ama... mi Padre le amará y vendremos a él y en él haremos mansión. **Juan 14,23**

Dios es caridad, y el que vive en caridad permanece en Dios, y Dios en él. **1 Juan 4,16**

¿No sabéis que sois templos de Dios y que el Espíritu de Dios habita en vosotros? El templo de Dios es santo y ese templo sois vosotros. **1 Corintios 3,16-17**

¿O no sabéis que vuestro cuerpo es templo del Espíritu Santo, que está en vosotros y habéis recibido de Dios? **1 Corintios 6,19**

Guarda el buen depósito por la virtud del Espíritu Santo, que mora en nosotros **2 Timoteo 1,14.**

¿Podemos nosotros prohibir que la Santísima Trinidad habite en un recién nacido? ¿Dejaremos que su cuerpo no sea santo? Prohibir el bautismo a los infantes es prohibir que el Padre y Cristo, junto con el Espíritu Santo habiten en él, ¿acaso un bebé no ama a su creador? Además la misma Escritura nos enseña también que el recién bautizado se convierte en:

- Hijo de Dios/Nueva Creación:

De modo que si alguno está en Cristo, nueva criatura es; las cosas viejas pasaron; he aquí todas son hechas nuevas. **2 Corintios 5,17**

Para que redimiese a los que estaban bajo la ley, a fin de que recibiésemos la adopción de hijos. 6 Y por cuanto sois hijos, Dios envió a vuestros corazones el Espíritu de su Hijo, el cual clama: ¡Abba, Padre! 7 Así que ya no eres esclavo, sino hijo; y si hijo, también heredero de Dios por medio de Cristo. **Gálatas 4,5-7**

- Miembros de Cristo/Coherederos con Cristo:

¿No sabéis que vuestros cuerpos son miembros de Cristo? ¿Quitaré, pues, los miembros de Cristo y los haré miembros de una ramera? De ningún modo. **1 Corintios 6,15**

Vosotros, pues, sois el cuerpo de Cristo, y miembros cada uno en particular. **1 Corintios 12,27**

Y si hijos, también herederos; herederos de Dios y coherederos con Cristo, si es que padecemos juntamente con él, para que juntamente con él seamos glorificados. **Romanos 8,17**

El no bautizar a un recién nacido hace que se le prohíba ser "nueva criatura" quedando en el las cosas viejas, se le prohíbe llamar a Dios "¡Abba!" pues no es su hijo ya que se le ha prohibido recibir el Espíritu Santo que él manda en el bautismo. También se le prohíbe ser parte de Cristo y coheredero con él, es decir, ser glorificado....mucho egoísmo entonces se ve en aquellos que no quieren bautizar a sus hijos privándoles de todas estos beneficios.

5. <u>El Espíritu Santo en los Niños</u>

Allá por los primeros siglos del cristianismo, un obispo, San Ireneo de Lyon, escribió: *"Porque vino a salvar a todos: y digo a todos, es decir a cuantos por él renacen para Dios, sean bebés, niños, adolescentes, jóvenes o adultos. Por eso quiso pasar por todas las edades: para hacerse bebé con los bebés a fin de santificar a los bebés; niño con los niños, a fin de santificar a los de su edad, dándoles ejemplo de piedad, y siendo para ellos modelo de justicia y obediencia; se hizo joven con los jóvenes, para dar a los jóvenes ejemplo y santificarlos para el Señor".* **(San Ireneo, Contra**

las Herejías, 2, 22, 4) *87*

Es interesante el argumento que presenta el Obispo de Lyon: Santificar a los bebés. Recurriendo a las Sagradas Escrituras podemos encontrar que varios personajes del AT y del NT fueron elegidos, santificados, separados por Dios desde su seno materno. He aquí los ejemplos:

Le descubrió, pues, todo su corazón, y le dijo: Nunca a mi cabeza llegó navaja; porque soy nazareo de Dios desde el vientre de mi madre. Si fuere rapado, mi fuerza se apartará de mí, y me debilitaré y seré como todos los hombres. **Jueces 16,17**

Un nazareo era una persona que se separó y fue de especial consagración a Dios. El nazareo realizaba votos especiales que iban más allá de los requisitos ordinarios de la ley.

Oídme, costas, y escuchad, pueblos lejanos. Yahvé me llamó desde el vientre, desde las entrañas de mi madre tuvo mi nombre en memoria. 2 Y puso mi boca como espada aguda, me cubrió con la sombra de su mano; y me puso por saeta bruñida, me guardó en su aljaba; 3 y me dijo: Mi siervo eres, oh Israel, porque en ti me gloriaré. 4 Pero yo dije: Por demás he trabajado, en vano y sin provecho he consumido mis fuerzas; pero mi causa está delante de Yahvé, y mi recompensa con mi Dios. 5 Ahora pues, dice Yahvé, el que me formó desde el vientre para ser su siervo, para hacer volver a él a Jacob y para congregarle a Israel (porque estimado seré en los ojos de Yahvé, y el Dios mío será mi fuerza). **Isaías 49,1-5**

La idea de que una persona es de alguna manera espiritualmente formada, moldeada por Dios y llamadas desde el momento mismo de su concepción es un concepto bíblico explícito. Pero podemos concluir mucho más que eso: tiene que ver con la santidad. El profeta Jeremías fue santificado antes de nacer:

Antes que te formase en el vientre te conocí, y antes que nacieses te santifiqué, te di por profeta a las naciones. **Jeremías 1,5**

"Consagrado" o "santificado" en Jeremías 1,5 es la palabra hebrea *quadash* que significa *"declarar a cualquiera santo"*. Se aplica este significado de *quadash*, en los siguientes versículos: para el templo 1 Reyes 9,3, el poder de santificar de Dios (Éxodo

---

87 http://www.eltestigofiel.org/index.php?idu=pa_o12763

29,42-43; Isaías 5,16). 88

Así, Jeremías fue consagrado o santificado desde el vientre materno. En 2Tes 2,13 y Romanos 15,16 vemos que la acción que realiza el Espíritu Santo es la de Santificar. Es, por tanto, viable entender que Jeremías recibió el Espíritu Santo en el seno materno y por ello se santificó.

Finalmente, tenemos el caso de Juan el Bautista:

Porque será grande delante de Dios. No beberá vino ni sidra, y será lleno del Espíritu Santo, aun desde el vientre de su madre. **Lucas 1,15**

Lleno de Espíritu santo desde el vientre materno.

Resumimos:

Conforme a las Escrituras un bebe, recién nacido, o que está en el seno materno puede ser:

- Separado para Dios, elegido especialmente, o consagrado (Jueces 16,17)

- Ser llamado y siervo de Dios (Isaías 49,1-5)

- Ser santificado y profeta (Jeremías 1,5)

- Recibir el Espíritu Santo (Lucas 1,15)

Si puede un bebe recibir todo esto, ¿por qué no va a poder recibir el bautismo? ¿Acaso en el bautismo no se recibió el Espíritu Santo como lo recibió Juan el bautista? ¿Por el bautismo no somos elegidos y consagrados por Dios para ser sus hijos? Es similar a todo lo anterior. Si lo anterior es bíblico, también esto lo es: que un bebe se bautice y reciba el Espíritu Santo. De hecho, Juan el bautista lo recibió siendo bebé. El mismo Jeremías lo recibe en el seno materno, pues quien santifica es el Espíritu Santo (1 Pedro 1,2, 1Cor 6,11, Romanos 15,16).

Todo esto nos da una fuerte analogía para el bautismo de infantes, pues en el bautismo recibimos el Espíritu Santo que se encarga de santificarnos, somos profetas, somos elegidos de Dios para ser sus

---

88 http://biblehub.com/hebrew/6942.htm

hijos, y servirle. Si un bebe como Juan el Bautista o Jeremías, recibió el Espíritu Santo y fue santificado en el vientre materno, con mayor razón cualquier bebé puede ser santificado y, por ende, Bautizado. Recordemos que según San Pablo el bautismo santifica (Efesios 5,26).

Objeciones protestantes al bautismo infantil

Objeción 1: Los niños no tienen fe y para ser bautizado se necesita fe.

Respuesta: En primer lugar debemos entender que la fe es un don de Dios:

Porque por gracia habéis sido salvados por medio de la fe, y esto no de vosotros, sino que es don de Dios. **Efesios 2,8**

Por ello quien da la fe es Dios, nosotros no podemos afirmar que no tienen fe, pues no sabemos cuándo Dios se la dará, recordemos que hasta las criaturas alaban al Creador (Salmo 148).

Ahora bien, en la Iglesia se permite la fe de los padres y padrinos para bautizar niños. Esto es algo totalmente bíblico, pues la fe de otras personas fue suficiente para que Cristo actuara: La hija de Jairo (Marcos 5,22-23, 35-36), la fe de la mujer cananea fue suficiente para que su hija enferma se curarse (Mateo 15,22-28), la fe del padre del niño lunático hizo que su hijo quedara sano (Mateo 17,15-18), incluso la resurrección de Lázaro, (Juan 11,25-27, 39-43) fue por la fe de sus hermanas.

Si en todos estos casos, la fe de las personas vale para que Dios actué, ¿por qué no iba a servir en el bautismo? Lázaro paso de la muerte a la vida, por la fe de sus hermanas, la fe de los padres hizo que Dios curara a sus hijos. De la misma manera la fe de los padres hace que el Espíritu Santo descienda sobre el niño y este quede curado de sus pecados, pasando a una nueva vida, o nuevo nacimiento (Juan 3,5).

Objeción 2:

Marcos 16:16 dice que es necesario la fe y el bautismo para salvarse. Por tanto, la persona primero debe tener fe y luego ser bautizada...

Respuesta:

Debemos continuar con el pasaje para entenderlo en su plenitud: en referencia a las mismas personas de las que Jesús dijo eso, él dice después *"El que no creyere, será condenado"*. Esto demuestra que uno puede ser bautizado y aun así no ser un creyente. Esto refuta el argumento protestante que hay que ser un creyente para ser bautizado. No hay nada en la Biblia acerca de un *"bautismo exclusivo de los creyentes"*.

Por otro lado, los protestantes tienden a interpretar el versículo como primero fe y después bautismo pero yo sigo sin ver las palabras "primero" ni "después" en dicho pasaje.

Lo que veo en el contexto es que esas personas, posteriormente a la predicación, se bautizaron, pero por ningún lado veo que haya una orden que diga: *"Primero debes de creer y después bautizarte"*.

Si esto fuera así, tendríamos un problema, veamos:

Pedro les contestó: Arrepentíos y bautizaos en el nombre de Jesucristo para remisión de vuestros pecados, y recibiréis el don del Espíritu Santo. **Hechos 2, 38**

Entonces en ese texto no se habla de creer, se habla de arrepentirse. ¿Que iría primero: arrepentirse o creer? Esta contradicción es el fruto de una libre interpretación de las Escrituras y como vemos choca frontalmente con otros versículos.

Además de todo esto: "creer" y "ser bautizados" son participios que describen a los que serán salvados (es decir, al final de los tiempos). Por lo tanto, no excluye el bautismo de infantes, porque eso es solo dar a los bebés una de las condiciones para la salvación final y que todavía tienen más que hacer durante su vida de fe.

Aquellos que usan este versículo para decir los niños no deben ser bautizados se olvidan de algo: Si la primera parte del versículo excluye el bautismo de niños, porque los niños no pueden creer, la segunda parte niega la salvación de infantes por la misma razón. Pero curiosamente los protestantes tampoco se dan cuenta de esto e interpretan la segunda parte de manera diferente, afirmando los infantes aun sin fe se salvan. ¿Dónde queda acá la salvación era solamente por la fe? Pero ¿por qué interpretar la mitad de un verso de una manera y la otra mitad de otra manera? Absolutizan un versículo y lo hacen valer para todos los casos, ¿entonces qué hacen con este otro?:

Si alguno no quiere trabajar, tampoco coma. **2 Tesalonicenses 3,10**

En caso de los lactantes, por lo tanto, no tendrían que comer, ya que no trabajan.

Si interpretamos las Escrituras de manera literalista y fundamentalista podíamos llegar a cometer estas atrocidades, dejar a un lactante sin comer solo porque no trabaja y la Escritura enseña que el que no trabaja no come...

Pero, entonces, ¿cuál es la interpretación adecuada de este pasaje? Es cierto en el bautismo se necesita fe, y la fe y el bautismo son necesarios para la salvación. Ahora bien, la fe del bautismo puede ser la de los padres tal y como era en la circuncisión:

Y recibió la señal de la circuncisión como sello de la justicia de la fe que tenía mientras aún era incircunciso, para que fuera padre de todos los que creen sin ser circuncidados, a fin de que la justicia también a ellos les fuera imputada. **Romanos 4,11**

La circuncisión, aunque se administra a un niño de 8 días de edad, se designa como "un sello de la fe". Esa señal del pacto fue administrada en la fe de los padres; ¿por qué, entonces, para el bautismo no nos vale la fe de los Padres? Recordemos que el bautismo también imprime un sello espiritual indeleble (CIC 1272).

LA EUCARISTÍA

La Eucaristía en el Antiguo Testamento

Veamos el segundo de los sacramentos, el sacramento del amor: la Eucaristía. ¿Podemos encontrar prefiguraciones de este sacramento en el Antiguo Testamento? El propio Catecismo de la Santa Iglesia Católica nos contesta:

1334 En la Antigua Alianza, el pan y el vino eran ofrecidos como sacrificio entre las primicias de la tierra en señal de reconocimiento al Creador. Pero reciben también una nueva significación en el contexto del Éxodo: los panes ácimos que Israel come cada año en la Pascua conmemoran la salida apresurada y liberadora de Egipto. El recuerdo del maná del desierto sugerirá siempre a Israel que vive del pan de la Palabra de Dios (Dt 8,3). Finalmente, el pan de cada día es el fruto de la Tierra prometida, prenda de la fidelidad de Dios a sus promesas. El "cáliz de bendición" (1 Co 10,16), al final del banquete pascual de los judíos, añade a la alegría festiva del vino una dimensión escatológica, la de la espera mesiánica del restablecimiento de Jerusalén. Jesús instituyó su Eucaristía dando un sentido nuevo y definitivo a la bendición del pan y del cáliz.

Necesitamos entender bien los pasajes del AT que nos prefiguran la Eucaristía para poder interpretar después de manera adecuada el NT. Recordemos que una prefigura de algo real siempre su referencia en el NT será algo real, así Isaac prefiguró a Cristo, como cordero llevado al matadero, y el Hijo de Abraham fue real, lo mismo que lo fue Cristo. Es más incluso en Génesis 22:6 se nos dice como Isaac cargó con la leña para su sacrificio, lo mismo hizo Cristo con su Cruz (Juan 19,17). Esto es sumamente importante para ver cómo algo real en el AT representa una realidad también en el NT.

Veamos entonces las prefiguraciones de la Eucaristía en el AT:

La casa de Israel llamó "maná" a ese alimento. Era blanco como la semilla de cilantro y tenía un gusto semejante al de las tortas amasadas con miel. **Éxodo 16,31**

Este alimento nos está prefigurando lo que después de muchos años hubo de venir, la Cena del Señor:

Efectivamente, aquella misma tarde se levantó una bandada de codornices que cubrieron el campamento; y a la mañana siguiente había una capa de rocío alrededor de él. 14 Cuando esta se disipó, apareció sobre la superficie del desierto una cosa tenue y granulada, fina como la escarcha sobre la tierra. 15 Al verla, los israelitas se preguntaron unos a otros: "¿Qué es esto?". Porque no sabían lo que era. Entonces Moisés les explicó: "Este es el pan que el Señor les ha dado como alimento. 16 El Señor les manda que cada uno recoja lo que necesita para comer, según la cantidad de miembros que tenga cada familia, a razón de unos cuatro litros por persona; y que cada uno junte para todos los que viven en su carpa". **Éxodo 16,13-16**

Aquí se presenta la historia de las codornices y el maná, el cual sirvió de alimento a los israelitas en el campamento. Dios provee el alimento corporal para los cientos de miles envueltos. ¿Te puedes imaginar cuánto alimento era requerido por toda esta gente cada día? Había 600,000 hombres sin contar las mujeres ni los niños (Éxodo 12,37).

Tanto las codornices como el maná nos prefiguran lo que ha de venir: la Eucaristía, el poder disfrutar del cuerpo y la sangre de Cristo.

El maná en el desierto es infinitamente inferior a la Santa Eucaristía descrita en Juan 6,1-70. Si la Santa Eucaristía no fuera el cuerpo, la sangre, el alma y la divinidad de Cristo Jesús, entonces eso haría la prefiguración del Antiguo Testamento -maná milagroso- superior a la Sagrada Eucaristía, lo cual sería totalmente ilógico y anti-bíblico ya que siempre la realidad del Nuevo Testamento es más grandiosa que la prefiguración del Antiguo Testamento.

El Señor respondió a Moisés: "Pasa delante del pueblo, acompañado de algunos ancianos de Israel, y lleva en tu mano el bastón con que golpeaste las aguas del Nilo. Ve, 6porque yo estaré delante de ti, allá sobre la roca, en Horeb. Tú golpearás la roca, y de ella brotará agua para que beba el pueblo". Así lo hizo Moisés, a la vista de los ancianos de Israel. **Éxodo 17, 5-6**

El pueblo de Israel bebió agua que Moisés hizo brotar de una roca. Así, nosotros bebemos la sangre que brota de nuestra roca, Cristo. El agua antes, ahora la "sangre de Cristo".

Entonces Melquisedec, rey de Salem y sacerdote del Dios Altísimo, sacó pan y vino; 19 y le bendijo, diciendo: Bendito sea Abram del Dios Altísimo, creador de los cielos y de la tierra. **Génesis 14,18-19**

El Sacerdote del Rey Altísimo, Melquisedec, saca el pan y el vino lo mismo que Cristo en la última cena: esto es otra prefiguración de la Santa Cena y de la Eucaristía.

La Eucaristía en el Nuevo Testamento

Veamos qué enseña el Catecismo de la Iglesia Católica:

1373 "Cristo Jesús que murió, resucitó, que está a la derecha de Dios e intercede por nosotros" (Rm 8,34), está presente de múltiples maneras en su Iglesia (cf LG 48): en su Palabra, en la oración de su Iglesia, "allí donde dos o tres estén reunidos en mi nombre" (Mt 18,20), en los pobres, los enfermos, los presos (Mt 25,31-46), en los sacramentos de los que Él es autor, en el sacrificio de la misa y en la persona del ministro. Pero, "sobre todo, (está presente) bajo las especies eucarísticas" (SC 7).

1374 *El modo de presencia de Cristo bajo las especies eucarísticas es singular. Eleva la Eucaristía por encima de todos los sacramentos y hace de ella "como la perfección de la vida espiritual y el fin al que tienden todos los sacramentos" (Santo Tomás de Aquino, Summa theologiae 3, q. 73, a. 3). En el Santísimo Sacramento de la Eucaristía están "contenidos verdadera, real y substancialmente el Cuerpo y la Sangre junto con el alma y la divinidad de nuestro Señor Jesucristo, y, por consiguiente, Cristo entero" (Concilio de Trento: DS 1651). «Esta presencia se denomina "real", no a título exclusivo, como si las otras presencias no fuesen "reales", sino por excelencia, porque es substancial, y por ella Cristo, Dios y hombre, se hace totalmente presente» (MF 39).*

1375 *Mediante la conversión del pan y del vino en su Cuerpo y Sangre, Cristo se hace presente en este sacramento. Los Padres de la Iglesia afirmaron con fuerza la fe de la Iglesia en la eficacia de la Palabra de Cristo y de la acción del Espíritu Santo para obrar esta conversión. Así, san Juan Crisóstomo declara que:*

«*No es el hombre quien hace que las cosas ofrecidas se conviertan en Cuerpo y Sangre de Cristo, sino Cristo mismo que fue crucificado por nosotros. El sacerdote, figura de Cristo, pronuncia estas palabras, pero su eficacia y su gracia provienen de Dios. Esto es mi Cuerpo, dice. Esta palabra transforma las cosas ofrecidas (De proditione Iudae homilia 1, 6).*

En primer lugar vamos a citar los pasajes del NT donde se habla de la Eucaristía y cómo no existe opción a verlos o entenderlos de manera simbólica. Posteriormente analizaremos el Evangelio de Juan, capítulo 6, y finalmente las objeciones protestantes sobre este tema.

Y mientras estaban comiendo, tomó pan, lo bendijo y lo partió, y se lo dio y dijo: "Tomad, esto es mi cuerpo". Tomó luego una copa y, dadas las gracias, se la dio, y bebieron todos de ella. Y les dijo: "Esto es la sangre de la alianza, que es derramada por muchos. Y os aseguro que ya no beberé del producto de la vid hasta el día aquel en que lo beba nuevo en el Reino de Dios". **Marcos 14,22-25**

Mientras estaban comiendo, tomó Jesús pan y lo bendijo, lo partió y, dándoselo a sus discípulos, dijo: "Tomad, comed; esto es mi cuerpo". Tomó luego la copa, y, dadas las gracias, se la dio, diciendo: "Bebed de ella todos, porque ésta es mi sangre de la alianza, que es derramada por muchos para perdón de los pecados. Y os digo que desde ahora no beberé de este producto de la vid hasta el día aquel en que lo beba con vo-sotros, nuevo, en el Reino de mi padre". **Mateo 26,26-29**

Tomó luego pan, y, dadas las gracias, lo partió y se lo dio, diciendo: "Esto es mi cuerpo, que es entregado por vosotros; haced esto en memoria mía". De igual modo, después de cenar, la copa, diciendo: "Esta copa es la Nueva Alianza en mi sangre, que es derramada por vosotros". **Lucas 22,19-20**

Porque yo recibí del Señor lo que os he transmitido: que el Señor Jesús, la noche en que fue entre-gado, tomó pan y, después de dar gracias, lo partió y dijo: "Esto es mi cuerpo, que se da por vosotros; haced esto en memoria mía". Asimismo, también la copa después de cenar, diciendo: "Esta copa es la Nueva Alianza en mi sangre. Cuantas veces la bebierais, hacedlo en memoria mía. Pues cada vez que coméis este pan y bebéis esta copa, anunciáis la muerte del Señor hasta que venga". **1 Corintios 11,23-26**

En el protestantismo se leen estos versículos como: "esto representa mi cuerpo", "esto representa mi carne", de manera que es un mero rito simbólico, no está realmente presente Cristo en la Eucaristía. ¿Es posible esa interpretación en estos pasajes? Daré los motivos por los cuales no es posible dicha interpretación:

1. El Evangelio de Mateo fue escrito en arameo, tal y como lo recoge la tradición de la Iglesia, que yo más adelante expondré. Esto es sumamente importante porque debemos irnos al arameo para entender claramente lo que Cristo dijo. Aquí Cristo en arameo uso dos palabras claves: *basar, da. Basar* significa "yo mismo" y *da* significa "esto, este, aquí". En arameo no hay verbo "ser". Esta frase es lo que se conoce como frase nominal, así que la traducción exacta de las palabras de Cristo sería: "Aquí yo mismo". 89

2. El entender este pasaje como simbólico hace que todo sea simbólico, es decir *"Bebed de ella todos, porque ésta es mi sangre de la alianza, que es derramada por muchos para perdón de los pecados".* Eso significa que la sangre de Cristo en el Calvario fue derramada simbólicamente. Lo mismo pasaría con su cuerpo.

---

89 http://www.conocereisdeverdad.org/website/index.php?id=5939

3. En el Evangelio de Lucas se nos dice *"haced esto en memoria mía"*, también San Pablo lo usa. Esta expresión merece ser analizada detenidamente. En el griego se usa *Anamnesis* (en el AT se usa para referir a los sacrificios: Lv 2, 2, 9, 16; 5, 12; 6, 15 y Nm 5, 26). En el NT también es usada en Hebreos 10,3 *"Pero en estos sacrificios cada año se hace memoria de los pecados"*. Esta palabra significa *"sacrificio en memoria"*90, *"sacrificio memorial"*. Lo que Cristo pide en el Evangelio es que hagan esto como Sacrificio memorial, no un mero recuerdo, sino un auténtico sacrificio como vemos en el uso de esta palabra tanto en Hebreos como en el AT. Al ser un auténtico sacrificio significa que no está hablando simbólica sino realmente pues el sacrificio de Cristo es real y la Eucaristía, acción de gracias de la que habla Lucas, es un sacrificio real, y Cristo nos manda repetir este sacrificio en su memoria. Si leemos Mt 26, 13; Mr 14, 9; Hch 10, 4 vemos que ahí se habla de memoria delante de Dios, o "memoria de ella", es decir, algo simbólico, de recuerdo, simplemente. En esos pasajes se usa *Mnemosunon* y no *Anamnesis*, quedando así demostrado que lo que es simplemente "memoria de", "recuerdo de", es distinto al verdadero sacrificio.91

Vayámonos ahora al Evangelio de San Juan y veamos cómo allí también se nos habla de la Eucaristía como verdadera presencia:

1) *Cuando se entienden las palabras de Cristo de manera simbólica, Él lo aclara:*

Cuando el Señor realizaba una enseñanza en sentido figurado y los oyentes lo tomaban como literal, Jesús aclaraba el malentendido, enseñando concretamente lo que quería decir. Esta regla la podemos ver en Juan 3,3-5 donde Nicodemo entiende como "nacer de nuevo" el volver a entrar en el vientre materno. Rápidamente Jesús le aclara que no se refiere a eso sino a nacer del agua y del Espíritu.

Pero también nos encontramos casos en los cuales los judíos y los seguidores de Jesús murmuraban sobre lo que Cristo había dicho y él no lo aclaró. Esto es porque evidentemente hablaba de manera literal. En Mateo 9,2-7 los judíos murmuran sobre lo que dijo Cristo, pero Cristo no se retracta. Al contrario, sigue insistiendo en lo

---

90 http://biblehub.com/greek/364.htm
91 http://biblehub.com/greek/3422.htm

mismo: que él tiene poder de perdonar los pecados. Nadie duda de que ese poder es real y no simbólico. En este caso Cristo no aclaró la duda de los judíos, ni la murmuración.

En Juan 8,56-58 los judíos le increpan "¿Cómo puedes decir que eres anterior a Abraham, si no tienes ni cincuenta años?". Jesús en vez de decirles "Bueno, estoy hablando simbólicamente", sigue afirmando lo mismo: que él fue antes que Abraham. Nuevamente Cristo no corrige, y es porque habla literalmente.

En todos estos casos vemos cómo Jesús, cuando habló literalmente, nunca corregía. Pero si hablaba simbólicamente, como en el caso de Nicodemo, y se confundía la gente, si corregía. Por tanto, debemos aplicar esta misma regla a Juan 6: Jesús enseña que su carne es verdadera comida y que dará como comida su carne. Ante esto los judíos murmuraron. Pero Jesús no rectificó, simplemente lo afirmo más rotundamente.

2) *El cambio del verbo en Juan 6*:

Tenemos en el Evangelio según San Juan, capítulo 6, dos versículos claves:

Jesús les dijo: De cierto, de cierto os digo: Si no coméis la carne del Hijo del Hombre, y bebéis su sangre, no tenéis vida en vosotros.54 El que come mi carne y bebe mi sangre, tiene vida eterna; y yo le resucitaré en el día postrero. **Juan 6,53-56**

Estos versículos son importantes ya que en el versículo 53 se usa la palabra φάγητε (phagen), que significa "comer".Sin embargo, en el versículo 54, Cristo cambia el verbo, usa τρώγων (trogon). Este cambio es muy importante ya que la palabra griega "trogon" significa: masticar, roer. Cristo estaría diciendo entonces en el verso 54: "El que mastica mi carne". El motivo por el cual Cristo cambia el verbo es para darle un mayor realismo a su mensaje ya que "masticar" nunca se usa de manera simbólica. Si analizamos en la Escritura todas las veces que aparece el verbo "trogon" veremos son 5 veces, y fuera del pasaje de Juan 6, solo 2 veces (Mateo 24:38 y Juan 13:18). En ambos casos es usado de manera literal, no simbólica 92 93.

---

92 http://biblehub.com/greek/5315.htm
93 http://biblehub.com/greek/5176.htm

3) Comer carne de manera simbólica:

En las Escrituras cuando se habla de "Comer la carne de alguien" en sentido simbólico significa persecución, violencia, matanza, venganza, etc. He aquí las evidencias:

Yo digo: Oíd, caudillos de Jacob y jueces de la casa de Israel: ¿No os toca a vosotros conocer el derecho? Aborrecedores del bien y amadores del mal, arrancan la piel de sobre ellos y la carne de sobre sus huesos, y luego de haberse comido la carne de mi pueblo y de haberle arrancado la piel, y haberle roto los huesos, y haberle descuartizado como carne para la olla o carne para el caldero. **Miqueas 3, 1-3**

Cuando se juntaron contra mí los malignos, mis angustiadores y mis enemigos, para comer mis carnes, ellos tropezaron y cayeron. **Salmo 27, 2**

Cada uno devora a la derecha y tiene hambre; come a la izquierda y no se sacia. Cada cual come la carne de su prójimo. **Isaías 9, 20**

Y a tus opresores haré comer su propia carne, y se embriagarán de su sangre como de mosto, y reconocerá toda carne que yo soy Yahvé, tu salvador y tu redentor, el Fuerte de Jacob. **Isaías 49, 26**

El afirmar que Cristo habló simbólicamente en Juan 6 supone decir que él pidió que para tener vida eterna, debíamos perseguirle, traicionarle y matarle. Evidentemente, los católicos, conforme a las Escrituras, no creemos esto, pero desde Lutero, se ha empezado a adquirir esta enseñanza de hombres.[94]

4) *La cita de San Pablo sobre la Eucaristía*

Quiero detenerme a analizar la cita de San Pablo sobre la Eucaristía. Es, digamos, el testimonio más antiguo que tenemos de este Sacramento:

De manera que cualquiera que comiere este pan o bebiere esta copa del Señor indignamente, será culpado del cuerpo y de la sangre del Señor. 28 Por tanto, pruébese cada uno a sí mismo, y coma así del pan, y beba de la copa. Porque el que come y bebe indignamente, sin discernir el cuerpo del Señor, juicio come y bebe para sí. **1 Corintios 11,27-29**

---

94 http://www.mercaba.org/FICHAS/Apologetica.org/eucaristia_presencia_real.htm

En este pasaje se usa la palabra griega ἔνοχος 95 que se traduce literalmente como "con culpa", aunque se ha usado en el texto "indignamente". Es una palabra que denota el realismo total del pasaje. Se usa en varios otros lugares de la Escritura pero nunca se encuentra de manera simbólica (Mateo 5,21-22, Santiago 2,10, Marcos 3,29)

Pero aún tenemos más. En el versículo 28 se usa δοκιμαζέτω96 que se traduce literalmente como "examinarse, distinguir", solo que la Biblia ha traducido por "probar". Luego, significa que antes de tomar la Eucaristía debemos distinguir y tener claro que lo que estamos comiendo no es un simple trozo de pan. Esto no sería necesario hacerlo si fuera algo simbólico, pues daría lo mismo comerlo o no comerlo. Total, es un símbolo. Pero al no ser simbólico tenemos que tener en cuenta y darnos cuenta de lo que comemos.

En el versículo 29 vuelve san Pablo con la misma idea pero ahora usa el verbo "discernir" en griego: διακρίνων, "diakrinōn"97. Esta palabra nos demuestra claramente que debemos discernir, hacer una distinción sobre lo que comemos, pues puede traernos consecuencias. Es usado en 1 Corintios 4,7 para referirse a la distinción de unos con otros, lo cual nos lleva a ver un claro uso realista de dicha palabra. Es imposible que algo simbólico te lleve a hacer un acto de discernimiento.

Finalmente, en ese mismo versículo 29, tenemos la palabra κρίμα98, que se traduce como juicio, sentencia, pena, condena etc. Es usada en Hebreos 6,2 para referirse al juicio eterno. Esto significa que el comer indignamente el pan produce condena eterna, es decir, está relacionado íntimamente con el juicio y el destino del hombre. Luego, o es una realidad o esto no tendría sentido para un mero simbolismo. Un símbolo no te condena eternamente, una realidad sí.

---

95 http://biblehub.com/greek/enochos_1777.htm
96 http://biblehub.com/greek/1381.htm
97 http://biblehub.com/greek/anaxio_s_371.htm
98 http://biblehub.com/greek/diakrino_n_1252.htm

Objeciones a la Eucaristía

Objeción 1:

Los católicos son caníbales porque comen a un ser humano.

Respuesta: Esta acusación carece de sentido por las siguientes razones:

1) El caníbal mata a su víctima y se la come, pero nosotros recibimos a Cristo en forma de pan y vino. Jesús sigue vivo cuando lo comemos en la comunión ya que en él nos movemos y existimos (Hechos 17,28), no puede dejar de existir porque le comamos en la misa. De hecho, él mismo se sujetaba con las manos en la última cena al entregar el pan.

2) En la comunión Cristo se da de manera no sangrienta, mientras el caníbal derrama sangre cuando mata a su presa. Luego, nada tiene que ver.

3) El caníbal se come parte de su víctima, nosotros comemos su sangre, alma, carne y divinidad, el caníbal no come el alma, ni la divinidad. Por tanto, no tiene nada que ver.

Objeción 2:

Yo soy la vid verdadera, y mi Padre es el labrador. **Juan 15, 1**

Dicen que Jesús no es un racimo de uvas literal; por lo tanto, Juan 6 también debe ser leído en esa perspectiva, y que el pan "simboliza" su carne.

Respuesta:

Yo soy la vid verdadera y mi Padre es el labrador. Todo pámpano que en mí no lleva fruto, lo quitará; y todo aquel que lleva fruto, lo limpiará, para que lleve más fruto. Ya vosotros estáis limpios por la palabra que os he hablado. Permaneced en mí, y yo en vosotros. Como el pámpano no puede llevar fruto por sí mismo, si no permanece en la vid, así tampoco vosotros, si no permanecéis en mí. **Juan 15, 1-4**

¿Por qué aquí es esto simbólico? Fácilmente lo vemos en *"Como el pámpano no puede llevar fruto por sí mismo, si no permanece en la vid, así tampoco vosotros, si no permanecéis en mí"*.

Pero curiosamente en Juan 6 no existe esa comparación, Cristo dice Yo soy el pan bajado del cielo, pero nunca usa una comparación. Es por ello que no se puede afirmar que Juan 6 sea simbólico por el mero hecho de que Cristo diga "yo soy el pan" ya que no lo compara con nada irreal. Es cierto que se compara al maná con el cuerpo de Cristo, pero curiosamente el maná fue alimento verdadero. Lo mismo ha de pasar entonces con el cuerpo de Cristo.

Afirmar que Juan 6,51 es simbólico implica negar el sacrificio real de Cristo ya que:

Yo soy el pan vivo que descendió del cielo; si alguno come de este pan, vivirá para siempre; y el pan que yo también daré por la vida del mundo es mi carne. **Juan 6,51**

El pan dará por la vida del mundo es su carne, esa carne que entregó en el Calvario por nuestra salvación. Si entendemos esto simbólicamente tendríamos decir que la carne entregada en el Calvario fue simbólica, pero sabemos que la muerte de Cristo en la cruz fue real. Por tanto, el pasaje debe entenderse de manera real y literal.

Objeción 3:

Yo soy la vid, vosotros los pámpanos; el que permanece en mí, y yo en él, éste lleva mucho fruto; porque separados de mí nada podéis hacer. **Juan 15,5**

Ellos con esta cita quieren mostrar que como Cristo se llama vid y habla de manera simbólica, también debe entenderse así Juan 6.

Respuesta:

El que en mí no permanece, será echado fuera como pámpano. **Juan 15, 6**

Jesús dice "como pámpano". Eso es sentido figurado, simbólico, comparando. Pero en Juan 6 no se usa la palabra *"como"* para explicar tal simbolismo.

Objeción 4:

Juan 10, 7 Volvió, pues, Jesús a decirles: De cierto, de cierto os digo: Yo soy la puerta de las ovejas.

Cristo no es puerta, ni los cristianos son ovejas. Lo mismo pasa con Juan 6.

<u>Respuesta</u>:

Aquí Cristo usa un lenguaje simbólico ya conocido en el AT:

Pastor de Israel, escucha; tú que pastoreas como a ovejas a José, tú que estás entre querubines, resplandece. **Salmo 80, 1**

Como pastor apacentará su rebaño. **Isaías 40, 11**

Vemos el uso de simbolismo al usar la palabra "como". A estos textos alude Cristo indirectamente en Juan 10,7. Estos textos eran conocidos por los oyentes judíos de Israel como el simbolismo ya estaba explicado en el AT, él no lo explicó. Además de esto, el que Jesús se comparara con una puerta era algo que ya se conocía del AT, veamos el Salmo 118:

Ésta es la puerta del Señor, y por ella entrarán los que le son fieles. **Salmo 118, 20**

Entendemos por fieles a las ovejas, y por puerta a Cristo. Recordemos que parte de este Salmo es usado también en el NT como mesiánico (Salmo 118,22). Luego, el que Jesús dijera que él era la puerta es algo ya se conocía por los salmos del AT y es fácilmente entendible que se trataba de lenguaje simbólico.

<u>Objeción 5</u>:

Jesús le dijo: Yo soy el camino, y la verdad, y la vida; nadie viene al Padre, sino por mí. **Juan 14, 6**

Dicen: Jesús es "camino", aquí habla simbólicamente. Lo mismo pasará con Juan 6.

<u>Respuesta</u>:

Si leemos versículos anteriores observaremos que está hablando simbólicamente:

En la casa de mi Padre muchas moradas hay; si así no fuera, yo os lo hubiera dicho; voy, pues, a preparar lugar para vosotros. **Juan 14,2**

Y sabéis a dónde voy, y sabéis el camino. **Juan 14,4**

Claramente se ve que no está hablando de una casa como lugar físico, ni de habitaciones o moradas. Además, la palabra "morada" solo es usada dos veces en el NT (la otra en Juan 14,23) y siempre es usada en sentido simbólico, pues nadie cree Cristo hará una "habitación" dentro de ti, ¿no? Por ello es que ya desde el versículo 2 nos está diciendo que se trata de un lenguaje metafórico. Cuando habla de "Sabéis el camino a donde voy", no habla de un camino de tierra, con piedras, sino del medio, la manera, la forma de llegar. Nuevamente es simbólico.

Objeción 6:

En Juan 6,63 se dice que lo que da vida es el espíritu, y es lo único que se aprovecha, la carne no sirve, esto demuestra todo el pasaje es simbólico.

Respuesta:

En muchos pasajes del NT vemos cómo carne y espíritu se oponen. Esto es siempre de manera figurativa para indicar que la carne es pecaminosa, y se enriquece con el espíritu, representan lo humano y lo divino: Mateo 26,41, 1Cor 5,5, Gálatas 3,3, 1Pe 3,18, etc. Esto significa que Juan 6,63 se refiere a que solo los que están bajo el influjo del Espíritu podrán recibir a Cristo y entender qué es lo que reciben. Necesitamos estar bajo el espíritu para comprender las cosas de Dios y los que escuchaban a Cristo no lo estaban es por ello que le abandonarían al poco tiempo. Por ello San Pablo enseña en Romanos 8,8 que los que *van guiados por la carne no agradarán a Dios*". Jesús dijo eso porque los judíos vivían según la carne: "*Si vuestra vida es según la carne, habréis de morir, más si con el Espíritu hacéis morir las obras de la carne, viviréis*" (Rom 8,13). Y los judíos carecían de esta gracia divina, dada por el Espíritu, porque no habían nacido de nuevo (Juan 3,5-6).

Por otro lado, si observamos la expresión, Juan 6,63 dice "la carne no sirve" pero no dice "mi carne no sirve". Y es que es diferente hablar de la carne en general que de la carne en particular, la carne en particular, la de Cristo sí que sirve, la "carne en general" no nos sirve de nada. ¿Por qué la carne de Cristo es diferente? Porque nosotros nos alimentamos de Cristo resucitado, de su cuerpo resucitado; esa carne, entonces, no mortal, sino resucitada, gloriosa, porque él es espíritu vivificante, y el espíritu vivifica esa carne haciéndola distinta a las demás:

Así también está escrito: Fue hecho el primer hombre Adán alma viviente; el postrero Adán, espíritu vivificante. **1 Corintios 15,45**

Como la carne quedo unida al Verbo, y el Verbo es espíritu vivificante. Su carne sí da vida eterna.

Porque en él habita corporalmente toda la plenitud de la Deidad. **Colosenses 2,9**

En esa carne residía la divinidad. Esto significa que no es carne común y corriente, es carne unida a la divina, y que tiene rasgos y condiciones divinas y espirituales, por ello es una carne espiritualizada (1corintios 15,44) y por ello si podemos aprovecharla. Por tanto, cuando habla de "la carne" se refiere a la carne normal, del mundo, no a su propia carne, por eso dice "la" y no "mí"99.

Objeción 7:

Nos acusan de que en la Misa volvemos a sacrificar a Cristo y Hebreos 7, 27 dice: "esto lo hizo una sola vez y para siempre, cuando se ofreció a sí mismo"

Respuesta:

El problema de esta objeción es que sacan un versículo fuera de contexto como pretexto. Veamos algo, la Carta a los Hebreos nos enseña que Cristo es Sumo Sacerdote para siempre:

Como también dice en otro lugar: Tú eres sacerdote para siempre, según el orden de Melquisedec. **Hebreos 5,6**

Donde Jesús entró por nosotros como precursor, hecho Sumo Sacerdote para siempre según el orden de Melquisedec. **Hebreos 6,20**

Sin padre, sin madre, sin genealogía; que ni tiene principio de días, ni fin de vida, sino hecho semejante al Hijo de Dios, permanece sacerdote para siempre. **Hebreos 7,3**

Pues se da testimonio de él: Tú eres sacerdote para siempre, según el orden de Melquisedec. **Hebreos 7,17**

---

99   http://apologetica.org/sitio/index.php/la-eucaristia/468-jn-6-63-el-espiritu-es-el-que-vivifica-la-carne-nada-aprovecha

Porque los otros ciertamente sin juramento fueron hechos sacerdotes; pero éste, con el juramento del que le dijo: Juró el Señor, y no se arrepentirá: Tú eres sacerdote para siempre, según el orden de Melquisedec. **Hebreos 7,21**

Mas éste, por cuanto permanece para siempre, tiene un sacerdocio inmutable. **Hebreos 7,24**

Debemos entender que Cristo es Sumo Sacerdote eternamente, y el papel del Sumo Sacerdote es ofrecer sacrificios. Por ello el Sacrificio de Cristo no es algo que este fijo en el tiempo, algo que haya quedado en el pasado, porque de ser así, carecería de sentido que él fuera Sumo Sacerdote. El sacrificio de Cristo, entonces, no está fijo en el tiempo. Recordemos él tampoco está fijo en el tiempo:

Jesucristo es el mismo ayer, y hoy, y por los siglos. **Hebreos 13,8**

Luego, el papel de Cristo es ofrecer perpetuamente su sacrificio por toda la eternidad.

Es decir, Cristo no quedó en el ayer, sigue siendo el mismo hoy y mañana, seguirá también siendo Cristo y Sumo Sacerdote. Es más que una etapa, más que un tiempo, está fuera de él, lo mismo ocurre con su Sacrificio.

El afirmar que en la misa se sacrifica nuevamente a Cristo, es no conocer el Catolicismo. Los protestantes creen que en cada misa Cristo es re-sacrificado una y otra vez, pero esto no es lo que se enseña en el Catolicismo. Vemos, entonces, cómo esta objeción es fruto simplemente de la desinformación que tienen los hermanos protestantes. Citaremos el Catecismo de la Iglesia que nos aclarará esto:

1364 El memorial recibe un sentido nuevo en el Nuevo Testamento. Cuando la Iglesia celebra la Eucaristía, hace memoria de la Pascua de Cristo y ésta se hace presente: el sacrificio que Cristo ofreció de una vez para siempre en la cruz, permanece siempre actual (cf. Hb 7,25-27): «Cuantas veces se renueva en el altar el sacrificio de la cruz, en el que "Cristo, nuestra Pascua, fue inmolado" (1 Co 5, 7), se realiza la obra de nuestra redención» (LG 3).

1366 La Eucaristía es, pues, un sacrificio porque representa (= hace presente) el sacrificio de la cruz, porque es su memorial y aplica su fruto:

(Cristo), nuestro Dios y Señor [...] se ofreció a Dios Padre [...] una vez por todas, muriendo como intercesor sobre el altar de la cruz, a fin de realizar para ellos (los hombres) la redención eterna. Sin embargo, como su muerte no debía poner fin a su sacerdocio (Hb 7,24.27), en la última Cena, "la noche en que fue entregado" (1 Co 11,23), quiso dejar a la Iglesia, su esposa amada, un sacrificio visible (como lo reclama la naturaleza humana) [...] donde se representara el sacrificio sangriento que iba a realizarse una única vez en la cruz, cuya memoria se perpetuara hasta el fin de los siglos (1 Co 11,23) y cuya virtud saludable se aplicara a la remisión de los pecados que cometemos cada día (Concilio de Trento: DS 1740).

1367 El sacrificio de Cristo y el sacrificio de la Eucaristía son, pues, un único sacrificio: "La víctima es una y la misma. El mismo el que se ofrece ahora por el ministerio de los sacerdotes, el que se ofreció a sí mismo en la cruz, y solo es diferente el modo de ofrecer" (Concilio de Trento: DS 1743). "Y puesto que en este divino sacrificio que se realiza en la misa, se contiene e inmola incruentamente el mismo Cristo que en el altar de la cruz "se ofreció a sí mismo una vez de modo cruento"; [...] este sacrificio [es] verdaderamente propiciatorio

Los numerares 1364-1367 son claros: el sacrificio ofrecido por Cristo permanece siempre actual, el sacrificio de Cristo y el de la Eucaristía son UN único sacrificio. El numeral 1366 habla de lo que antes hemos explicado, la muerte de Cristo no puso fin a su sacerdocio, el sigue siendo sacerdote para siempre, y como tal sigue ofreciéndose una y otra vez por todos nosotros. Su sacrificio está fuera del tiempo, pues el mismo Cristo está fuera del tiempo ya que es el mismo siempre (Hebreos 13,8).

Cuando decimos que Cristo está fuera del tiempo es porque él tiene una naturaleza humana y una divina. La humana está sometida al tiempo, nace, es asesinado en un sitio concreto, en una fecha concreta, etc., pero la naturaleza divina es eterna, y fuera del tiempo. Esto significa su crucifixión debe ser eterna y permanente, pues quien murió en la Cruz es Dios y no un mero hombre. El que su crucifixión esté fuera del tiempo es algo que hace que el sacrificio de la Santa Misa ocurra ahora como una realidad presente. Veamos si esto puede ser justificado bíblicamente:

Y miré, y vi que en medio del trono y de los cuatro seres vivientes, y en medio de los ancianos, estaba en pie un Cordero como inmolado, que tenía siete cuernos, y siete ojos, los cuales son los siete espíritus de Dios enviados por toda la tierra. **Apocalipsis 5,6**

Y la adoraron todos los moradores de la tierra cuyos nombres no estaban escritos en el libro de la vida del Cordero que fue inmolado desde el principio del mundo. **Apocalipsis 13,8**

Sabiendo que fuisteis rescatados de vuestra vana manera de vivir, la cual recibisteis de vuestros padres, no con cosas corruptibles, como oro o plata, sino con la sangre preciosa de Cristo, como de un cordero sin mancha y sin contaminación, ya destinado desde antes de la fundación del mundo, pero manifestado en los postreros tiempos por amor de vosotros. **1 Pedro 1,18-20**

Estos pasajes nos muestran a Cristo inmolado desde la fundación de mundo, inmolado tras haber resucitado, y predestinado a ser sacrificado. Esto nos prueba nuevamente que el sacrificio de Cristo es atemporal.

Como vimos antes, el sacerdocio de Cristo es perpetuo (Hebreos 5,6, 10, 6,20, 7,1-3, 17,20). Sacerdocio perpetuo no significa sea sacerdote por una sola vez. Lo mismo pasa con el Reino de Cristo. Nadie dice es rey por un tiempo corto o en el pasado, su reino es para siempre (Lucas 1,33). De la misma manera, nadie diría que el sacrificio de Cristo fue solo en el calvario y ahora ya no se sacrifica por nosotros, no deja de ser rey, no deja de ser sacerdote pero ¿deja de ser cordero inmolado? Carece, pues, de sentido afirmar que sí. Leamos:

Mas éste, por cuanto permanece para siempre, tiene un sacerdocio inmutable; 25 por lo cual puede también salvar perpetuamente a los que por él se acercan a Dios, viviendo siempre para interceder por ellos. **Hebreos 7,24-25**

O sea que Cristo intercede siempre por nosotros. Esa intercesión no fue solo en el Calvario, es todos los días, día a día, desde la salida del sol hasta el ocaso, si esto es así, ¿por qué no debería presentar también de forma permanente su sacrificio al Padre? Es, pues, evidente que eso se realiza y eso nos mandó realizar en Lucas 22,19 dando así a la Misa el papel central, no siendo un acontecimiento pasado, sino algo presente y futuro. El mismo profeta Malaquías ya profetizó esto:

Pues desde el sol levante hasta el poniente, grande es mi Nombre entre las naciones, y en todo lugar se ofrece a mi Nombre un sacrificio de incienso y una oblación pura (מנחה minchâh). **Malaquías 1, 11**

La palabra hebrea "minchah"100 significa sacrificio incruento, de harina. Por tanto, Malaquías nos habla de un nuevo Sacrificio, que sustituirá a todos los anteriores, que será universal (ofrecido en todo lugar) será incruento (de harina) y puro, es decir, agradable a Dios. Esto es simplemente el sacrificio de la Misa, el Cielo en la Tierra. Según el Concilio de Trento en la Doctrina sobre el Sacrificio de la Misa cap 1 DH, n 1742, esta oblación pura de Malaquías es la Eucaristía.

LA PENITENCIA

Otro de los principales sacramentos que nos cuestionan los hermanos protestantes es el sacramento de la penitencia o de la Confesión (más comúnmente conocido). Según ellos, solo Dios perdona los pecados (Marcos 2,7); por tanto, el sacerdote no puede perdonar algo que solo debe ser perdonado por Dios.

Veamos qué enseña la Iglesia en el Catecismo

1425 "Habéis sido lavados [...] habéis sido santificados, [...] habéis sido justificados en el nombre del Señor Jesucristo y por el Espíritu de nuestro Dios" (1 Co 6,11). Es preciso darse cuenta de la grandeza del don de Dios que se nos hace en los sacramentos de la iniciación cristiana para comprender hasta qué punto el pecado es algo que no cabe en aquel que "se ha revestido de Cristo" (Ga 3,27). Pero el apóstol san Juan dice también: "Si decimos que no tenemos pecado, nos engañamos y la verdad no está en nosotros" (1 Jn 1,8). Y el Señor mismo nos enseñó a orar: "Perdona nuestras ofensas" (Lc 11,4) uniendo el perdón mutuo de nuestras ofensas al perdón que Dios concederá a nuestros pecados.

1426 La conversión a Cristo, el nuevo nacimiento por el Bautismo, el don del Espíritu Santo, el Cuerpo y la Sangre de Cristo recibidos como alimento nos han hecho "santos e inmaculados ante Él" (Ef 1,4), como la Iglesia misma, esposa de Cristo, es "santa e inmaculada ante Él" (Ef 5,27).Sin embargo, la vida nueva recibida en la iniciación cristiana no suprimió la fragilidad y la debilidad de la naturaleza humana, ni la inclinación al pecado que la tradición

---

100 http://biblehub.com/hebrew/4503.htm

llama concupiscencia, y que permanece en los bautizados a fin de que sirva de prueba en ellos en el combate de la vida cristiana ayudados por la gracia de Dios (cf DS 1515). Esta lucha es la de la conversión con miras a la santidad y la vida eterna a la que el Señor no cesa de llamarnos (cf DS 1545; LG 40).

Solo Dios perdona el pecado.

1441 Solo Dios perdona los pecados (cf Mc 2,7). Porque Jesús es el Hijo de Dios, dice de sí mismo: "El Hijo del hombre tiene poder de perdonar los pecados en la tierra" (Mc 2,10) y ejerce ese poder divino: "Tus pecados están perdonados" (Mc 2,5; Lc 7,48). Más aún, en virtud de su autoridad divina, Jesús confiere este poder a los hombres (cf Jn 20,21-23) para que lo ejerzan en su nombre.

1442 Cristo quiso que toda su Iglesia, tanto en su oración como en su vida y su obra, fuera el signo y el instrumento del perdón y de la reconciliación que nos adquirió al precio de su sangre. Sin embargo, confió el ejercicio del poder de absolución al ministerio apostólico, que está encargado del "ministerio de la reconciliación" (2 Co 5,18). El apóstol es enviado "en nombre de Cristo", y "es Dios mismo" quien, a través de él, exhorta y suplica: "Dejaos reconciliar con Dios" (2 Co 5,20).

En el numeral 1441 se enseña que solo Dios perdona los pecados. Por tanto, la acusación protestante carece de sentido porque es doctrina católica el creer que el único que perdona los pecados es Cristo/Dios (nuevamente el protestante desconoce la doctrina católica). Entonces, si solo Cristo perdona los pecados, ¿por qué un sacramento?, ¿por qué los sacerdotes te absuelven los pecados? La respuesta es muy sencilla: Ellos son instrumentos de Dios, colaboradores de Dios, y por tanto colaboran en la reconciliación del hombre con Dios (2Cor 5:18).

Veamos los antecedentes de este Sacramento ya en el Antiguo Testamento:

Entonces dijo David a Natán: Pequé contra Yahvé. Y Natán dijo a David: También Yahvé ha remitido tu pecado; no morirás. **2 Samuel 12,13**

David había pecado, el Señor envía al profeta Natán quien le ayuda a confesar su pecado. Cuando el profeta vio que David había reconocido su pecado, y pedía perdón le dijo que Dios le había perdonado.

Otro caso que tenemos es el del rey Saúl y su pecado de desobedecer a Dios:

Entonces Saúl dijo a Samuel: Yo he pecado; pues he quebrantado el mandamiento de Yahvé y tus palabras, porque temí al pueblo y consentí a la voz de ellos. Perdona, pues, ahora mi pecado, 25 y vuelve conmigo para que adore a Yahvé. 26 Y Samuel respondió a Saúl: No volveré contigo; porque desechaste la palabra de Yahvé, y Yahvé te ha desechado para que no seas rey sobre Israel. **1Samuel 15,25-26**

Samuel captó perfectamente que Saúl no estaba arrepentido de verdad, solo asustado, y es por ello que el pecado le queda "retenido" no es perdonado. Samuel actúa solo como intermediario, cooperador de Yahvé, él simplemente le transmite a Saúl que su pecado no será perdonado. Así que tenemos aquí dos casos de penitencia en el AT, es Dios quien perdona, solamente el profeta comunica si Dios perdona o no. El profeta es el medio, no el fin. Lo mismo, entonces, podemos decir del sacerdote en la Iglesia. Él es un instrumento, medio, usado por Dios para reconciliarnos con él. El sacerdote es como Natán, ayuda al otro a darse cuenta de la gravedad de su pecado, ayuda entonces a "discernir" ante Dios nuestra situación y a arrepentirnos de nuestros pecados.

Pasemos ahora al NT y veamos las bases bíblicas de este sacramento:

Yo te daré las llaves del reino de los cielos, y lo que ates en la tierra quedará atado en los cielos, y lo que desates en la tierra quedará desatado en los cielos. **Mateo 16,19**

De cierto os digo que todo lo que ates en la tierra quedará atado en los cielos, y lo que desates en la tierra quedará desatado en los cielos. **Mateo 18,18**

Jesús les dijo otra vez: "La paz sea con vosotros. Como el Padre me ha enviado, así también os envío yo "Y cuando hubo dicho esto, sopló sobre ellos y les dije:" Recibid el Espíritu Santo, a quienes perdonéis los pecados, les quedan perdonados; y a quienes se los retengáis, les quedan retenidos. **Juan 20, 21-23**

La autoridad de "atar y desatar", que tiene que ver con perdonar o castigar (términos rabínicos para esto) es usada por el apóstol san Pablo en 1 Corintios 5,1-5 donde impone penitencia y en 2 Corintios 2,6-11 donde perdona una transgresión, e instruye a los

Corintios a que también la perdonen. En ambos casos actúa como representante de Dios ante los hombres, actúa, pues, en la persona de Cristo.

De cierto se oye que hay entre vosotros fornicación, y tal fornicación cual ni aun se nombra entre los gentiles; tanto que alguno tiene la mujer de su padre. 2 Y vosotros estáis envanecidos. ¿No debierais más bien haberos lamentado, para que fuese quitado de en medio de vosotros el que cometió tal acción? 3 Ciertamente yo, como ausente en cuerpo, pero presente en espíritu, ya como presente he juzgado al que tal cosa ha hecho. 4 En el nombre de nuestro Señor Jesucristo, reunidos vosotros y mi espíritu, con el poder de nuestro Señor Jesucristo, 5 el tal sea entregado a Satanás para destrucción de la carne, a fin de que el espíritu sea salvo en el día del Señor Jesús. **1 Corintios 5,1-5**

Le basta a tal persona esta reprensión hecha por muchos; 7 así que, al contrario, vosotros más bien debéis perdonarle y consolarle, para que no sea consumido de demasiada tristeza. 8 Por lo cual os ruego que confirméis el amor para con él. 9 Porque también para este fin os escribí, para tener la prueba de si vosotros sois obedientes en todo. 10 Y al que vosotros perdonáis, yo también; porque también yo lo que he perdonado, si algo he perdonado, por vosotros lo he hecho en presencia de Cristo, 11 para que Satanás no gane ventaja alguna sobre nosotros; pues no ignoramos sus maquinaciones. **2 Corintios 2, 6-11**

De la misma manera que San Pablo perdona en "presencia de Cristo", los sacerdotes actuando en "presencia de Cristo", en "la persona de Cristo", perdonan nuestros pecados. La Reina Valera traduce por "*presencia de Cristo*" la expresión griega προσώπῳ Χριστοῦ, o sea, "*prosopon Christou*". La palabra *prosopon* significa concretamente "persona", así que lo que el apóstol dice es "*en la persona de Cristo*" lo cual le da un sentido mucho más católico a este pasaje. Y es que cuando Pedro bautizaba, era Cristo quien bautizaba, y cuando Pedro perdonaba, era Cristo quien perdonaba. Esto es, el sacerdote es simplemente un instrumento, la gracia viene de Cristo.101

De las citas antes mencionadas, la más importante es la de Juan 20:21-23 y será sobre ella sobre la que profundicemos un poco

---

101 http://biblehub.com/greek/4383.htm

para dejar claro este sacramento:

Dos puntos son importantes:

a) La palabra griega usada para *Soplo* es: ἐνεφύσησεν (emphusaó) que se traduce como soplar en su interior, exhalar. Esta palabra solamente es usada en la Escritura en otras dos ocasiones (prescindiendo de los deuterocanónicos) 102

Entonces Dios formó al hombre del polvo de la tierra, y sopló (ἐνεφύσησεν) en su nariz aliento de vida, y fue el hombre un ser viviente. **Génesis 2,7**

Y me dijo: "Profetiza al espíritu, profetiza, hijo de hombre, y di al espíritu: Así ha dicho Yahvé el Señor: Espíritu, ven de los cuatro vientos, y sopla (ἐμφύσησον) sobre estos muertos, y vivirán". 10 Y profeticé como me había mandado, y entró espíritu en ellos, y vivieron, y estuvieron sobre sus pies; un ejército grande en extremo. **Ezequiel 37,9-10**

En estos dos casos se observa un cambio en las personas a las cuales se les sopla el Espíritu o aliento. Aquí se produce un cambio en su vida, pasan del estado de muerte al estado de vida. Concretamente el sacramento de la confesión consiste en eso, en hacer que el hombre pase de su estado de muerte espiritual, al de vida en gracia santificante. Por la penitencia Dios va a comunicar su perdón, que es el conceder a los hombres el "ser hijos de Dios" (Jn 1,12): el poder de perdonar, es dar vida en gracia. Precisamente en Génesis, Dios "insufla" sobre Adán, el hombre de "arcilla", y le "inspiró aliento de vida" (Gen 2,7). Por eso se debe interpretar Juan 20,21-23 conforme a Génesis 2,7 y Ezequiel 37,9-10. Cristo concede a los apóstoles el poder para "dar vida espiritual a los hombres".

b) Cristo dice "como el Padre me envió (ἀπέσταλκέν-apostelló) así os envió yo" Cristo fue enviado por el Padre, para perdonar los pecados:

Y dará a luz un hijo, y lo llamarás Jesús, porque él salvará a su pueblo de sus pecados. **Mateo 1,21**

---

102 http://biblehub.com/greek/1720.htm

Id, pues, y aprended lo que significa: Misericordia quiero, y no sacrificio. **Mateo 9,13**

Porque no he venido a llamar a justos, sino a pecadores, al arrepentimiento. **Lucas 5:32**

Porque esto es mi sangre del nuevo pacto, que por muchos es derramada para remisión de los pecados. **Mateo 26,28**

Sabed, pues, esto, varones hermanos: que por medio de él se os anuncia perdón de pecados. **Hechos 13,38**

Les anuncia que ellos van a ser sus "enviados," como él lo es del Padre. Ellos son los "apóstoles" (Mt 28,19; Jn 17,18, etc.).

Él, que tiene todo poder en cielos y tierra, les "envía" ahora con una misión concreta. Van a ser sus enviados con el poder de perdonar los pecados. Aquí se nos muestra cómo también los hombres pueden, con el perdón de Dios, renovar la vida del hombre.

Objeciones y preguntas:

1. ¿Fue el perdón de los pecados prefigurado a través de sacerdotes en el Antiguo Pacto?

Y será que cuando pecare en alguna de estas cosas, confesará aquello en que pecó: 6 Y para su expiación traerá a Yahvé por su pecado que ha cometido, una hembra de los rebaños, una cordera o una cabra como ofrenda de expiación; y el sacerdote hará expiación por él de su pecado. **Levítico 5,5-6**

Y él traerá a Yahvé, a la puerta del tabernáculo del testimonio, un carnero en expiación por su culpa. 22 Y con el carnero de la expiación lo reconciliará el sacerdote delante de Yahvé por su pecado que cometió: y se le perdonará su pecado que ha cometido. **Levítico 19,21-22**

David dijo a Natán: "He pecado contra el Señor". Y Natán dijo a David: "También Yahvé ha remitido tu pecado; no morirás". **2 Samuel 12,13**

2. ¿Hay algún pasaje que demuestra que un sacerdote puede dar absolución?

Lo que desates en la tierra quedará desatado en los cielos. **Mateo 18:18b**

3. Pero los sacerdotes no tienen poder de Dios para perdonar pecados, esto solo puede hacerlo Dios.

A quienes perdonéis los pecados, les quedan perdonados. **Juan 20, 23a**

4. ¿Es la confesión de los pecados un concepto bíblico?

Confieso mi maldad, lo siento por mi pecado. **Salmo 38,18**

El que encubre sus pecados no prosperará, mas el que los confiesa y lo deja, para alcanzar misericordia. **Proverbios 28,13**

Y muchos de los que ahora eran creyentes venían, confesando y divulgar sus prácticas. **Hechos 19,18**

5. ¿En el NT algún hombre además de Cristo perdonó pecados?

Juan el Bautista apareció en el desierto predicando el bautismo de arrepentimiento para el perdón de los pecados. Y salía a él toda la región de Judea y todos los habitantes de Jerusalén; y eran bautizados por él en el río Jordán, confesando sus pecados. **Marcos 1, 4-5**

¿Está alguno enfermo entre vosotros? Que llame a los ancianos de la Iglesia, y oren por él, ungiéndole con aceite en el nombre del Señor; Y la oración de fe salvará al enfermo, y el Señor lo levantará; y si hubiere cometido pecados, le serán perdonados. Confesaos vuestras ofensas unos a otros, y orad unos por otros, para que seáis sanados. La oración del justo tiene mucho poder en sus efectos. **Santiago 5, 14-16**

Porque también para este fin os escribí, para tener la prueba de si vosotros sois obedientes en todo.10 Y al que vosotros perdonáis, yo también; porque también yo lo que he perdonado, si algo he perdonado, por vosotros lo he hecho en presencia de Cristo. **2 Corintios 2, 9-10**

6. ¿El concepto de la penitencia después del perdón de los pecados es bíblico?

Confesarán su pecado que cometieron, y compensarán su ofensa enteramente, y añadirán su quinto sobre ello, y lo darán a aquel contra quien pecaron. **Números 5,7**

Manteniendo la fe y buena conciencia, desechando la cual naufragaron en cuanto a la fe algunos, 20 de los cuales son Himeneo y Alejandro, a quienes entregué a Satanás para que aprendan a no blasfemar. **1 Timoteo 1,19-20**

Estos dos pecadores fueron dados a Satanás, como penitencia para que dejaran de blasfemar.

EL MATRIMONIO

Para conocer la doctrina del Matrimonio debemos acudir al Catecismo:

1638 "Del matrimonio válido se origina entre los cónyuges un vínculo perpetuo y exclusivo por su misma naturaleza; además, en el matrimonio cristiano los cónyuges son fortalecidos y quedan como consagrados por un sacramento peculiar para los deberes y la dignidad de su estado" (CIC can 1134).

1601 "La alianza matrimonial, por la que el varón y la mujer constituyen entre sí un consorcio de toda la vida, ordenado por su misma índole natural al bien de los cónyuges y a la generación y educación de la prole, fue elevada por Cristo Nuestro Señor a la dignidad de sacramento entre bautizados" (CIC can. 1055, §1)

Veamos ahora las citas bíblicas que amparan esto:

Dios lo instituye en la Creación. Cristo lo ratifica en la Encarnación:

Dejará el hombre a su padre y a su madre y se adherirá a su mujer, y vendrán a ser los dos una sola carne. **Génesis 2, 24**

Él respondió: ¿No habéis leído que al principio el Creador los hizo varón y hembra? Dijo: "Por esto dejará el hombre al padre y a la madre y se unirá a la mujer, y serán los dos una sola carne. De manera que ya no son dos, sino una sola carne. Por tanto, lo que Dios unió no lo separe el hombre. **Mateo 19, 4-6**

Quien le dio la doctrina de Sacramento fue el bienaventurado apóstol Pablo:

Las casadas estén sujetas a sus maridos como al Señor, porque el marido es cabeza de la mujer, como Cristo es cabeza de la Iglesia y salvador de su cuerpo. Y como la Iglesia está sujeta a Cristo, así las mujeres a sus maridos en todo. Vosotros, los maridos, amad a vuestras mujeres, como Cristo amó a la Iglesia y se entregó por ella. Para santificarla, purificándola, mediante el lavado del agua, con la palabra, a fin de presentársela así gloriosa, sin mancha o arruga o cosa semejante, sino santa e intachable. Los maridos deben amar a sus mujeres como a su propio cuerpo. El que ama a su mujer, a sí mismo se ama, y nadie aborrece jamás a su propia carne, sino que la alimenta y la abriga, como Cristo a la Iglesia, porque somos miembros de su cuerpo. "Por esto dejará el hombre a su padre y a su madre y se unirá a su mujer y serán dos en una carne". Gran misterio es éste, pero yo lo aplico a Cristo y a la Iglesia. Por lo demás, ame cada uno a su mujer, y ámela como a sí mismo, y la mujer reverencie a su marido. **Efesios 5, 22- 33**

Y fue también san Pablo quien nos enseñó en qué consiste el matrimonio cristiano:

El marido otorgue lo que es debido a la mujer, e igualmente la mujer al marido. La mujer no es dueña de su propio cuerpo: es el marido; e igualmente, el marido no es dueño de su propio cuerpo: es la mujer. No os defraudéis uno al otro, a no ser de común acuerdo por algún tiempo, para daros a la oración, y de nuevo volved a lo mismo a fin de que no os tiente Satanás de incontinencia. **1 Corintios 7, 3- 5**

La Iglesia lo que ha hecho en su Magisterio ha sido recordarnos a cada momento lo que Dios creó y en su Encarnación confirmó.

- En el caso de este Sacramento recordarlo a través del Magisterio de la Iglesia inspirado en la propia Sagrada Escritura.

- Si observamos, vemos cómo San Pablo nos enseña cual es la función del matrimonio:

- El marido lo compara a Cristo y a la mujer a la Iglesia, tal y como es el matrimonio divino entre Cristo y su Iglesia con base en ese ejemplo debemos intentar llevar nuestro matrimonio, para lo cual debemos amar a la mujer como a nosotros mismos nos amamos, debemos cuidarla y respetarla como Cristo cuida a su Iglesia. El marido es Cabeza de la mujer y ambos deben ser fieles. La unión entre ellos forma una sola carne, así como la unión entre Cristo y su Iglesia forma un solo ser, donde Cristo es la Cabeza y la Iglesia es el cuerpo pero ambos son solamente uno. Eso es lo que San Pablo desea: que hombre y mujer sean solamente uno.

- En el pasaje de Corintios, Pablo nos enseña que debemos en el matrimonio entregarnos totalmente a nuestra esposa o esposo, es por eso dice, nuestro cuerpo es de nuestra mujer, y el de la mujer nuestro, para enseñar lo mismo que ambos son solamente uno y existe total identidad entre los dos, total entrega y total amor. En estos pasajes se ve claramente cómo San Pablo considera a la mujer en igualdad con el hombre, y recalca también la importancia que tiene la oración en el matrimonio, pues esta fortalecerá el matrimonio y lo hará más santo y ejemplar.

Sobre el divorcio

Llegados a este punto, ¿qué podemos decir sobre el divorcio? ¿Acaso la Iglesia lo acepta? Si no lo acepta, ¿en base a qué? Para empezar, nuevamente recordaremos el Catecismo:

1650 Hoy son numerosos en muchos países los católicos que recurren al divorcio según las leyes civiles y que contraen también civilmente una nueva unión. La Iglesia mantiene, por fidelidad a la palabra de Jesucristo ("Quien repudie a su mujer y se case con otra, comete adulterio contra aquélla; y si ella repudia a su marido y se casa con otro, comete adulterio": Mc 10,11-12), que no puede reconocer como válida esta nueva unión, si era válido el primer matrimonio. Si los divorciados se vuelven a casar civilmente, se ponen en una situación que contradice objetivamente a la ley de Dios. Por lo cual no pueden acceder a la comunión eucarística mientras persista esta situación, y por la misma razón no pueden ejercer ciertas responsabilidades eclesiales. La reconciliación mediante el sacramento de la penitencia no puede ser concedida más que aquellos que se arrepientan de haber violado el signo de la Alianza y de la fidelidad a Cristo y que se comprometan a vivir en total continencia.

Tras conocer la enseñanza del Magisterio, veamos cómo dicha enseñanza coincide con la de las Sagradas Escrituras:

Yo aborrezco el divorcio dice el Señor, Dios de Israel, y al que cubre de violencia sus vestiduras», dice el Señor Todopoderoso. *Así que cuídense en su espíritu, y no sean traicioneros.* **Malaquías 2,16**

La palabra hebrea usada para "divorcio" es תְבָגָּ֑ד־וֹ se traduce como traición o divorcio. Es el único lugar de las Escrituras donde se usa esta palabra. "Yo aborrezco/odio el divorcio", dice el Señor.103

Estas son palabras fuertes de nuestro Señor. El divorcio y el nuevo matrimonio, viola el pacto matrimonial sagrado entre un esposo y una esposa que ha sido ordenado por Dios.

Es muy claro el profeta Malaquías en este texto; no está dentro de los planes de Dios que un matrimonio se divorcie y por tanto este acto es aborrecido por Dios.

Ahora bien, os digo que quien repudie a su mujer - no por fornicación - y se case con otra, comete adulterio **Mateo 19,9**

La doctrina católica sobre este pasaje y en la cuestión del matrimonio y el divorcio, en general, se puede resumir de la siguiente manera: un matrimonio sacramental válido es indisoluble; es decir, que no se puede deshacer, siempre y cuando ambos cónyuges están vivos. De acuerdo con Mateo 19,6, los esposos "ya no son dos sino una sola carne".

El matrimonio es una alianza de toda la vida, el divorcio es contrario al propósito original de Dios (Mateo 19,06s), y las segundas nupcias después del divorcio son adulterio (Mt 5,32.19,9; Mc 10,11-12; Lc 16, 18).

A los casados, en cambio, les ordeno –y esto no es mandamiento mío, sino del Señor– que la esposa no se separe de su marido. Si se separa, que no vuelva a casarse, o que se reconcilie con su esposo. Y que tampoco el marido abandone a su mujer. **1 Corintios 7,10-11**

San Pablo nos da la enseñanza de Cristo, el que se casó con una mujer no puede divorciarse y volverse a casar. Esto viola el plan divino de Dios para el esposo y la esposa.

¿Acaso ignoráis, hermanos (pues hablo con los que conocen la ley), que la ley se enseñorea del hombre entre tanto que éste vive? Porque la mujer casada está sujeta por la ley al marido mientras éste vive; pero si el marido muere, ella queda libre de la ley del marido. Así que, si en vida del marido se uniere a otro varón, será llamada adúltera; pero si su marido muriere, es libre de esa ley, de tal manera que si se uniere a otro marido, no será adúltera. **1 Corintios 7,1-3**

---

103 http://biblehub.com/interlinear/malachi/2-16.htm

Nuevamente San Pablo reitera la enseñanza de Jesús de que el matrimonio sacramental seguido de un divorcio y las segundas nupcias es adulterio. El que comete adulterio se destruye a sí mismo. (Proverbios 6,23). Muchas denominaciones protestantes han rechazado esta enseñanza de Jesús y de su Iglesia.

La mujer casada está ligada por la ley mientras su marido vive; pero si su marido muriere, libre es para casarse con quien quiera, con tal que sea en el Señor. Pero a mi juicio, más dichosa será si se quedare así; y pienso que también yo tengo el Espíritu de Dios. **1 Corintios 7, 39-40**

La mujer está ligada al marido mientras vive, cuando este muere queda libre para casarse con quien quiera. De estas palabras se concluye que el divorcio, y casarse con otra persona mientras tu esposo/a esté vivo, es ir contra Dios y contra las Escrituras. San Pablo no lo aprueba. El mismo recomienda quedarse sin casar si tu esposo/a muere. Este es un consejo que San Pablo da, con el cual estoy completamente de acuerdo.

La Biblia condena el adulterio y la fornicación, o sea, el tener relaciones fuera del matrimonio o antes del matrimonio:

Y manifiestas son las obras de la carne, que son: adulterio, fornicación, inmundicia, lascivia, idolatría, hechicerías, enemistades, pleitos, celos, iras, contiendas, disensiones, herejías, envidias, homicidios, borracheras, orgías, y cosas semejantes a estas; acerca de las cuales os amonesto, como ya os lo he dicho antes, que los que practican tales cosas no heredarán el reino de Dios. **Gálatas 5,19-21**

Los fornicadores no heredarán el reino de Dios.

Pero fornicación y toda inmundicia, o avaricia, ni aun se nombre entre vosotros, como conviene a santos; 5:4 ni palabras deshonestas, ni necedades, ni truhanerías, que no convienen, sino antes bien acciones de gracias. **Efesios 5,3**

Pues la voluntad de Dios es vuestra santificación; que os apartéis de fornicación; que cada uno de vosotros sepa tener su propia esposa en santidad y honor; no en pasión de concupiscencia, como los gentiles que no conocen a Dios **1 Tesalónicos 4,3-5**

Apartarse de la fornicación y cada uno tener su propia esposa. El contexto es claro: está hablando de ser infieles y tener relaciones fuera del matrimonio. Lo mismo que pasa en el divorcio.

Huid de la fornicación. Cualquier otro pecado que el hombre cometa, está fuera del cuerpo; mas el que fornica, contra su propio cuerpo peca. ¿O ignoráis que vuestro cuerpo es templo del Espíritu Santo, el cual está en vosotros, el cual tenéis de Dios, y que no sois vuestros? **1 Corintios 6,18-19**

¿Cómo un divorciado vuelto a casar puede huir de la fornicación?

San Pablo cuando escribe a los Corintios aborda este tema, y deja muy claro las nefastas consecuencias de recibir la Eucaristía en pecado:

De manera que cualquiera que comiere este pan o bebiere esta copa del Señor indignamente, será culpado del cuerpo y de la sangre del Señor. Por tanto, pruébese cada uno a sí mismo, y coma así del pan, y beba de la copa. Porque el que come y bebe indignamente, sin discernir el cuerpo del Señor, juicio come y bebe para sí. Por lo cual hay muchos enfermos y debilitados entre vosotros, y muchos duermen. Si, pues, nos examinásemos a nosotros mismos, no seríamos juzgados; mas siendo juzgados, somos castigados por el Señor, para que no seamos condenados con el mundo. Así que, hermanos míos, cuando os reunís a comer, esperaos unos a otros. **1 Corintios 11,27-33**

¿Por qué San Pablo continua con "Por lo cual..."? Sencillamente porque este versículo tiene que ver con el 29 y el 28, los cuales nos hablan del cuerpo de Cristo y su sangre. Es decir que estos que están enfermos fue porque comieron el cuerpo de Cristo indignamente, y no examinaron ni discernieron en su momento lo que iban a hacer. Lo cual denota la importancia de recibir este Sacramento correctamente.

Si una persona que ha adulterado, porque se ha separado de su esposo, recibe la Eucaristía estará violando este mandato de las Escrituras y las enseñanzas de San Pablo. E incluso podrá tener consecuencias severas para él. Por eso el tema de los divorciados vueltos a casar que quieran comulgar está dentro de los versículos 30 y 31.

Finalmente, sacamos tres conclusiones bíblicas importantes:

a) Dios aborrece el divorcio, y conforme a las Escrituras este no es válido. (Mal 2,16; Mt 19,9).

b) La persona que se divorcia y se vuelve a casar comete pecado de fornicación, el cual es castigado con la condena eterna (no heredar el Reino de Dios).

c) Si pese a todo ello recibes la comunión Eucarística, estás violando la ley de Dios (1 Cor 11,27-31). Y esta recepción de la Eucaristía por parte del divorciado, tendrá repercusiones serías en su vida eterna.

EL ORDEN SACERDOTAL

Mediante este sacramento designamos a aquellos hombres que se encargan de administrar los misterios de Dios. Es decir, sacerdotes, obispos y diáconos. Son servidores de Cristo y administradores de sus misterios. El propio Catecismo nos lo reafirma:

1536 El Orden es el sacramento gracias al cual la misión confiada por Cristo a sus Apóstoles sigue siendo ejercida en la Iglesia hasta el fin de los tiempos: es, pues, el sacramento del ministerio apostólico. Comprende tres grados: el episcopado, el presbiterado y el diaconado.

Las bases bíblicas de este sacramento las encontramos ya en el AT donde se promete:

Yo conozco sus obras y sus pensamientos. Yo vendré para reunir a todos los pueblos y lenguas, que vendrán para ver mi gloria. Yo les daré una señal, y mandaré sobrevivientes de ellos a Tarsis, a las naciones de Put, de Lud, de Mososc, de Ros, de Tubal y de Yaván; de las islas lejanas, que no han oído nunca mi nombre y no han visto mi gloria, y pregonarán mi gloria entre las naciones. Y de todas las naciones traerán a vuestros hermanos ofrendas a Yahvé en caballos, en carros, en literas, en mulos, y en dromedarios, a mi monte santo, a Jerusalén, dice Yahvé, como traen los hijos de Israel la oblación en vasos puros al templo de Yahvé: Y también yo elegiré de entre ellos sacerdotes y levitas, dice Yahvé. **Isaías 66, 18-21**

Y santificaré el tabernáculo del testimonio y el altar: santificaré asimismo á Aarón y a sus hijos, para que sean mis sacerdotes. **Éxodo 29,44**

Instituido por Nuestro Señor Jesucristo:

Les dijo otra vez: La paz sea con vosotros. Como me envió mi Padre, así os envío Yo. Diciendo esto, sopló y les dijo: Recibid el Espíritu Santo. **Juan 20, 21-23**

Confirmado por el apóstol San Pablo:

Somos, pues, embajadores de Cristo, como si Dios exhortara por medio de nosotros. En nombre de Cristo os suplicamos: ¡reconciliaos con Dios! **2 Corintios 5,20**

Como hemos visto, el ministerio nos habla de tres grados. Vamos, pues, a localizar estos tres grados en las Sagradas Escrituras para demostrar que se remontan a tiempos apostólicos:

Obispos

Tened cuidado de vosotros y de toda la grey, en medio de la cual os ha puesto el Espíritu Santo como vigilantes para pastorear la Iglesia de Dios, que Él se adquirió con la sangre de Su propio Hijo. **Hechos 20,28**

Pablo y Timoteo, siervos de Cristo Jesús, a todos los santos en Cristo Jesús, que están en Filipos, con los Obispos y Diáconos. **Filipenses 1:1**

El motivo de haberte dejado en Creta, fue para que acabaras de organizar lo que faltaba y establecieras presbíteros en cada ciudad, como yo te ordené. 6 El candidato debe ser irreprochable, casado una sola vez, cuyos hijos sean creyentes, no tachados de libertinaje ni de rebeldía. 7 Porque el epíscopo, como administrador de Dios, debe ser irreprochable; no arrogante, no colérico, no bebedor, no violento, no dado a negocios sucios;

8 sino hospitalario, amigo del bien, sensato, justo, piadoso, dueño de sí. **Tito 1,5-8**

La palabra griega para "obispo" es "episcopios" (es decir, "supervisor")104, un término que describe a un pastor (Juan 21,15-17) y, de hecho, los apóstoles fueron los primeros pastores de la Iglesia, incluso por encima de los demás presbíteros de Jerusalén (Hechos 9,27).

---

104 http://biblehub.com/greek/episkopois_1985.htm

Presbíteros

Designaron presbíteros en cada Iglesia y después de hacer oración con ayunos, los encomendaron al Señor en quien habían creído. **Hechos 14,23**

Se produjo con esto una agitación y una discusión no pequeña de Pablo y Bernabé contra ellos; y decidieron que Pablo y Bernabé y algunos de ellos subieran a Jerusalén, donde los apóstoles y presbíteros, para tratar esta cuestión. **Hechos 15,2**

Se reunieron entonces los apóstoles y presbíteros para tratar este asunto. **Hechos 15,6**

Así, los "presbíteros" que vemos en las Escrituras son los "sacerdotes" de la Iglesia Católica.

Diáconos

Los Doce convocaron la asamblea de los discípulos y dijeron: "No parece bien que nosotros abandonemos la Palabra de Dios por servir a las mesas. Por tanto, hermanos, buscad de entre vosotros a siete hombres, de buena fama, llenos de Espíritu y de sabiduría, y los pondremos al frente de este cargo; mientras que nosotros nos dedicaremos a la oración y al ministerio de la Palabra". **Hechos 6,1-6**

Pareció bien la propuesta a toda la asamblea y escogieron a Esteban, hombre lleno de fe y de Espíritu Santo, a Felipe, a Prócoro, a Nicanor, a Timón, a Pármenas y a Nicolás, prosélito de Antioquía; **Hechos 6,5**

Así pues, estos siete hombres (Esteban, Felipe, Prócoro, Nicanor, Timón, Pármenas, y Nicolás de Antioquía) fueron ordenados diáconos, un ministerio de servicio de apoyo al sacerdocio. *8 También los diáconos deben ser dignos, sin doblez, no dados a beber mucho vino ni a negocios sucios; 9 que guarden el Misterio de la fe con una conciencia pura. 10 Primero se les someterá a prueba y después, si fuesen irreprensibles, serán diáconos. 11 Las mujeres igualmente deben ser dignas, no calumniadoras, sobrias, fieles en todo. 12 Los diáconos sean casados una sola vez y gobiernen bien a sus hijos y su propia casa. 13 Porque los que ejercen bien el diaconado alcanzan un puesto honroso y grande entereza en la fe de Cristo Jesús.* **1 Timoteo 3,8-13**

Pablo y Timoteo, siervos de Cristo Jesús, a todos los santos en Cristo Jesús, que están en Filipos, con los epíscopos y diáconos. **Filipenses 1,1**

Vemos, entonces, cómo desde los tiempos apostólicos existe este triple ministerio, no solo en una Iglesia en particular sino en todas las Iglesias que iban fundando los apóstoles. De esta manera jerárquica se fue distribuyendo la Iglesia apostólica.

LA EXTREMAUNCIÓN

Conocido en la actualidad como "Unción de enfermos", el Catecismo nos explica en qué consiste este sacramento:

1499 "Con la sagrada unción de los enfermos y con la oración de los presbíteros, toda la Iglesia entera encomienda a los enfermos al Señor sufriente y glorificado para que los alivie y los salve. Incluso los anima a unirse libremente a la pasión y muerte de Cristo; y contribuir, así, al bien del Pueblo de Dios" (LG 11).

De esta manera, este sacramento es específicamente para ese tiempo en el que nos encontramos enfermos o somos ya personas mayores. Es una unción acompañada de oración por parte de los sacerdotes.

1511 La Iglesia cree y confiesa que, entre los siete sacramentos, existe un sacramento especialmente destinado a reconfortar a los atribulados por la enfermedad: la Unción de los enfermos: «Esta unción santa de los enfermos fue instituida por Cristo nuestro Señor como un sacramento del Nuevo Testamento, verdadero y propiamente dicho, insinuado por Marcos (cf Mc 6,13), y recomendado a los fieles y promulgado por Santiago, apóstol y hermano del Señor» (Concilio de Trento: DS 1695, cf St 5, 14-15).105

Este numeral nos dice que la unción fue instituida por Cristo, como todos los sacramentos, ¿pero podemos dar evidencias bíblicas de este sacramento? Intentaremos explicarlo a la luz de las Escrituras como hemos explicado los anteriores:

Ya en el AT podemos encontrar prefiguraciones de este sacramento:

---

105 http://www.clerus.org/Bibliaclerusonline/es/ffs.htm

Tú amas la justicia y odias la impiedad. Por eso Dios, tu Dios, te ha ungido con óleo de alegría más que a tus compañeros. **Salmo 44,8**

Pero tú alzas mi frente como la del búfalo, derramas sobre mí aceite nuevo. **Salmo 92,11**

La unción en aceite era uno de los ritos más destacados entre los judíos. Por ejemplo, los reyes eran ungidos (2Samuel 1:14,21); Elías también lo fue (2 Reyes 19,16: lo mismo que los sacerdotes (Éxodo 29,7, Lev 8:30, 8,10, 10:7).

Pero será en el NT cuando este sacramento adquiera su institución por parte de nuestro Señor Jesucristo:

Le presentan un sordo que, además, hablaba con dificultad, y le ruegan imponga la mano sobre él. 33 El, apartándole de la gente, a solas, le metió sus dedos en los oídos y con su saliva le tocó la lengua. 34 Y, levantando los ojos al cielo, dio un gemido, y le dijo: = "Effatá", que quiere decir: "¡Abrete!" 35 Se abrieron sus oídos y, al instante, se soltó la atadura de su lengua y hablaba correctamente. 36 Jesús les mandó que a nadie se lo contaran. Pero cuanto más se lo prohibía, tanto más ellos lo publicaban. **Marcos 7,32-36**

Llegan a Betsaida. Le presentan un ciego y le suplican que le toque. 23 Tomando al ciego de la mano, le sacó fuera del pueblo, y habiéndole puesto saliva en los ojos, le impuso las manos y le preguntaba: "¿Ves algo?" 24 El, alzando la vista, dijo: "Veo a los hombres, pues los veo como árboles, pero que andan." 25 Después, le volvió a poner las manos en los ojos y comenzó a ver perfectamente y quedó curado, de suerte que veía de lejos claramente todas las cosas. **Marcos 8,22-25**

Dicho esto, escupió en tierra, hizo barro con la saliva, y untó con el barro los ojos del ciego 7 y le dijo: "Vete, lávate en la piscina de Siloé" (que quiere decir Enviado). Él fue, se lavó y volvió ya viendo. **Juan 9,6-7**

En todos estos pasajes vemos cómo el mismo Jesús practica una unción a los enfermos y ellos recobran la salud. Es esto una prueba de la eficacia de este sacramento. Ya luego sería instituido por Cristo en Marcos 6:

Llamando así a los Doce, comenzó a enviarlos de dos en dos, dándoles poder sobre los espíritus impuros... y echaban muchos demonios, y, ungiendo con óleo a muchos enfermos, los curaban. **Marcos 6, 7.13**

Ungir con óleo o aceite santo hace referencia, entonces, a este sacramento. En esta cita tenemos enfermos y óleo, que son las dos referencias de este sacramento. La propia Iglesia aprendió esto de Jesús y lo conservó. Como prueba de ello basta leer algunos pasajes de las cartas pastorales o del libro de los Hechos:

¿Alguno entre vosotros enferma? Haga llamar a los presbíteros de la Iglesia y oren sobre él, ungiéndole con óleo en el nombre del Señor. **Santiago 5, 14**

Y no podía hacer allí ningún milagro, a excepción de unos pocos enfermos a quienes curó imponiéndoles las manos. **Marcos 6,5**

A la puesta del sol, todos cuantos tenían enfermos de diversas dolencias se los llevaban; y, poniendo él las manos sobre cada uno de ellos, los curaba. **Lucas 4,40**

Precisamente el padre de Publio se hallaba en cama atacado de fiebres y disentería. Pablo entró a verle, hizo oración, le impuso las manos y le curó. **Hechos 28,8**

También acudía la multitud de las ciudades vecinas a Jerusalén trayendo enfermos y atormentados por espíritus inmundos; y todos eran curados. **Hechos 5,16**

Pues de muchos posesos salían los espíritus inmundos dando grandes voces, y muchos paralíticos y cojos quedaron curados. **Hechos 8,7**

Bastan estas citas para probar este sacramento y su fundamento bíblico explícito. La Iglesia hoy en día sigue conservando este sacramento de sanación demostrando así que sigue las enseñanzas de Cristo y los apóstoles.

LA CONFIRMACIÓN

Comencemos como siempre con el Catecismo de la Iglesia y su enseñanza sobre este sacramento:

1285 Con el Bautismo y la Eucaristía, el sacramento de la Confirmación constituye el conjunto de los "sacramentos de la iniciación cristiana", cuya unidad debe ser salvaguardada. Es preciso pues, explicar a los fieles que la recepción de este sacramento es necesaria para la plenitud de la gracia bautismal (cf Ritual de la Confirmación, Prenotandos 1). En efecto, a los bautizados "el sacramento de la Confirmación los une más íntimamente a la Iglesia y los enriquece con una fortaleza especial del Espíritu Santo. De esta forma quedan obligados aún más, como auténticos testigos de Cristo, a extender y defender la fe con sus palabras y sus obras" (LG 11; cf Ritual de la Confirmación, Prenotandos 2):

Este sacramento nos hace testigos de Cristo y nos ayuda a defender y extender la fe, es decir, es el sacramento de nuestra madurez cristiana y espiritual con el confirmamos nuevamente los votos bautismales uniéndonos más aun a la Iglesia. Forma parte de la iniciación cristiana, pues se suele dar en la juventud y es de los primeros sacramentos que se recibe.

1288 "Desde [...] aquel tiempo, los Apóstoles, en cumplimiento de la voluntad de Cristo, comunicaban a los neófitos, mediante la imposición de las manos, el don del Espíritu Santo, destinado a completar la gracia del Bautismo (cf Hch 8,15-17; 19,5-6). Esto explica por qué en la carta a los Hebreos se recuerda, entre los primeros elementos de la formación cristiana, la doctrina del Bautismo y de la la imposición de las manos (cf Hb 6,2). Es esta imposición de las manos la que ha sido con toda razón considerada por la tradición católica como el primitivo origen del sacramento de la Confirmación, el cual perpetúa, en cierto modo, en la Iglesia, la gracia de Pentecostés" (Pablo VI, Const. apost. Divinae consortium naturae).

1289 Muy pronto, para mejor significar el don del Espíritu Santo, se añadió a la imposición de las manos una unción con óleo perfumado (crisma). Esta unción ilustra el nombre de "cristiano" que significa "ungido" y que tiene su origen en el nombre de Cristo, al que "Dios ungió con el Espíritu Santo" (Hch 10,38). Y este rito de la unción existe hasta nuestros días tanto en Oriente como en Occidente. Por eso, en Oriente se llama a este sacramento crismación, unción con el crisma, o myron, que significa "crisma". En Occidente el nombre de Confirmación sugiere que este sacramento al mismo tiempo confirma el Bautismo y robustece la gracia bautismal.

Este sacramento está relacionado con la imposición de las manos y el santo óleo, o crisma. El cristiano es ungido, como su propia palabra indica, mediante el crisma y se le imponen las manos para recibir el Espíritu Santo. Este sacramento en general es exclusivo del obispo como sucesor de los apóstoles. Pero alguno dirá: "Todo eso está muy bien, pero confirmación no viene en la Biblia. Entonces, no es un sacramento instituido por Cristo".

Ciertamente la palabra confirmación en cuanto a sacramento no está en la Escritura, pero tampoco está Omnipotencia, Omnisciencia, y nadie duda de estos atributos divinos. Entonces, ¿por qué dudar de la confirmación? Veamos, pues, las bases bíblicas de este sacramento:

En el AT se promete que el Espíritu Santo será derramado a todas las gentes:

Y después de esto derramaré mi Espíritu sobre toda carne, y profetizarán vuestros hijos y vuestras hijas; vuestros ancianos soñarán sueños, y vuestros jóvenes verán visiones. **Joel 2,28**

Porque yo derramaré aguas sobre el sequedal, y ríos sobre la tierra árida; mi Espíritu derramaré sobre tu generación, y mi bendición sobre tus renuevos. **Isaías 44,3**

Esta promesa de derramar el Espíritu Santo fue cumplida tras la muerte y resurrección de Cristo en la nueva Iglesia formada por él en Hechos 2. Cristo mismo había prometido varias veces mandar su Espíritu:

Pero cuando venga el Espíritu de verdad, él os guiará a toda la verdad; porque no hablará por su propia cuenta, sino que hablará todo lo que oyere, y os hará saber las cosas que habrán de venir. **Juan 16,13**

Esto dijo del Espíritu que habían de recibir los que creyesen en él; pues aún no había venido el Espíritu Santo, porque Jesús no había sido aún glorificado. **Juan 7,39**

Y la Iglesia conociendo esto comenzó a practicarlo. Veamos algunos casos claros y explícitos:

Cuando los apóstoles que estaban en Jerusalén oyeron que Samaria había recibido la palabra de Dios, enviaron allá a Pedro y a Juan; 15 los cuales, habiendo venido, oraron por ellos para que recibiesen el Espíritu Santo; 16 porque aún no había descendido sobre ninguno de ellos, sino que solamente habían sido bautizados en el nombre de Jesús. 17 Entonces les imponían las manos, y recibían el Espíritu Santo. **Hechos 8,14-17**

Ya habían sido bautizados y, por tanto, habían recibido el Espíritu Santo, pero necesitaban confirmarlo, confirmar su fe. Así, los de Samaria vuelven a recibir el Espíritu Santo tras haberse bautizado. Es decir, no era la primera vez recibían el Espíritu Santo, ya lo habían recibido, pero les faltaba recibir la efusión del Espíritu Santo que completara e hiciera más pleno lo recibido en el bautismo.

Cuando oyeron esto, fueron bautizados en el nombre del Señor Jesús. 6 Y habiéndoles impuesto Pablo las manos, vino sobre ellos el Espíritu Santo; y hablaban en lenguas, y profetizaban. **Hechos 19,5-6**

San Pablo tras bautizarles les impone las manos para que reciban el Espíritu Santo y sus dones. Esto es sin duda la continuación del bautismo, la continuación de la iniciación cristiana, el sacramento de la confirmación. En ambos pasajes se encuentra el fundamento bíblico y explícito de dicho sacramento: hay imposición de manos, hay oración y hay Espíritu Santo.

Pero además de todo esto, el sacramento de la confirmación nos confiere un sello, nos sella en el Espíritu Santo. De esto nos habla también el Catecismo:

1295 Por medio de esta unción, el confirmando recibe "la marca", el sello del Espíritu Santo. El sello es el símbolo de la persona (cf Gn 38,18; Ct 8,9), signo de su autoridad (cf Gn 41,42), de su propiedad sobre un objeto (cf. Dt 32,34) —por eso se marcaba a los soldados con el sello de su jefe y a los esclavos con el de su señor—; autentifica un acto jurídico (cf 1 R 21,8) o un documento (cf Jr 32,10) y lo hace, si es preciso, secreto (cf Is 29,11).

En este sacramento a través del aceite el cristiano recibe ese sello en el alma, una marca de Dios. Entonces, somos sellados con el Espíritu Santo, y esta expresión es totalmente bíblica:

Y el que nos confirma con vosotros en Cristo, y el que nos ungió, es Dios, 22 el cual también nos ha sellado, y nos ha dado las arras del Espíritu en nuestros corazones. **2 Corintios 1,21-22**

En él también vosotros, habiendo oído la palabra de verdad, el Evangelio de vuestra salvación, y habiendo creído en él, fuisteis sellados con el Espíritu Santo de la promesa. **Efesios 1,13**

Y no contristéis al Espíritu Santo de Dios, con el cual fuisteis sellados para el día de la redención. **Efesios 4,30**

Este sello del Espíritu Santo es el sacramento de la Confirmación, que nos da un sello indeleble como el bautismo, pero con la diferencia de que con este sacramento el sello imprime la facultad del combate espiritual.

EL SANTÍSIMO SACRAMENTO Y SU FUNDAMENTO BÍBLICO

Nos indica el Catecismo de la Iglesia:

1379 El sagrario (tabernáculo) estaba primeramente destinado a guardar dignamente la Eucaristía para que pudiera ser llevada a los enfermos y ausentes fuera de la misa. Por la profundización de la fe en la presencia real de Cristo en su Eucaristía, la Iglesia tomó conciencia del sentido de la adoración silenciosa del Señor presente bajo las especies eucarísticas. Por eso, el sagrario debe estar colocado en un lugar particularmente digno de la Iglesia; debe estar construido de tal forma que subraye y manifieste la verdad de la presencia real de Cristo en el santísimo sacramento.

Muchos protestantes se preguntan por qué adoramos el santísimo sacramento, la hostia consagrada. Bien, aquí trataré de dar los argumentos bíblicos en los cuales nos basamos:

Argumento de adoración indirecta

Este argumento es fácil de entender: si Cristo es Dios, merece ser adorado, y, por tanto, si Cristo está presente en el pan eucarístico, quiere decir que ese pan también debe ser adorado:

a. Jesucristo es adorado (Mateo 28:9,17; Fil 2:10; Heb 1,5-6).

b. Jesucristo está presente en la eucaristía (1 Cor 11,21-24; Mateo 26,26-28).

c. Si "a" indica que Jesús es adorado y "b" que está en la eucaristía, se concluye se puede adorar el pan eucarístico.

El Templo de Dios entre nosotros

En el AT se le daba mucha importancia y un gran valor a la presencia real de Yahvé en medio de su pueblo, primero en la Tienda y más tarde en el Templo de Jerusalén. El NT no contiene indicación de que esta presencia real de Yahvé en medio del pueblo se hubiera suprimido. Por tanto, al ser nosotros el nuevo pueblo, esta presencia debe seguir existiendo:

Habitaré en medio de los hijos de Israel y seré su Dios. **Éxodo 29, 45**

De esta forma Yahvé se hacía más cercano a los hombres, y sería el lugar donde se encontraría con Moisés (Éxodo 30,6).

Es por medio de esta presencia cercana y real de Yahvé en la tienda que el hombre puede tener una amistad con Dios, un contacto íntimo y cercano:

Yahvé hablaba cara a cara a Moisés como habla un hombre a su amigo. **Éxodo 33, 11**

La presencia de Dios en el templo es el centro del culto judío:

¿Quién demandó esto de vuestras manos, cuando venís a ver mi rostro, a hollar mis atrios? **Isaías 1,12**

Mas yo por la abundancia de tu misericordia entraré en tu casa; adoraré hacia tu santo templo en tu temor. **Salmos 5,7**

Nos acordamos de tu misericordia, oh Dios, en medio de tu templo. **Salmos 48,9**

Finalmente, hay una promesa en la Biblia, en el libro de Ezequiel, donde promete Dios habitar en un tabernáculo para siempre:

Y haré con ellos pacto de paz, pacto perpetuo será con ellos; y los estableceré y los multiplicaré, y pondré mi santuario entre ellos para siempre. 27 Estará en medio de ellos mi tabernáculo, y seré a ellos por Dios, y ellos me serán por pueblo. **Ezequiel 37,26-27**

Luego el NT nos dice Cristo se hizo carne y habitó entre nosotros (Juan 1,14). Este Cristo era el mismo que habitaba en el Tabernáculo y templo del AT (Éxodo 25,8, 40:34.35). Curiosamente el verbo griego usado para "habitar" significa *"erigir tienda donde se vive"*. Será, entonces, que en el NT habita en carne, en el mundo, y él promete quedarse siempre con nosotros (Mateo 28,20). La forma de hacerlo es en el pan eucarístico, cumpliendo así la profecía de Ezequiel pero con el nuevo pueblo de Dios tal y como dice San Juan:

Y oí una gran voz del cielo que decía: He aquí el tabernáculo de Dios con los hombres, y él morará con ellos; y ellos serán su pueblo, y Dios mismo estará con ellos como su Dios. **Apocalipsis 21,3**

LA CONCOMITANCIA EN LAS ESCRITURAS

Muchos católicos será la primera vez que escuchan este nombre. Pues bien, la concomitancia es la doctrina católica que enseña que Cristo se halla entero completamente tanto en el pan como en el vino, en ambas substancias; por lo tanto, esto justifica la comunión bajo una especie, pues si no fuera así solo estaríamos comiendo el cuerpo y no la sangre de Cristo.

El concilio de Trento en la sesión XIII número 1640 define esta doctrina:

Por lo cual es de toda verdad que lo mismo se contiene bajo una de las dos especies que bajo ambas especies. Porque Cristo, todo e íntegro, está bajo la especie del pan y bajo cualquier parte de la misma especie, y todo igualmente está bajo la especie de vino y bajo las partes de ella [Can. 3] 106

Pero, ¿podemos dar evidencia bíblica de esto? Claro que sí, veámosla:

Por tanto, quien coma el pan o beba la copa del Señor indignamente, será reo del Cuerpo y de la Sangre del Señor. **1 Corintios 11,27-29**

No es lo mismo decir el que "coma y beba" que decir el que "coma o beba" ya que la primera implica condenación conjunta, de comida y bebida, y la segunda implica condenación independiente, es decir si bebes indignamente el cuerpo te condenas, pero si comes indignamente el cuerpo también te condenas. Eso solo es posible si Cristo está totalmente presente en ambas especies.

Cuando llegaron cerca del pueblo adonde iban, Jesús hizo ademán de seguir adelante. 29 Pero ellos le insistieron: «Quédate con nosotros, porque ya es tarde y el día se acaba». Él entró y se quedó con ellos. 30 Y estando a la mesa, tomó el pan y pronunció la bendición; luego lo partió y se lo dio. 31 Entonces los ojos de los discípulos se abrieron y lo reconocieron, pero él había

---

106 http://www.clerus.org/Bibliaclerusonline/es/ffq.htm

desaparecido de su vista. 32 Y se decían: "¿No ardía acaso nuestro corazón, mientras nos hablaba en el camino y nos explicaba las Escrituras?". **Lucas 24, 28-32**

Aquí se narra cómo Cristo toma el pan, lo parte y lo bendice. La partición del pan era la eucaristía, así se conocía en los primeros siglos de la Iglesia (esto ya lo señalaré más adelante en el bloque de la Iglesia). Bien, si Cristo fue reconocido al partir el pan, y si en el pasaje de Emaús no se habla de cáliz, quiere decir se puede entender que en el pan está la totalidad de la presencia real de Cristo, está Cristo entero.

"Es verdad, ¡el Señor ha resucitado y se apareció a Simón!". 35 Ellos, por su parte, contaron lo que les había pasado en el camino y cómo lo habían reconocido al partir el pan. **Lucas 24,33-35**

El católico es como aquel discípulo de Emaús que reconoce a Cristo al partir el pan. Nosotros le reconocemos en la Eucaristía, cuando comemos de ese pan. Esto es prueba evidente e irrefutable de que Cristo está presente en ambas especies en su totalidad, pues si no fuera así también tendría que haberles dado vino para que pudieran reconocerle.

El que en las Iglesias se comulgue bajo una sola especie es muchas veces por motivos pastorales, no doctrinales, pero también es cierto que esto no contradice para nada la doctrina de la Iglesia. Ya lo definió Trento de manera clara y precisa y ya se han dado las evidencias bíblicas al respecto.

LA IGLESIA PRIMITIVA ERA EUCARÍSTICA Y MARIANA

Comenzamos con el bloque de Eclesiología, en el cual veremos y estudiaremos las características que tiene la Iglesia de Jesucristo. Creo necesario hacer una breve introducción sobre estas notas o marcas de la Iglesia con dos marcas que yo considero muy evidentes en la historia de la Iglesia: Eucaristía y la Virgen María. Posteriormente estudiaremos las quince marcas que enseñó el Cardenal italiano San Roberto Belarmino.

¿Por qué se dice que la Iglesia es Mariana?

Dejemos que el Catecismo de la Iglesia Católica nos responda en su numeral 972 que dice:

Después de haber hablado de la Iglesia, de su origen, de su misión y de su destino, no se puede concluir mejor que volviendo la mirada a María para contemplar en ella lo que es la Iglesia en su misterio, en su "peregrinación de la fe", y lo que será al final de su marcha, donde le espera, "para la gloria de la Santísima e indivisible Trinidad", "en comunión con todos los santos" (LG 69), aquella a quien la Iglesia venera como la Madre de su Señor y como su propia Madre:

«Entre tanto, la Madre de Jesús, glorificada ya en los cielos en cuerpo y alma, es la imagen y comienzo de la Iglesia que llegará a su plenitud en el siglo futuro. También en este mundo, hasta que llegue el día del Señor, brilla ante el Pueblo de Dios en marcha, como señal de esperanza cierta y de consuelo» (LG 68).

Este numeral del Catecismo nos presenta a la Iglesia como peregrina en la fe, lo que en su momento también fue María, al hacerse esclava del Señor (Lucas 1,28-37). María es la imagen de la Iglesia en cuanto a que ella es la primera cristiana, la primera en aceptar a Cristo, la primera evangelizadora, la primera en rezar por la Iglesia, la primera en aceptar a los discípulos de Cristo como hijos espirituales. Ella, pues, es la imagen de aquello a lo que debe llegar a ser la Iglesia. Veamos las citas bíblicas que demuestran lo aquí presentado:

Todos éstos perseveraban unánimes en oración y ruego, con las mujeres, y con María la madre de Jesús, y con sus hermanos. **Hechos 1,14**

Aquí San Lucas nos presenta a María como imagen de oración. Y es que la Iglesia primitiva era una Iglesia de oración. María da el ejemplo que necesita la Iglesia, allí reunida con las demás mujeres de las cuales su nombre no es importante y con los demás apóstoles. María oraba y rogaba por la Iglesia. Eran los inicios de la cristiandad, necesitaban ante todo las oraciones y súplicas de una madre, y ahí las tenían.

La Iglesia se acostumbra a María, a que ella rece y pida por ellos, y esta costumbre sigue estando presentado tras su asunción al cielo. El mismo San Juan Evangelista nos la presenta en el cielo:

Apareció en el cielo una gran señal: una mujer vestida del sol, con la luna debajo de sus pies, y sobre su cabeza una corona de doce estrellas. **Apocalipsis 12,1**

Esa señal, debemos entenderla tal y como se entendió la señal de Isaías 7:14. Los personajes son los mismos: una mujer/virgen y un Hijo, el Emmanuel o Dios con nosotros. Es la señal del mesianismo de Cristo y donde María recobra una importancia máxima, ella en el cielo coronada y resplandeciente sigue cuidando de la Iglesia de Dios.

Esta mujer nunca será vencida ni derrotada por el dragón. Se le dan alas (v.13-14) para escapar de él. Por ello el dragón dejó a la mujer y fue a hacer guerra contra los hijos de ella:

Entonces el dragón se llenó de ira contra la mujer; y se fue a hacer guerra contra el resto de la descendencia de ella, los que guardan los mandamientos de Dios y tienen el testimonio de Jesucristo. **Apocalipsis 12,17**

A aquellos que guardan los mandamientos de Dios se les llama "hijos de la mujer", o sea, sus descendientes. O sea, en tiempos del apóstol San Juan ya la Iglesia se consideraba hija de María, ya la Iglesia veía en ella una madre, que, como en el cenáculo y en pentecostés, oraba por la Iglesia y con sus oraciones la librará de Satanás. María es, pues, una madre orante, una apóstol y evangelizadora de la oración y las plegarias, las cuales presenta a su amado Hijo para que este interceda ante el Padre.

En todos los siglos de la historia de la Iglesia encontramos mención a María: San Lucas, San Ignacio de Antioquía, San Ireneo de Lyon, San Hipólito, Orígenes, San Pedro de Alejandría, San Método de Olimpo, San Atanasio, San Ambrosio, San Agustín, San Beda, San Juan Damasceno, San Buenaventura, San Bernardo de Claraval, Santo Tomás de Aquino y así podría seguir hasta nuestros días. María siempre ha estado presente en la Iglesia desde los albores del cristianismo. Y lo seguirá estando, pues, como Madre, debe cuidar de sus Hijos. Ya lo dice la Escritura:

¿Se olvidará la mujer de lo que dio a luz, para dejar de compadecerse del hijo de su vientre? Aunque olvide ella, yo nunca me olvidaré de ti. **Isaías 49,15**

Si bien no somos hijos de su vientre, somos "hijos de la Cruz". Si al hijo de su vientre no le abandonó sino que fue fiel hasta el final, y estando de pie delante de él momentos antes de su muerte, mostró una fe inquebrantable, con más razón no se puede olvidar de aquellos a los que dio a luz espiritualmente en la Cruz, durante la crucifixión de su amado hijo, el Hijo de Dios.

Cuando vio Jesús a su madre, y al discípulo a quien él amaba, que estaba presente, dijo a su madre: Mujer, he ahí tu hijo. 27 Después dijo al discípulo: He ahí tu madre. Y desde aquella hora el discípulo la recibió en su casa. **Juan 19,26-27**

Y es que tanto así lo quiso Cristo, que en la Cruz, momentos antes de pronunciar, *"Consummatum est"* nos deja a María como Madre. De esta manera la Iglesia entendió que en María tenía una madre, y por ello la Iglesia primitiva siempre fue mariana como hemos visto en los textos bíblicos presentados. María está presente en la Iglesia en su nacimiento en la Cruz (Juan 19,26-27), en Pentecostés (Hechos 1,13-14, Hechos 2) y durante las persecuciones, ya disfrutando de la presencia de su Hijo (Apoc12,1-17).

¿Por qué decimos la Iglesia es Eucarística?

Nuevamente el Catecismo nos enseñará la respuesta:

1407 *La Eucaristía es el corazón y la cumbre de la vida de la Iglesia, pues en ella Cristo asocia su Iglesia y todos sus miembros a su sacrificio de alabanza y acción de gracias ofrecido una vez por todas en la cruz a su Padre; por medio de este sacrificio derrama las gracias de la salvación sobre su Cuerpo, que es la Iglesia.*

Si la Eucaristía es el corazón de la Iglesia, significa que la Iglesia es Eucarística en su interior, y la vida de la Iglesia llega a la cumbre durante la Santa Eucaristía. Es, pues, preciso encontrar en la Iglesia primitiva la práctica de la Eucaristía, una práctica que como característica especial es "desde la salida del sol hasta el ocaso", esto es, todos los días del año. Podemos acotarlo más: desde la ascensión del Señor a los cielos la Iglesia ha practicado todos los días del año la celebración Eucarística. Es, pues, una marca clara de la verdadera Iglesia de Dios:

Y perseveraban en la doctrina de los apóstoles, en la comunión unos con otros, en el partimiento del pan y en las oraciones. **Hechos 2,42**

Y perseverando unánimes cada día en el templo, y partiendo el pan en las casas, comían juntos con alegría y sencillez de corazón, **Hechos 2,46**

Estos dos textos de San Lucas que se nos narran para conocer cómo era la vida de los primeros cristianos. Son un testimonio único de la Iglesia Eucarística. Tenemos aquí dos palabras muy importantes que debemos analizar bien:

καθ' ἡμέραν προσκαρτεροῦντες- Esta expresión en griego se puede traducir literalmente *"cada día perseveraban", "cada día continuamente".* Da a entender un acto que se hace todos los días de manera continua y con perseverancia, es decir, algo sumamente importante. Es, por tanto, importante celebrar todos los días la "fracción del pan" que, como luego veremos, es la Santa Misa o Eucaristía. 107

Esto alude claramente a la profecía de Malaquías en el Antiguo Testamento:

Porque desde donde el sol nace hasta donde se pone, es grande mi nombre entre las naciones; y en todo lugar se ofrece a mi nombre incienso y ofrenda limpia, porque grande es mi nombre entre las naciones, dice Yahvé de los ejércitos. **Malaquías 1,11**

El "cada día" de Hechos 2,42 se corresponde al "desde donde nace el sol hasta donde se pone" de Malaquías. La "fracción del pan" de Hechos 2,42 corresponde a "ofrenda limpia" (**oblación pura, minchah).**

κλάσις,- Esta palabra se traduce como "partición", "rotura". Solo es usada dos veces en todo el NT: en Hechos 2,42 y en Lucas 24,35. Creo necesario citar el pasaje de Lucas para demostrar la conexión con el libro de:108

Ellos contaban las cosas que les habían acontecido en el Camino, y cómo le habían reconocido al partir el pan. **Lucas 24,35**

La forma de reconocer a Cristo por los discípulos de Emaús fue al "partir el pan". El uso de esta palabra aquí y luego en Hechos da a entender que en el partir el pan, los primeros cristianos veían a Cristo, le reconocían en el pan. Esto es, pues, la Eucaristía: presencia real de Cristo mismo y prueba evidente de la Iglesia verdadera, aquella que, como en Emaús, lo reconoce todos los días al partir el pan, aquella Iglesia Eucarística.

Estas dos notas demuestran claramente cuál es la Iglesia verdadera: aquella que cree en la presencia real de Cristo en la Eucaristía, la celebra todos los días y que es mariana.

---

107 http://biblehub.com/greek/4342.htm
108 http://biblehub.com/greek/2800.htm

VI

PATRÍSTICA Y ARQUEOLOGÍA

LAS MARCAS DE LA IGLESIA EN LOS PRIMEROS CRISTIANOS

La Iglesia es Una

Absteneos de las plantas nocivas, que no son cultivadas por Jesucristo, porque no son plantadas por el Padre. No que haya hallado divisiones entre vosotros, pero sí filtración. Porque todos los que son de Dios y de Jesucristo están con los obispos; y todos los que se arrepientan y entren en la unidad de la Iglesia, éstos también serán de Dios, para que puedan vivir según Jesucristo. No os dejéis engañar, hermanos míos. Si alguno sigue a otro que hace un cisma, no heredará el reino de Dios. Si alguno anda en doctrina extraña, no tiene comunión con la pasión. **(San Ignacio de Antioquía, Carta a los Filadelfianos, 3)** *109*

"Como antes hemos dicho, la Iglesia recibió esta predicación y esta fe, y, extendida por toda la tierra, con cuidado la custodia como si habitara en una sola familia. Conserva una misma fe, como si tuviese una sola alma y un solo corazón (Hch 4,32), y la predica, enseña y transmite con una misma voz, como si no tuviese sino una sola boca. Ciertamente son diversas las lenguas, según las diversas regiones, pero la fuerza de la Tradición es una y la misma. Las Iglesias de la Germania no creen de manera diversa [553] ni transmiten otra doctrina diferente de la que predican las de Iberia o de los Celtas, o las del Oriente, como las de Egipto o Libia, así como tampoco de las Iglesias constituidas en el centro del mundo; sino que, así como el sol, que es una criatura de Dios, es uno y el mismo en todo el mundo, así también la luz, que es la predicación de la verdad, brilla en todas partes (Jn 1,5) e ilumina a todos los seres humanos (Jn 1,9) que quieren venir al conocimiento de la verdad (1 Tim 2,4). Y ni aquel que sobresale por su elocuencia entre los jefes de la Iglesia[94] predica cosas diferentes de éstas - porque ningún discípulo está sobre su Maestro (Mt 10,24)-, ni el más débil en la palabra recorta la Tradición: siendo una y la misma fe, ni el que mucho puede explicar sobre ella la aumenta, ni el que

---

109 http://www.eltestigofiel.org/index.php?idu=pa_o12716

menos puede la disminuye". **(San Ireneo, Contra las Herejías, I, 10)** *110*

La Iglesia es Santa

Dichosa Iglesia nuestra, a la que Dios se digna honrar con semejante esplendor, ilustre en nuestro tiempo por la sangre gloriosa de los mártires. Antes era blanca por las obras de los hermanos; ahora se ha vuelto roja por la sangre de los mártires. Entre sus flores no faltan ni los lirios ni las rosas. **(San Cipriano, Carta 10,2-3)***111.*

La Santa Iglesia es comparada a una red de pescar, porque también está encomendada a pescadores, y por medio de ella somos sacados de las olas del presente siglo y llevados al reino celestial, para no ser sumergidos en el abismo de la muerte eterna. Congrega toda clase de peces, porque brinda con el perdón de los pecados a los sabios e ignorantes, a los libres y a los esclavos, a los ricos y a los pobres, a los robustos y a los débiles. **(San Gregorio Magno, Hom. 11 sobre los Evang.)** *112*

La Iglesia es Católica

[Pero] evitad las divisiones, como el comienzo de los males. Seguid todos a vuestro obispo, como Jesucristo siguió al Padre, y al presbiterio como los apóstoles; y respetad a los diáconos, como el mandamiento de Dios. Que nadie haga nada perteneciente a la Iglesia al margen del obispo. Considerad como eucaristía válida la que tiene lugar bajo el obispo o bajo uno a quien él la haya encomendado. Allí donde aparezca el obispo, allí debe estar el pueblo; tal como allí donde está Jesús, allí está la Iglesia Católica. No es legítimo, aparte del obispo, ni bautizar ni celebrar una fiesta de amor; pero todo lo que él aprueba, esto es agradable también a Dios; que todo lo que hagáis sea seguro y válido. **(San Ignacio de Antioquía a los Esmirniotas, VIII) 113**

La Iglesia de Dios que reside en Esmirna a la Iglesia de Dios que reside en Filomelio, y a todas las fraternidades de la santa y

---

110 http://www.eltestigofiel.org/index.php?idu=pa_o12762
111http://www.mercaba.org/ARTICULOS/A/A-003/ANTOLOGIA%20I.htm#IGLESIA
112http://www.mercaba.org/ARTICULOS/A/A-003/ANTOLOGIA%20I.htm#IGLESIA
113 http://www.eltestigofiel.org/index.php?idu=pa_o12717

católica Iglesia que reside en todo lugar, misericordia y paz y amor de Dios el Padre y nuestro Señor Jesucristo os sean multiplicados. **(Martirio de Policarpo. I) 114**

En cambio ninguno (en las Iglesias) habla acerca de una Madre del Creador y Demiurgo que esté por encima de éste y los otros Eones -el Deseo de un Eón errante- ni lo verás llegar a una blasfemia tan brutal; ni acerca de un Plėroma superior que contendría unas veces treinta, otras una innumerable multitud de Eones, como predican aquellos que han defeccionado de la verdadera [560] doctrina del Maestro. Porque en la Iglesia Católica se conserva la única y misma fe en todo el mundo, como ya hemos dicho. **(San Ireneo, Contra las Herejías, I,10, 3) 115**

Admirable es el testimonio de San Fructuoso, obispo. Como uno le dijera y le pidiera que se acordara de él y rogara por él, el santo respondió: "Yo debo orar por la Iglesia católica, extendida de Oriente a Occidente". ¿Qué quiso decir el santo obispo con estas palabras? Lo entendéis, sin duda; recordadlo ahora conmigo: "Yo debo orar por la Iglesia católica; si quieres que ore por ti, no te separes de aquella por quien pido en mi oración" **(San Agustín, Sermón, 273) 116.**

La Iglesia es Apostólica

Los apóstoles recibieron el Evangelio para nosotros del Señor Jesucristo; Jesucristo fue enviado por Dios. Así pues, Cristo viene de Dios, y los apóstoles de Cristo. Por tanto, los dos vienen de la voluntad de Dios en el orden designado. Habiendo recibido el encargo, pues, y habiendo sido asegurados por medio de la resurrección de nuestro Señor Jesucristo, y confirmados en la palabra de Dios con plena seguridad por el Espíritu Santo, salieron a proclamar las buenas nuevas de que había llegado el reino de Dios. Y así, predicando por campos y ciudades, por todas partes, designaron a las primicias (de sus labores), una vez hubieron sido probados por el Espíritu, para que fueran obispos y diáconos de los que creyeran. Y esto no lo hicieron en una forma nueva; porque verdaderamente se había escrito respecto a los obispos y diáconos desde tiempos muy antiguos; porque así dice la Escritura en cierto

---

114 http://www.eltestigofiel.org/index.php?idu=pa_o12730
115 http://www.eltestigofiel.org/index.php?idu=pa_o12762
116 http://www.augustinus.it/spagnolo/discorsi/discorso_386_testo.htm

lugar: Y nombraré a tus obispos en justicia y a tus diáconos en fe.
(Clemente Romano, Carta a los Corintios, 42) 117

Y nuestros apóstoles sabían por nuestro Señor Jesucristo que habría contiendas sobre el nombramiento del cargo de obispo. Por cuya causa, habiendo recibido conocimiento completo de antemano, designaron a las personas mencionadas, y después proveyeron a continuación que si éstas durmieran, otros hombres aprobados les sucedieran en su servicio. A estos hombres, pues, que fueron nombrados por ellos, o después por otros de reputación, con el consentimiento de toda la Iglesia, y que han ministrado intachablemente el rebaño de Cristo, en humildad de corazón, pacíficamente y con toda modestia, y durante mucho tiempo han tenido buena fama ante todos, a estos hombres nosotros consideramos que habéis injustamente privado de su ministerio. Porque no será un pecado nuestro leve si nosotros expulsamos a los que han hecho ofrenda de los dones del cargo del obispado de modo intachable y santo. Bienaventurados los presbíteros que fueron antes, siendo así que su partida fue en sazón y fructífera: porque ellos no tienen temor de que nadie les prive de sus cargos designados. Porque nosotros entendemos que habéis expulsado de su ministerio a ciertas personas a pesar de que vivían de modo honorable, ministerio que ellos +habían respetado+ de modo intachable. **(Clemente Romano, Carta a los Corintios 44)**118

La verdadera gnosis es la doctrina de los Apóstoles, la antigua estructura de la Iglesia en todo el mundo, y lo típico del Cuerpo de Cristo, formado por la sucesión de los obispos, a los cuales (los Apóstoles) encomendaron las Iglesias de cada lugar. Así nos llega sin ficción la custodia de las Escrituras, en su totalidad, sin que se le quite o se le añada alguna cosa, su lectura sin fraude, la exposición legítima y llena de afecto (por la Palabra) según las mismas Escrituras, sin peligro y sin blasfemia. [1078] Y sobre todo el don del amor, más valioso que la gnosis, más glorioso que la profecía y superior a todos los demás carismas. **(San Ireneo, Contra las Herejías, IV, 33, 8)119**

Por ello el poder de perdonar los pecados fue dado a los Apóstoles y a la Iglesia la cual, estos hombres, enviados de Dios,

117 http://www.eltestigofiel.org/index.php?idu=pa_o12709
118 http://www.eltestigofiel.org/index.php?idu=pa_o12709
119 http://www.eltestigofiel.org/index.php?idu=pa_o12765

establecieron; y a los obispos que al ser ordenados en su lugar, fueron sus sucesores. **(Firmiliano Carta a Cipriano 75,16)120**

EL PRIMADO DE PEDRO EN LOS PRIMEROS CRISTIANOS

Pero si algunas personas son desobedientes a las palabras dichas por Él por medio de nosotros, que entiendan bien que se están implicando en una transgresión y peligro serios; mas nosotros no seremos culpables de este pecado. Y pediremos con insistencia en oración y suplicación que el Creador del universo pueda guardar intacto hasta el fin el número de los que han sido contados entre sus elegidos en todo el mundo, mediante su querido Hijo Jesucristo, por medio del cual nos ha llamado de las tinieblas a la luz, de la ignorancia al pleno conocimiento de la gloria de su Nombre. **(Clemente de Roma, Epístola a los Corintios, LIX) 121**

Pero como sería demasiado largo enumerar las sucesiones de todas las Iglesias en este volumen, indicaremos sobre todo las de las más antiguas y de todos conocidas, la de la Iglesia fundada y constituida en Roma por los dos gloriosísimos Apóstoles Pedro y Pablo, la que desde los Apóstoles conserva la Tradición y «la fe anunciada» (Rom 1,8) a los hombres por los sucesores de los Apóstoles que llegan hasta nosotros. [849] Así confundimos a todos aquellos que de un modo o de otro, o por agradarse a sí mismos o por vanagloria o por ceguera o por una falsa opinión, acumulan falsos conocimientos. Es necesario que cualquier Iglesia esté en armonía con esta Iglesia, cuya fundación es la más garantizada -me refiero a todos los fieles de cualquier lugar, porque en ella todos los que se encuentran en todas partes han conservado la Tradición apostólica. Luego de haber fundado y edificado la Iglesia los beatos Apóstoles, entregaron el servicio del episcopado a Lino: a este Lino lo recuerda Pablo en sus cartas a Timoteo (2 Tim 4,21). Anacleto lo sucedió. Después de él, en tercer lugar desde los Apóstoles, Clemente heredó el episcopado, el cual vio a los beatos Apóstoles y con ellos confirió, y tuvo ante los ojos la predicación y Tradición de los Apóstoles que todavía resonaba; y no él solo, porque aún vivían entonces muchos [850] que de los Apóstoles habían recibido la doctrina. En tiempo de este mismo Clemente suscitándose una disensión no pequeña entre los hermanos que estaban en Corinto, la Iglesia de Roma escribió la carta más autorizada a los Corintos, para congregarlos en la paz y reparar su fe, y para anunciarles la

---

120 http://www.thecatholictreasurechest.com/sapostol.htm
121 http://www.eltestigofiel.org/index.php?idu=pa_o12709

Tradición que poco tiempo antes había recibido de los Apóstoles, anunciándoles a un solo Dios Soberano universal, Creador del Cielo y de la tierra (Gén 1,1), Plasmador del hombre (Gén 2, 7), que hizo venir el diluvio (Gén 6,17), y llamó a Abraham (Gén 12,1), que sacó al pueblo de la tierra de Egipto (Ex 3,10), que habló con Moisés (Ex 3,4s), que dispuso la Ley (Ex 20,1s), que envió a los profetas (Is 6,8; Jer 1,7; Ez 2,3), que preparó el fuego para el diablo y sus ángeles (Mt 25,41). La Iglesia anuncia a éste como el Padre de nuestro Señor Jesucristo, a partir de la Escritura misma, para que, quienes quieran, puedan aprender y entender la Tradición apostólica de la Iglesia, ya que esta carta es más antigua que quienes ahora enseñan falsamente y mienten sobre el Demiurgo y Hacedor de todas las cosas que existen. A Clemente sucedió Evaristo, a Evaristo Alejandro, y luego, sexto a partir de los Apóstoles, fue constituido Sixto. En seguida Telésforo, el cual también sufrió gloriosamente el martirio; siguió Higinio, después Pío, después Aniceto. Habiendo Sotero sucedido a Aniceto, en este momento Eleuterio tiene el duodécimo lugar desde los Apóstoles. Por este orden y sucesión ha llegado hasta nosotros la Tradición que inició de los Apóstoles. Y esto muestra plenamente que la única y misma fe vivificadora que viene de los Apóstoles ha sido conservada y transmitida en la Iglesia hasta hoy. **(San Ireneo, Contra las Herejías, Libro III, 3, 2-3)**[122]

Sin embargo, para manifestar la unidad estableció una cátedra, y con su autoridad dispuso que el origen de esta unidad empezase por uno. Cierto que lo mismo eran los demás Apóstoles que Pedro, adornados con la misma participación de honor y potestad, pero el principio dimana de la unidad. A Pedro se le da el primado, para que se manifieste que es una la Iglesia de Cristo. **(San Cipriano De Cartago, De la Unidad de la Iglesia Católica 4, 5, año 253 d.C.) 123**

La Iglesia está fundada sobre Pedro. En otros lugares de la Escritura se dice también que está fundada sobre todos los otros apóstoles todos reciben las llaves del reino de los cielos y sobre ellos se asegura la solidez de la Iglesia... No obstante uno solo es escogido entre los doce para que siendo establecido como cabeza no puede haber ocasión de Cisma. **(San Jerónimo, Contra Joviniano, Lib. I, sent. 37) 124**

---

122 http://www.eltestigofiel.org/index.php?idu=pa_o12764
123 http://www.apologeticacatolica.org/Primado/PrimadoN09.html#_ednref21
124 Sentencias de los Padres Tomo I editorial Apostolado Mariano

Tú eres Pedro, esto es: "Yo soy la piedra inquebrantable, yo soy la piedra angular que hago de los dos pueblos una sola cosa, yo soy el fundamento fuera del cual nadie puede edificar; pero también tú eres piedra, porque por mi virtud has adquirido tal firmeza, que tendrás juntamente conmigo, por participación, los poderes que yo tengo en propiedad". Y sobre esta piedra edificaré mi Iglesia, y los poderes del Infierno no la derrotarán. "Sobre esta piedra firme o quiere decir edificaré un templo eterno, y la alta mole de mi Iglesia, llamada a penetrar en el cielo, se apoyará en la firmeza de esta fe". Los poderes del infierno no podrán impedir esta profesión de fe, los vínculos de la muerte no la sujetarán, porque estas palabras son palabras de vida. Ellas introducen en el cielo a los que las aceptan, hunden en el infierno a los que las niegan. **(San León Magno, Sermón 4,2-3).125**

Es al mismo Pedro a quien se dijo: Tú eres Pedro y sobre esta piedra edificaré mi Iglesia (Mt 16,18). Por lo tanto, donde está Pedro, allí está la Iglesia; donde está la Iglesia, no hay muerte, sino vida eterna. **(San Ambrosio, Comentario sobre el Salmo 12).126**

Yo te daré las llaves del reino de los cielos, y todo lo que atares sobre la tierra será atado en el cielo; y todo lo que desatares sobre la tierra será desatado en el cielo. Simón Pedro representaba a la Iglesia universal, que en este mundo es azotada por las lluvias, por las riadas y por las tormentas de sus diversas pruebas, pero, a pesar de todo, no cae, porque está fundada sobre piedra, de donde viene el nombre de Pedro. **(San Agustín, Trat. Evang. S. Juan, 124).127**

Pedro por su naturaleza era simplemente un hombre; por la gracia, un cristiano; por una gracia más abundante, uno y a la vez el primero de los Apóstoles. **(San Agustín, Trat. Evang. S. Juan, 124).128**

Te exhortamos, venerable hermano, a que aceptes con obediencia todo lo que ha escrito el santísimo Papa de Roma; porque el bienaventurado Pedro, que vive y preside en su propia sede, ayuda a los que buscan la verdad de la fe. Puesto que nosotros, en aras de la paz y de la fe, no podemos tratar temas que afecten a la fe

---

125 http://www.clerus.org/Bibliaclerusonline/es/czx.htm
126 http://www.apologeticacatolica.org/Primado/PrimadoN09.html#_edn73
127 http://www.augustinus.it/spagnolo/commento_vsg/index2.htm
128 http://www.augustinus.it/spagnolo/commento_vsg/index2.htm

sino en comunión con el obispo de Roma **(San Pedro Crisologo, Carta a Eutiques, 2).129**

Simón, mí apóstol, yo te he constituido fundamento de la Santa Iglesia. Yo te he llamado ya desde el principio Pedro, porque tú sostendrás todos los edificios, tú eres el superintendente de todos los que edificarán la Iglesia sobre la tierra; tú eres el manantial de la fuente de la que mana mí doctrina; tú eres la cabeza de mis apóstoles; yo te he dado las llaves de mi reino. **(San Efrén, Sermones para la Semana Santa, 4).130**

LA INFALIBILIDAD DE LA IGLESIA EN LOS PRIMEROS CRISTIANOS

Ignacio, que es llamado también Teóforo, a aquella que ha hallado misericordia en la benevolencia del Padre Altísimo y de Jesucristo su único Hijo; a la Iglesia que es amada e iluminada por medio de la voluntad de Aquel que quiso todas las cosas que son, por la fe y el amor a Jesucristo nuestro Dios; a la que tiene la presidencia en el territorio de la región de los romanos[1], siendo digna de Dios, digna de honor, digna de parabienes, digna de alabanza, digna de éxito, digna en pureza, y teniendo la presidencia del amor, andando en la ley de Cristo y llevando el nombre del Padre; Iglesia a la cual yo saludo en el nombre de Jesucristo el Hijo del Padre; a los que en la carne y en el espíritu están unidos a cada uno de sus mandamientos, siendo llenos de la gracia de Dios sin fluctuación, y limpiados de toda mancha extraña; salutaciones abundantes en Jesucristo nuestro Dios en su intachabilidad. **(San Ignacio de Antioquía, Epístola a los Romanos, I)131**

En efecto, con esta Iglesia (de Roma), a causa de la mayor autoridad de su origen, ha de estar necesariamente de acuerdo toda otra Iglesia, es decir, los fieles de todas partes; en ella siempre se ha conservado por todos los que vienen de todas partes aquella tradición que arranca de los apóstoles. **(San Ireneo, Contra las Herejías III, 3, 2) 132**

¡Se le ocultó algo a Pedro, que fue llamado piedra de la Iglesia que iba a ser edificada, que obtuvo las llaves del reino de los cielos y la

---

129 http://www.clerus.org/Bibliaclerusonline/es/czx.htm
130 http://www.clerus.org/Bibliaclerusonline/es/czx.htm
131 http://www.eltestigofiel.org/index.php?idu=pa_o12715
132 http://www.eltestigofiel.org/index.php?idu=pa_o12764

potestad de desatar y atar en los cielos y en la tierra? **(Tertuliano, Prescripción contra los herejes, 22, 2-4)** *133*

Con un furor que dura siglos, los pueblos de Oriente continúan chocando entre sí, y hacen trizas la túnica inconsútil del Señor, tejida de arriba abajo sin costuras. Raposas devastan la viña de Cristo; entre cisternas agrietadas y secas es difícil encontrar dónde está aquella fuente sellada, aquel huerto cerrado, de que habla la Escritura. Por eso, he decidido consultar a la cátedra de Pedro, donde está aquella fe que exaltó la boca de un apóstol; y vengo a pedir alimento para mi alma, allí donde una vez recibí el vestido de Cristo. No, ciertamente; ni la inmensidad del mar, ni la enorme distancia de la tierra han podido impedirme buscar la perla preciosa. Donde esté el cuerpo, allí se congregarán las águilas (Lc 17,37) Cuando se ha disipado el patrimonio por unos hijos perversos, solo en Vos se conserva intacta la herencia de los padres (...). Prescindiendo de lo que puede ser objeto de envidia, olvidando el esplendor de la altísima dignidad romana, yo quiero hablar con el sucesor del pescador, con el discípulo de la cruz. No sigo más primado que el de Cristo; por eso me pongo en comunión con tu Beatitud, es decir, con la cátedra de Pedro. Sé que sobre esta piedra está edificada la Iglesia. Quien se alimente del Cordero fuera de esa casa es un impío. Quien no está en el arca de Noé, perecerá el día del diluvio. **(San Jerónimo, Carta al Papa Dámaso, 2)**

LAS IMÁGENES, CRUCES Y RELIQUIAS

Podemos decir que durante los tres primeros siglos hasta la libertad de culto concedida por el emperador Constantino son las catacumbas y los sarcófagos cristianos donde podemos encontrar las primeras imágenes, frescos o pinturas. A partir del siglo IV, a medida que se van haciendo templos e iglesias, podemos ver ya en ellas imágenes y pinturas, Sin embargo, de las que aquí vamos a tratar son de las pinturas que encontramos en catacumbas y sarcófagos. Estas representaciones son bastantes comunes, siendo los temas dibujados casi siempre los siguientes: misterios de la fe cristiana, paloma, pez, ancla, Cristo, buen pastor, la Virgen, Noé, Moisés, escenas del AT, etc.

Podemos destacar las siguientes:

---

133 http://www.apologeticacatolica.org/Primado/PrimadoN09.html

La iglesia de Dura Europos, en Irak, tiene un baptisterio lleno de imágenes cristianas. En esta Iglesia podemos ver la imagen de una mujer cogiendo agua de un pozo, algunos expertos ven en esta pintura a la Virgen, otros creen que es la mujer samaritana. En esa misma ciudad también existía una sinagoga decorada con pasajes del AT. Esa ciudad fue totalmente destruida en el año 256 d.C.

La imagen de la Virgen con el niño en las catacumbas de Santa Priscila fechada a inicios del siglo III es posiblemente la primera imagen de la Virgen de la que tenemos referencia.

Cristo como orante y la Virgen con el niño, están en un fresco de las catacumbas de Santa Priscila y se remontan al siglo III.

En la catacumba de los santos Marcelino y Pedro existe un fresco donde se representa a la mujer del Evangelio que tiene derrame de sangre y quiere tocar al Maestro. Esto es de principios del siglo IV.

La imagen del buen pastor en las Catacumbas de Santa Priscila es del siglo III.

Podemos decir que estas son las principales imágenes de las catacumbas cristianas, ahora veremos que no solamente se hacían frescos y pinturas sino también algunas esculturas. Señalaremos las más importantes:

Tenemos escultura del Buen Pastor, esculpida en el siglo III y que se conserva hoy en día en el Museo Lateranense de Roma. Se le considera la obra maestra de la escultura paleocristiana.

La estatua de Jesucristo sentado, joven y con atuendo de maestro es del siglo III y se encuentra en el Museo Nacional de Roma.

La estatua del Papa San Hipólito de Roma, también del siglo III, que ahora mismo está en el Museo Lateranense de Roma en los laterales se puede ver el catálogo de sus obras.

En cuanto a los sarcófagos de los que había hablado con anterioridad podemos mencionar algunos y sus imágenes:

El Sarcófago de Aristeo se encuentra en el Museo del Louvre Paris, es del siglo III y tiene representado al Buen Pastor entre dos leones.

El Sarcófago de Livia primitiva se encuentra en el Louvre, es el sarcófago cristiano más antiguo que se conoce y en él podemos encontrar imágenes del buen pastor, el pez y el áncora.134

Todo esto nos demuestra que el uso de las imágenes era muy común y frecuente en los primeros siglos de la Iglesia. Tras esta breve descripción de las principales pinturas, esculturas y frescos, pasaremos a citar a los Padres de la Iglesia sobre este tema:

El primer testimonio que podemos citar es el que está reflejado en el "Martirio de San Policarpo", testimonio que nos servirá para ver cómo ya en ese tiempo se creía en las reliquias y se les daba un culto diferente del de adoración: *El centurión, pues, viendo la oposición levantada por parte de los judíos, le puso en medio y lo quemó según su costumbre. Y así nosotros, después, recogimos sus huesos, que son mucho más valiosos que piedras preciosas y que oro refinado, y los pusimos en un lugar apropiado; donde el Señor nos permitirá congregarnos, según podamos, en gozo y alegría, y celebrar el aniversario de su martirio para la conmemoración de todos los que ya han luchado en la contienda y para la enseñanza y preparación de los que han de hacerlo más adelante. (Martirio de Policarpo, XVIII)135*

Posteriormente, tenemos a Tertuliano que nos enseña la diferencia entre ídolo e imágenes en las Escrituras, demostrando así que no todas las imágenes eran idolátricas: *Solamente en el caso de idolatría está prohibido erigir imágenes de todo lo que haya en el cielo, en las aguas y sobre la Tierra porque inmediatamente después de la prohibición se lee: "No las adorarás ni les tributaras culto alguno". Por tanto, ni la serpiente de metal, destinada a curar a los que habían sido mordidos por las serpientes y que era representación de un gran misterio, ni las imágenes de los Querubines que servían de adorno en el arca del Señor, fueron comprendidas en la prohibición.* **(Tertuliano, Contra Marción libro 2, capitulo 22)**136:

Esta diferencia entre ídolo e imágenes también la podemos encontrar en San Clemente de Alejandría: *Que las figuras grabadas en nuestros anillos sean la paloma (cf. Gn 8,8; Mt 3,16), el pez, la nave llevada por el viento, o la lira musical, como en el sello de Polícrates, o el ancla de un barco (cf. Hch 6,18-20; 1 P 3,1-4), que*

---

134 Arqueologia Cristiana. Jesús Álvarez BAC varias páginas entre la 92-126.
135 http://www.eltestigofiel.org/index.php?idu=pa_o12730
136 http://www.newadvent.org/fathers/03122.htm

llevaba grabada Seleuco; y si alguno es pescador recordará al apóstol (cf. Mt 4,19) y a los niños sacados del agua. Pero no *debemos grabar imágenes de ídolos, a los que hemos renunciado a vincularnos; ni una espada o un arco, porque nosotros andamos en busca de la paz (cf. Sal 33,15; Hb 12,14; 1 P 3,14); ni una copa, porque queremos ser sobrios.* **(San Clemente de Alejandría, El Pedagogo, Libro III, Capítulo 11)137**

San Basilio escribió también hacia el año 375 d.C. sobre las imágenes:

He recibido también a los santos apóstoles y profetas y mártires. Sus retratos venero y beso con un homenaje, porque se transmiten de los santos apóstoles y no están prohibidos sino que por el contrario, pintados en todas nuestras Iglesias." **(Basilio, Ep 205, Comp su Oratio en Barlaam, Opp 1, 515, citada en Schaff, ibid, página 567).138**

"La pintura es decir, las imágenes hacen visibles a través de la imitación cuanto el discurso manifiesta a través del oído" **(San Basilio, PG 31,524)139**

San Sofronio de Jerusalén, escribió la Vida de Santa María de Egipto, que vivió entre el año 350 al 420 d.C. y en este relato de esta mujer asceta, se nos habla cómo rezó a un ícono de la Virgen María: *Y ella le dijo: "Créeme, Abba, diecisiete años pasé en este desierto luchando contra bestias salvajes – deseos y pasiones desenfrenados. Cuando estaba a punto de comer, solía comenzar a echar de menos la carne y el pescado que tanto tenía en Egipto. Lamentaba también no tener el vino que tanto amaba. Porque yo tomaba mucho vino cuando vivía en el mundo, mientras aquí ni siquiera tenía agua. Estaba quemada y sucumbía de sed. El desenfrenado deseo de canciones libertinas entró en mí y me confundió en gran manera, alentándome a cantar canciones satánicas que había aprendido. Pero cuando tales deseos entraban en mí me golpeaba a mí misma en el pecho y me recordaba el voto que había hecho, cuando iba al desierto. En mis pensamientos me volvía al icono de la Madre de Dios que me había recibido y a ella imploraba en oración. Le imploraba que expulsara los pensamientos a los cuales mi alma miserable estaba sucumbiendo. Y luego de mucho llorar y golpeando mi pecho solía ver una luz al*

---

137 http://www.eltestigofiel.org/index.php?idu=pa_o12746
138 http://conocetufe.blogspot.com.es/2010/03/el-culto-las-imagenes.html
139 Arqueologia Cristiana, Jesús Alvarez pag 95

final que parecía brillar sobre mí desde todas partes. Y luego de la violenta tormenta, la calma duradera descendía."140

San Agustín, también nos habla de las reliquias y el culto dado a estas:

Todavía hoy se realizan milagros en su nombre, tanto por los sacramentos como por las oraciones o las reliquias de sus santos. Lo que sucede es que no se los proclama tan abiertamente que lleguen a igualar la fama de aquéllos. De hecho, el canon de las sagradas letras, que era preciso tener fijado, obliga a recordar aquellos milagros en todas partes, y quedan así grabados en la memoria de todos los pueblos; éstos, en cambio, apenas son conocidos por la ciudad donde se realizan o por los que habitan en el lugar. Incluso en dichos lugares apenas llegan al conocimiento de unos pocos, sobre todo si la ciudad es grande. Y cuando se cuentan en otras partes, no es tal la garantía que se admitan sin dificultad o duda, aunque se los refieran unos fieles cristianos a otros. **(San Agustín, Ciudad de Dios, 22, capitulo 8)** *141*

Recomiendo a tu Veneración en el amor de Cristo a las honorables siervas de Dios y miembros destacados de Cristo, Gala, viuda seguidora del santo propósito, y su hija, virgen consagrada, sometida a su madre por la edad y antepuesta por su santidad, a quienes yo he instruido como he podido en la palabra del Señor. Por esta carta, como por mi mano, te las entrego para que las consueles y ayudes en todo lo que puedas serles útil o necesario, aunque tu Santidad lo haría, sin duda, sin mi recomendación. Yo les debo un afecto no solo cívico, sino también fraterno, en atención a la Jerusalén celeste, de la que todos somos ciudadanos y en la que ellas quisieron ocupar un estado de mayor santidad. ¿Cuánto más se lo debes tú, ya que tienen ahí su patria carnal, en la que esas señoras desprecian por amor de Cristo la nobleza secular? Te ruego que te dignes recibir por ellas mi saludo obligado, con la misma caridad con que yo te lo he dirigido, y acuérdate de mí en tus oraciones. Llevan consigo las reliquias del gloriosísimo y beatísimo mártir Esteban. No ignora tu Santidad el deber de rendirles los honores adecuados, como nosotros lo hemos hecho. **(San Agustín, Carta 212)** *142*

---

140 http://www.Iglesiaortodoxa.cl/especiales/2006/egipci.htm
141 http://www.augustinus.it/spagnolo/cdd/index2.htm
142 http://www.augustinus.it/spagnolo/lettere/lettera_218_testo.htm

Sería en su obra "Contra Fausto" donde claramente diferencia el culto de dulía del de latría:

Veneramos, pues, a los mártires con el culto del amor y de la compañía, que en esta vida se tributa también a los santos hombres de Dios, cuyo corazón percibimos que está dispuesto a sufrir el martirio por la verdad del Evangelio. Pero a aquellos con tanta mayor devoción, cuanta mayor es la seguridad, una vez que han vencido en los combates, y cuanto más confiada es la alabanza con que proclamamos ya a los vencedores en aquella vida más feliz sobre los que aún luchan en ésta. Con aquel culto que en griego se llama latría, pero en latín no puede expresarse con una única palabra, puesto que significa propiamente cierta servidumbre debida únicamente a la divinidad, solo rendimos culto, y enseñamos que deba rendirse, al único Dios. Ahora bien, como este culto incluye la ofrenda del sacrificio, razón por la que se llama idolatría al culto de quienes lo tributan a los demonios, en ningún modo ofrecemos o mandamos que se ofrezca nada parecido a algún mártir o a algún alma santa o a algún ángel. Y a todo el que cae en este error se le corrige con la sana doctrina, para que él se enmiende, o para que los otros se guarden de él. Incluso los mismos santos, hombres o ángeles, no quieren que se les tribute a ellos lo que saben que se debe al único Dios. **(San Agustín, Contra Fausto, libro XX, capítulo 21)***143*

También el gran poeta cristiano, Prudencio, tiene poemas donde describe imágenes muy bellas:

De rodillas daba vueltas al túmulo de Casiano que se exorna con sus restos. Mientras lloraba, meditando las heridas, agudos dolores y trabajos de mi vida y levantaba mi rostro al cielo, surgió, delante de mí, la imagen del mártir pintada en colores vivos. Tenía mil llagas, toda su piel desgarrada y agujereada por diminutos picotazos todo su cuerpo. Alrededor multitud de niños de odioso aspecto clavaban en su cuerpo pequeños estilos, como es costumbre escribir, en las tablillas de cera al dictado de las escuelas. **(Pasión de San Casiano, poema de Prudencio, IX, entre 348-410 d.C.) 144**

---

143 http://www.augustinus.it/spagnolo/contro_fausto/libro_20_testo.htm
144 http://es.antiquitatem.com/martires-cristianismo-paganismo-casiano-

Ya en siglos posteriores, tenemos textos patrísticos donde se va clarificando el culto a las imágenes. Así, por ejemplo, el Patriarca Leoncio de Neápolis en el 630 DC: *No hacemos homenaje a la madera en sí sino que reverenciamos a Aquel que murió en la Cruz (...) cuando dos vigas de la Cruz se juntan yo hago homenaje a esa figura por razón de Cristo crucificado, pero si las vigas se separan, las tiro o las echo al fuego.* **(Leoncio de Neápolis, Migne PG XCIV, 1384D)145**

San Gregorio Magno, fallecido en el 604 d.C., defendía también el uso de las imágenes: *Una cosa es adorar las imágenes y otra distinta venir en conocimiento por medio de ellas, de lo que se ha de adorar. Lo que la escritura es para el lector, eso mismo es la imagen para quienes no saben leer. No cabe duda de que no es desacertado elevarse por lo visible a lo invisible.* **(San Gregorio Magno, Epist 11 ad Serenum PL 77,1128)***146*

Pero quizás el más ferviente defensor de las imágenes fuera San Juan Damasceno hacia el año 730 d.C.: *"Durante la vida, los santos estaban llenos del Espíritu Santo, y en la muerte la gracia del Espíritu Santo perdura inseparable en sus almas, en sus cuerpos, en los sepulcros y en las santas imágenes que los representan, no por ciento en el plano de la esencia, sino en aquel de la gracia y de la acción".* **(San Juan Damasceno PG 94,1240)147**

EL BAUTISMO EN LOS PRIMEROS CRISTIANOS

Regeneración Bautismal - Nuevo nacimiento

Teófilo de Antioquía en su libro "A Autolico" escribió: *Además, lo que fue hecho de las aguas fue bendecido por Dios, para que ello sirviera de prueba de la futura recepción, por parte de los hombres, del arrepentimiento y remisión los pecados por el agua y el baño de regeneración (cf. Tt 3,5), para todos los que se acercan a la verdad, renacen y reciben la bendición de Dios.* **(Teófilo de Antioquía, A Autolico, 2:16)148**

Orígenes en su comentario al Evangelio de Juan nos dice: *El bautismo que es un nuevo nacimiento no es el que otorgaba Juan sino el que otorgaba Jesús por medio de los discípulos, y se llama*

---

145 La Iglesia Ortodoxa, Obispo Kallistos Ware pag 29
146 Arqueología Cristiana –Jesús Álvarez pág 95
147 ibid pág 95
148 http://www.eltestigofiel.org/index.php?idu=pa_o12741

"lavatorio de regeneración" que se hace con una *"renovación del Espíritu" (Tito 3,5)*. **(Orígenes, Comentario Evangelio de Juan 6,165-168)149**

Un siglo después tenemos a San Atanasio, que también enseña la regeneración por el bautismo: *Mas el que recibe el bautismo se despoja del hombre viejo y se renueva con un nacimiento celestial que obra en la gracia del Espíritu Santo.* **(San Atanasio, sent 25 Tric T 2 p 177)150**

Bautismo Trinitario

En cuanto al bautismo, he aquí cómo hay que administrarle: Después de haber enseñado los anteriores preceptos, bautizad en el agua viva, en el nombre del Padre, del Hijo y del Espíritu Santo. Si no pudiere ser en el agua viva, puedes utilizar otra; si no pudieres hacerlo con agua fría, puedes servirte de agua caliente; si no tuvieres a mano ni una ni otra, echa tres veces agua sobre la cabeza, en el nombre del Padre, del Hijo y del Espíritu Santo. Antes del bautismo, debe procurarse que el que lo administra, el que va a ser bautizado, y otras personas, si pudiere ser, ayunen. Al neófito, le harás ayudar uno o dos días antes. **(Didajé, capítulo VII)151**

San Justino en el año 155 describe la fórmula bautismal: *Puesto que de nuestro primer nacimiento no tuvimos conciencia, engendrados que fuimos por necesidad de un germen húmedo por la mutua unión de nuestros padres, y nos criamos en costumbres malas y en conducta perversa; ahora, para que no sigamos siendo hijos de la necesidad y de la ignorancia, sino de la libertad y del conocimiento, para obtener el perdón de nuestros anteriores pecados, se pronuncia en el agua sobre el que ha elegido regenerarse, y se arrepiente de sus pecados, el nombre de Dios, Padre y Soberano del universo, y este solo nombre se invoca por aquellos que conducen al baño a quien ha de ser lavado. 11. Porque nadie es capaz de poner nombre al Dios inefable; y si alguno se atreviera a decir que ese nombre existe, sufriría la más incurable locura. 12. Este baño se llama iluminación (cf. 2 Co 4,4-6), para dar a entender que son iluminados los que aprenden estas cosas. 13. El que es iluminado es lavado también en el nombre de Jesucristo, que fue crucificado bajo Poncio Pilato, y en el nombre*

---

149 Los Padres de la Iglesia Jose Vives pag 331
150 Sentencias de los Santos Padres Tomo I-Apostolado Mariano pag57
151 http://www.eltestigofiel.org/index.php?idu=pa_o12727

del Espíritu Santo (cf. Mt 28,19; Hch 1,5; 11,16), que por los profetas nos anunció de antemano todo lo referente a Jesús.152

San Ireneo en el año 170 d.C. escribiría sobre la formula trinitaria bautismal: *Nuestro nuevo nacimiento, el bautismo, se hace con esos tres artículos, y nos otorga el nuevo nacimiento en Dios Padre, por medio de su Hijo en el Espíritu Santo. Porque los que llevan el Espíritu de Dios son conducidos al Verbo, es decir al Hijo, el Hijo los presenta al Padre y el Padre les confiere la incorruptibilidad. Así pues, sin el Espíritu no es posible ver al Hijo de Dios, y sin el Hijo nadie tiene acceso al Padre, ya que el conocimiento del Padre es el Hijo, y el conocimiento del Hijo de Dios se obtiene por medio del Espíritu Santo.* **(San Ireneo, Demostración de la Predicación Evangélica, 7)***153*

A comienzos del tercer siglo, el gran San Atanasio en su réplica a los arrianos nos muestra la importancia del bautismo Trinitario: *Los arrianos corren el peligro de perder la plenitud del sacramento del bautismo. En efecto la iniciación se confiere en nombre del Padre y del Hijo pero ellos no expresan verdaderamente al Padre, ya que niegan al que procede de él y es semejante a él en sustancia, y niegan también al verdadero Hijo, pues mencionan a otro creado de la nada que ellos se han inventado. El rito que ellos administran ha de ser totalmente vacío y estéril, y aunque mantenga la apariencia es en realidad inútil desde el punto de vista religioso. Porque ellos no bautizan realmente en el Padre y en el Hijo sino en el Creador y criatura, en el Hacedor y su obra, Pero siendo la criatura otra cosa distinta del Hijo, el bautismo que ellos pretenden administrar es distinto del bautismo verdadero.* **(San Atanasio, Contra los Arrianos, II, 42-43)154**

Bautismo de Infantes

San Ireneo año 160 d.C.: *Él no rechazó ni reprobó al ser humano, ni abolió en sí la ley del género humano, sino que santificó todas las edades al asumirlas en sí a semejanza de ellos. Porque vino a salvar a todos: y digo a todos, es decir a cuantos por él renacen para Dios, sean bebés, niños, adolescentes, jóvenes o adultos. Por eso quiso pasar por todas las edades: para hacerse bebé con los bebés a fin de santificar a los bebés; niño con los niños, a fin de*

---

152   http://convertidoscatolicos.blogspot.com.es/2016/06/san-justino-martir-era-catolico.html
153 http://www.eltestigofiel.org/index.php?idu=pa_o12767
154 Los Padres de la Iglesia- Jose Vives pag 422

santificar a los de su edad, dándoles ejemplo de piedad, y siendo para ellos modelo de justicia y obediencia; se hizo joven con los jóvenes, para dar a los jóvenes ejemplo y santificarlos para el Señor; y creció con los adultos hasta la edad adulta, para ser el Maestro perfecto de todos, no solo mediante la enseñanza de la verdad, sino también asumiendo su edad para santificar también a los adultos y convertirse en ejemplo para ellos. En seguida asumió también la muerte, para ser «el primogénito de los muertos, y tener el primado sobre todos» (Col 1,18), el iniciador de la vida (Hch 3,15), siendo el primero de todos y yendo adelante de ellos. **(San Ireneo, Contra las Herejías, II, 22, 4)155**

Orígenes (185-254 d.C.): La Iglesia ha recibido de los Apóstoles la costumbre de administrar el bautismo incluso a los niños. Pues aquellos a quienes fueron confiados los secretos de los misterios divinos sabían muy bien que todos llevan la mancha del pecado original, que debe ser lavado por el agua y el espíritu. **(Orígenes, Comentario a la Epístola de los Romanos, 5, 9)156**

Hipólito de Roma: Al cantar el gallo, se comenzará a rezar sobre el agua. Ya sea el agua que fluye en la fuente o que fluye en lo alto. Se hará así salvo que exista una necesidad. Pero si hay una necesidad permanente y urgente, se utilizará el agua que se encuentre. Se desvestirán, y se bautizarán los niños en primer término. Todos los que puedan hablar por sí mismos hablarán. En cuanto a los que no puedan, sus padres hablarán por ellos, o alguno de su familia. Se bautizará enseguida a los hombres y finalmente a las mujeres. **(San Hipólito, Tradiciones Apostólicas, 20-21, año 225 d.C.)157**

EUCARISTÍA EN LOS PRIMEROS CRISTIANOS

Eucaristía como presencia real

San Ignacio de Antioquía:

Que ninguno os engañe. Incluso a los seres celestiales y a los ángeles gloriosos y a los gobernantes visibles e invisibles, si no creen en la sangre de Cristo [que es Dios], les aguarda también el juicio. El que recibe, que reciba. Que los cargos no envanezcan a ninguno, porque la fe y el amor lo son todo en todos, y nada tiene

---

155 http://www.eltestigofiel.org/index.php?idu=pa_o12763
156 Guía Bíblica para auxilio del pueblo de Dios-Héctor Pernía
157 Guía Bíblica para auxilio del pueblo de Dios-Héctor Pernía

preferencia antes que ellos. Pero observad bien a los que sostienen doctrina extraña respecto a la gracia de Jesucristo que vino a vosotros, que éstos son contrarios a la mente de Dios. No les importa el amor, ni la viuda, ni el huérfano, ni el afligido, ni el preso, ni el hambriento o el sediento. Se abstienen de la eucaristía (acción de gracias) y de la oración, porque ellos no admiten que la eucaristía sea la carne de nuestro Salvador Jesucristo, cuya carne sufrió por nuestros pecados, y a quien el Padre resucitó por su bondad. **(San Ignacio de Antioquía, Carta a los Esmirniotas, Cap. VI)** *158*

San Justino Mártir:

65. 1. Por nuestra parte, nosotros, después de haber conducido al baño al que ha abrazado la fe y se ha adherido a nuestra (doctrina), le llevamos a los que se llaman hermanos, allí donde están reunidos; elevamos fervorosamente oraciones en común por nosotros mismos, por el que acaba de ser iluminado y por todos los otros esparcidos por todo el mundo, suplicando se nos conceda, ya que hemos conocido la verdad, ser hallados por nuestras obras, personas de buena conducta y observantes de los mandamientos, para así alcanzar la salvación eterna. 2. Terminadas las oraciones, nos saludamos mutuamente con un beso. 3. Luego, al que preside (cf. 1 Tm 5,17) la asamblea de los hermanos, se le ofrece pan y un vaso de agua y vino templado, y tomándolos él tributa alabanzas y gloria al Padre del universo por el nombre de su Hijo y por del Espíritu Santo, y pronuncia una larga acción de gracias, por habernos concedido esos dones que de Él nos vienen. Cuando ha terminado las oraciones y la acción de gracias, todo el pueblo presente aclama diciendo: "Amén" (cf. 1 Co 14,16). 4. "Amén", en hebreo, quiere decir "así sea". 5. Una vez que el presidente ha terminado la acción de gracias y todo el pueblo ha manifestado su acuerdo, los que entre nosotros se llaman "diáconos", dan a cada uno de los asistentes parte del pan y del vino mezclado con agua sobre los que se dijo la acción de gracias, y lo llevan a los ausentes.

66. 1. Este alimento se llama entre nosotros "Eucaristía", de la que a nadie es lícito participar, sino al que cree ser verdaderas nuestras enseñanzas y ha recibido el baño para la remisión de los pecados y la regeneración, y vive conforme a los preceptos que Cristo nos enseñó. 2. Porque no tomamos estas cosas como pan común ni

---

158 http://www.eltestigofiel.org/index.php?idu=pa_o12717

bebida ordinaria, sino que, a la manera que Jesucristo, nuestro Salvador, hecho carne (cf. Jn 1,14) por virtud del Verbo de Dios, tuvo carne y sangre por nuestra salvación; así también el alimento "eucaristía" por una oración que viene de Él -alimento con el que son alimentados nuestra sangre y nuestra carne mediante una transformación-, es precisamente, conforme a lo que hemos aprendido, la carne y la sangre de Jesús hecho carne. 3. Es así que los Apóstoles en las "Memorias", por ellos escritos, que se llaman "Evangelios", nos transmitieron que así le fue a ellos mandado obrar, cuando Jesús, tomando el pan y dando gracias, dijo: "Hagan esto en memoria mía, éste es mi cuerpo" (Lc 22,19). E igualmente, tomando el cáliz y dando gracias, dijo: "Esta es mi sangre" (cf. Mt 26,27-28), y que solo a ellos se las dio. 4. Por cierto que también esto, por imitación, enseñaron los perversos demonios que se hiciera en los misterios de Mitra; pues en los ritos de un nuevo iniciado se presenta pan y un vaso de agua con ciertas recitaciones; ustedes lo saben o pueden de ello informarse. **(San Justino Mártir, Apología I, 65,66)** *159*

San Ireneo de Lyon:

¿Cómo les constará que el pan sobre el que se han dado gracias, es el cuerpo de su Señor, y el cáliz de su sangre, si no creen en el Hijo del Demiurgo del mundo, es decir, en su Verbo, por el cual el árbol da fruto, las fuentes manan y la tierra da primero el tallo, después de un poco la espiga, y por fin el trigo lleno en la espiga? (Mc 4,27-28). **(San Ireneo, Contra las Herejías, IV,18)** *160*

San Atanasio:

Veras a los levitas que llevan los panes y el cáliz con el vino y lo colocan sobre la mesa. Mientras no terminen las preces e invocaciones es pan y cáliz solamente, pero una vez terminadas las grandes y admirables preces, entonces el pan se hace el cuerpo y el cáliz sangre de Nuestro Señor Jesucristo.... pero tan pronto como se emiten las grandes preces y santas invocaciones, el Verbo desciende al pan y al cáliz y se hacen su cuerpo. **(San Atanasio, Sermón a los Bautizados, PG 26,1325)** *161*

---

159 http://www.eltestigofiel.org/index.php?idu=pa_o12732
160 http://www.eltestigofiel.org/index.php?idu=pa_o12765
161 Jose Vives, Padres de la Iglesia pag 465

San Cirilo de Alejandría:

Y dijo Jesús en modo demostrativo: Este es mi cuerpo y esta es mi sangre para que no pienses que las cosas que aparecen son figura, sino que por algo inefable del Dios Omnipotente las oblaciones son realmente transformadas en el Cuerpo y en la Sangre de Cristo, y nosotros al participar de ellos, recibimos la fuerza vivificadora y santificadora de Cristo. **(San Cirilo de Alejandría, Catequesis, 22, 2)** *162*

Eucaristía como Sacrificio

San Ireneo de Lyon:

Dando consejo a sus discípulos de ofrecer las primicias de sus creaturas a Dios, no porque éste las necesitase, sino para que no fuesen infructuosos e ingratos, tomó el pan creatura y, dando gracias, dijo: «Esto es mi cuerpo» (Mt 26,26). Y del mismo modo, el cáliz, también tomado de entre las creaturas como nosotros, confesó ser su sangre, y enseñó que era la oblación del Nuevo Testamento. La Iglesia, recibiéndolo de los Apóstoles, en todo el mundo ofrece a Dios, que nos da el alimento, las primicias de sus dones en el Nuevo Testamento. Con estas palabras lo preanunció Malaquías, uno de los doce profetas: «No me complazco en vosotros, dice el Señor omnipotente, y no recibiré el sacrificio de vuestras manos. Porque desde el oriente hasta el occidente mi nombre es glorificado en las naciones, y en todas partes se ofrece a mi nombre [1024] incienso y un sacrificio puro: porque grande es mi nombre en las naciones, dice el Señor omnipotente» (Mal 1,10-11). Con estas palabras indicó claramente que el pueblo antiguo dejaría de ofrecer a Dios; y que en todo lugar se le habría de ofrecer el sacrificio puro; y su nombre es glorificado en los pueblos. **(San Ireneo, Contra las Herejías, Libro IV, 17,5)** *163*

San Agustín:

Según nuestro modo frecuente de hablar, solemos decir, cuando se acerca la Pascua: «Mañana o pasado mañana será la pasión del Señor». Pero el Señor ha padecido muchos años ha y la pasión no ha tenido lugar sino una vez. En el mismo día del domingo decimos: «Hoy resucitó el Señor», aunque han pasado ya hartos años desde que resucitó. Nadie es tan necio que nos eche en cara la mentira

---

162 La Eucaristia en los Padres de la Iglesia Guillermo Pons pag 65
163 http://www.eltestigofiel.org/index.php?idu=pa_o12765

cuando hablamos así. Nombramos tales días por su semejanza con aquellos otros en que tuvieron lugar los acontecimientos citados. Decimos que es el mismo día, aunque no es el mismo, sino otro semejante a él en el girar de las edades. Así también, cuando nos referimos a la celebración del sacramento del altar, decimos que en ese día acontece lo que no acontece en ese día, sino que aconteció antaño. Cristo fue inmolado una sola vez en persona y es inmolado no solo en las solemnidades de la Pascua, sino también cada día entre los pueblos, en dicho sacramento. Por eso no miente quien contesta que es inmolado ahora, cuando se lo preguntan. Los sacramentos no serían en absoluto sacramentos si no tuviesen ciertas semejanzas con aquellas realidades de que son sacramentos. Por esa semejanza reciben, por lo regular, el nombre de las mismas realidades. Así como a su modo peculiar el sacramento del cuerpo de Cristo es el cuerpo de Cristo, y el sacramento de la sangre de Cristo es la sangre de Cristo, así también el sacramento de la fe es la fe. Ahora bien, creer no es otra cosa que tener fe. Por lo tanto, cuando se contesta qué cree un niño que todavía no siente la afección de la fe, se contesta que tiene fe por el sacramento de la fe y que se convierte a Dios por el sacramento de la conversión, porque esa misma respuesta pertenece a la celebración del sacramento. Así, hablando del mismo bautismo, dice el Apóstol: Hemos sido sepultados con Cristo mediante el bautismo para la muerte. No dice: «Hemos empezado a simbolizar la sepultura», sino: hemos sido sepultados. Luego al sacramento de una tan grande realidad le dio el nombre de la misma realidad. **(San Agustín, Carta 98 ,9)** *164*

Allí en la ley antigua, inmolados los animales eran ofrecidas ostias de carne y sangre, aquí en la ley nueva se ofrece el sacrificio de la carne y sangre de Cristo sacrificio que era figurado por aquellos animales, allí con la sangre del cordero se celebra la Pascua, aquí nuestra Pascua es Cristo inmolado, que es el verdadero Cordero inmaculado. **(San Isidoro De Sevilla, Sobre las Diferencias, 2,33,125 PL83,89)** *165*

EL SACRAMENTO DE LA CONFESIÓN

El primer testimonio de confesión con un hombre quizás se pueda encontrar en el Pastor de Hermas:

---

164 http://www.augustinus.it/spagnolo/lettere/lettera_099_testo.htm
165 La Eucaristía en los Padres de la Iglesia Guillermo Pons pág. 54

A los que Dios llamó, pues, antes de estos días, el Señor les designó arrepentimiento. Porque el Señor, discerniendo los corazones y sabiendo de antemano todas las cosas, conoció la debilidad de los hombres y las múltiples añagazas del diablo, en qué forma él procurará engañar a los siervos de Dios, y se portará con ellos perversamente. El Señor, pues, siendo compasivo, tuvo piedad de la obra de sus manos y designó esta (oportunidad para) arrepentirse, y a mí me dio la autoridad sobre este arrepentimiento. Pero te digo», me añadió, «si después de este llamamiento grande y santo, alguno, siendo tentado por el diablo, comete pecado, solo tiene una (oportunidad de) arrepentirse. Pero si peca nuevamente y se arrepiente, el arrepentimiento no le aprovechará para nada; porque vivirá con dificultad.» Yo le dije: «He sido vivificado cuando he oído estas cosas de modo tan preciso. Porque sé que, si no añado a mis pecados, seré salvo.» «Serás salvo», me dijo, «tú y todos cuantos hagan todas estas cosas.» **(Pastor de Hermas, IV Mandato, Cap 31)166**

San Hipólito de Roma, en el año 225 d.C., en su obra *"Tradición Apostólica"* dice:

Padre, que conoces todos los corazones, concede a este siervo tuyo, que elegiste para el episcopado, que apaciente tu santa grey y ejerza ante ti el supremo sacerdocio de manera irreprochable sirviéndote día y noche, que sea siempre agradable en tu presencia y ofrezca los dones de tu santa Iglesia, que tenga, en virtud del espíritu del supremo sacerdocio, el poder de perdonar los pecados según tu mandato, que distribuya los cargos, según tu precepto, y que desate toda atadura por el poder que diste a los apóstoles, que te complazca por su mansedumbre y la pureza de su corazón. **(San Hipólito, Tradición Apostólica, 3)**

Orígenes pocos años después escribiría:

La sexta se cumple por la abundancia de la caridad, según la palabra del Señor: Sus pecados le son perdonados porque ha amado mucho (Lucas 7,47) Hay todavía una séptima, áspera y penosa, que se cumple por la penitencia, cuando el pecador baña su lecho con lágrimas y no tiene vergüenza en confesar su pecado al Sacerdote del Señor, pidiéndole curación. **(Orígenes, Homilía in Levit., II,4)167**

---

166 http://www.eltestigofiel.org/index.php?idu=pa_o12724
167 Jose Vives, Padres de la Iglesia edit BAC

San Cipriano de Cartago hacia el año 250 d.c. habla también del Sacramento de la Penitencia:

Antes de que hayan expiado sus delitos, antes de que hayan hecho confesión de su pecado, antes de que su conciencia haya sido purificada con el sacrificio y con la mano del sacerdote, antes de aplacar la ofensa del Dios indignado y amenazante se hace violencia a su cuerpo y a su sangre **(San Cipriano, De Lapsis, 15-17)**

San Atanasio también nos hablará sobre el sacramento de la confesión, afirmando que el sacerdote absuelve al pecador:

De la misma manera que un hombre al ser bautizado por un sacerdote es iluminado con la gracia del Espíritu Santo, así también el que hace confesión arrepentido recibe mediante el sacerdote el perdón por gracia de Cristo. **(San Atanasio, Fragmento contra Novat.)**

San Pancracio hacia el año 391 d.C. en una de sus cartas nos dice: *"Tú dices que solo Dios puede perdonar los pecados, pues es verdad, pero también lo que hace por medio de sus sacerdotes es de su poder, y que significan las palabras a los apóstoles: Todo lo que aten será atado y todo lo que desaten será desatado.* **(San Pancracio, Carta a Sinfronía, n. 6)**

LOS OTROS SACRAMENTOS EN LOS PADRES DE LA IGLESIA

Sacramento de Extremaunción

San Ireneo critica a los gnósticos por corromper los ritos cristianos, demostrando así que el rito de la Extremaunción ya existía en ese tiempo:

Otros celebran el rito de la redención sobre los que acaban de morir, derramando óleo y agua sobre su cabeza, o el óleo perfumado que dijimos arriba junto con agua, mientras pronuncian las mismas invocaciones, a fin de que su hombre interior pueda subir más allá de los lugares invisibles. De este modo su cuerpo se quedaría en este mundo creado, mientras su alma se elevaría hasta el Demiurgo. Y les ordenan que, cuando lleguen, los que han muerto digan a las Potencias estas palabras: «Yo soy un hijo nacido del Padre, del Padre preexistente, e hijo también en el Preexistente. Vine para verlo todo, mis cosas y las ajenas porque pertenecen a Achamot, la Mujer que las hizo para sí, habiendo tomado su origen del Preexistente. Ahora regreso a mi origen, de donde salí». Y dicen que, con estas palabras, escapan de las Potestades. **(San Ireneo, Contra las Herejías, Libro I, Cap. 21, 5)168**

San Hipólito de Roma en su obra *"Tradición Apostólica"* enseña:

Oh Dios, Tú santificas el aceite y lo das para la santidad de aquellos que lo usan y lo reciben. Por medio de él Tú has conferido la unción a los reyes, a los sacerdotes, a los profetas, haz que también este aceite dé fuerzas a los que de él gusten y salud a los que lo usen. **(San Hipólito, Tradición Apostólica, 5)169**

En el siglo III encontramos en **"Didascálica de los Apóstoles"**: Santifica este aceite oh Dios, concede la salud a los que lo usan y reciben la unción con que ungiste a los sacerdotes y profetas, así también da fuerza a los lo beben y salud a los que lo usan.170

San Juan Crisóstomo enseñó también sobre este sacramento:

¿Qué hay aquí que no sea grande que no sea tremendo? Pues esta mesa del altar es mucho más honorable y más suave que la tuya, y esta lámpara más que la tuya. Esto lo saben bien todos aquellos que, mediante la fe, ungidos tempestivamente con aceite, han sido librados de sus enfermedades. **(San Juan Crisóstomo, en: Hom in Mat 32,6 MG 48,644)171**

San Cesáreo de Arles hacia el año 530 d.C. tiene un precioso texto sobre el sacramento de la unción de enfermos:

Siempre que ocurra alguna enfermedad, que reciba el Cuerpo y la Sangre de Cristo el que está enfermo y que unja su cuerpo débil para que en él se cumpla aquello ¿enferma alguno? Mirad hermanos: el que en la enfermedad se acogiere a la Iglesia merecerá recibir la salud corporal y el perdón de los pecados. **(San Cesáreo de Arles, Sermón 365,2 ML 39,2238).172**

En el año 416 d.C. el Papa Inocencio I escribe una carta al obispo Gubio respondiendo a una serie de cuestiones que le habían pedido, entre ellas sobre la unción de enfermos, convirtiéndose así

---

168 http://www.eltestigofiel.org/index.php?idu=pa_o12762
169 Iniciación a la liturgia de la Iglesia.Abad Ibañez
170 ibid
171 ibid
172 Iniciación a la Liturgia de la Iglesia. Abad Ibañez

este en el primer testimonio papal sobre este sacramento:

No hay duda de que el pasaje Santiago 5,13-16 debe tomarse o entenderse de los fieles que están enfermos, los cuales pueden ser ungidos con el aceite sagrado de la unción, que, hecho por el obispo, pueden usar no solo los sacerdotes sino también todos los cristianos en necesidad propia o de los suyos... por lo demás si el obispo puede o cree conveniente visitar por sí mismo a algunos, sin duda alguna puede bendecir y ungir con la unción puesto que puede consagrar el Crisma. **(Papa Inocencio I, ML 20,559) 173**

Sacramento de la Confirmación

San Teófilo de Antioquía nos da el primer testimonio de este sacramento:

"En cuanto a burlarte de mí llamándome cristiano, no sabes lo que dices. Primero, porque ungido significa agradable y provechoso y no digno de burla. 2. ¿Qué nave puede ser provechosa y salvarse si no se la unge primero? ¿Qué torre o casa está bien construida y es provechosa si no se la unta? ¿Qué hombre al ingresar a esta vida o al convertirse en atleta no se unge con óleo? ¿Qué producto o qué ornato puede tener buena forma si no se lo unge y se lo lustra? 3. Además, el aire como toda la tierra que está bajo el cielo, de alguna manera es ungido con luz y espíritu. ¿Y tú no quieres ser ungido por el óleo de Dios? Por ello nosotros nos llamamos cristianos, porque somos ungidos con el óleo de Dios". **(Primer libro a Autólico 12, 1-3) 174**

San Hipólito de Roma, hacia el 225 d.C. nos habla también del sacramento de la confirmación y su unción con óleo santo:

Después una vez ha ascendido del agua, es ungido por el presbítero con el óleo de acción de gracias, diciendo: Te unjo con el óleo Santo en nombre de Jesucristo. Y así cada uno se vestirá y se secara y luego entrara en la Iglesia **(Tradiciones Apostólicas 21- San Hipólito)175**

Sacramento del Orden

Ya nos habla de los tres grados del orden (obispo, diácono y

---

173 ibid
174 http://www.eltestigofiel.org/index.php?idu=pa_o12741
175 Tradición Apostolica San Hipolito.

presbítero) el mártir San Ignacio de Antioquía:

Estad, pues, en guardia contra estos hombres. Y será así ciertamente si no os envanecéis y si sois inseparables de [Dios] Jesucristo y del obispo y de las ordenanzas de los apóstoles. El que está dentro del santuario es limpio; el que está fuera del santuario no es limpio; esto es, el que hace algo sin el obispo y el presbiterio y los diáconos, este hombre no tiene limpia la conciencia". **(San Ignacio de Antioquía, Carta a los Tralianos, cap. VII) 176**

Aproximadamente un siglo después, Clemente de Alejandría escribe:

Y entre los elegidos, dice (el Señor [cf. Mt 19,28; Lc 22,30]), son más selectos los que según la perfecta gnosis han sido considerados como flores de la Iglesia misma, y han sido honrados con la más espléndida gloria; procediendo igualmente de griegos como de judíos, son jueces y administradores (cf. 1 P 4,10), los veinticuatro (cf. Ap 4,4), la gracia por duplicado (cf. Rm 5,15. 20). Además, también en la Iglesia de aquí abajo los grados progresivos de obispos, presbíteros y diáconos, alcanzan -pienso yo- las imitaciones de aquella gloria angélica de la economía [salvífica] de la que hablan las Escrituras, esperando a cuantos han marchado (o: se han mantenido) tras las huellas de los apóstoles, en justa perfección, según el Evangelio. El Apóstol escribe que éstos, elevados "en las nubes" (1 Ts 4,17), en primer lugar, serán diáconos, luego serán inscritos en el presbiterio, según los grados ascendentes de gloria -puesto que una gloria difiere de otra (cf. 1 Co 15,41)-, y crecerán "hasta el varón perfecto" (Ef 4,13)". **(Clemente de Alejandría, Stromata, 107, 2-3) 177**

Sacramento del Matrimonio

San Ignacio de Antioquía:

Es apropiado que todos los hombres y mujeres, también, cuando se casan, se unan con el consentimiento del obispo, para que el matrimonio sea según el Señor y no según concupiscencia. Que todas las cosas se hagan en honor de Dios. **(San Ignacio de Antioquía, Carta a Policarpo, Cap. V, año 110 d.C.)** *178*

---

176 http://www.eltestigofiel.org/index.php?idu=pa_o12714
177 http://www.eltestigofiel.org/index.php?idu=pa_o12747
178 http://www.eltestigofiel.org/index.php?idu=pa_o12718

Clemente de Alejandría:

La Escritura aconseja casarse y no consiente separar jamás la unión conyugal, legislándolo directamente: "No repudiarás a la esposa excepto por motivo de fornicación" (Mt 5,32); y considera adulterio casarse viviendo uno de los dos separado. **(Clemente de Alejandría, Stromata, Libro II, 145, 3)** *179*

San Agustín:

Ciertamente, a los esposos cristianos no se les recomienda solo la fecundidad, cuyo fruto es la prole; ni solo la pureza, cuyo vínculo es la fidelidad, sino también un cierto sacramento del matrimonio -por lo que dice el Apóstol: Maridos, amad a vuestras mujeres como Cristo amó a la Iglesia- 30. Sin duda, la res (virtud propia) del sacramento consiste en que el hombre y la mujer, unidos en matrimonio, perseveren unidos mientras vivan y que no sea lícita la separación de un cónyuge de otro, excepto por causa de fornicación 31. De hecho, así sucede entre Cristo y la Iglesia, a saber, viviendo uno unido al otro no los separa ningún divorcio por toda la eternidad. En tan gran estima se tiene este sacramento en la ciudad de nuestro Dios, en su monte santo 32 -esto es, en la Iglesia de Cristo- por todos los esposos cristianos, que, sin duda, son miembros de Cristo, que, aunque las mujeres se unan a los hombres y los hombres a las mujeres con el fin de procrear hijos, no es lícito abandonar a la consorte estéril para unirse a otra fecunda. Si alguno hiciese esto, sería reo de adulterio; no ante la ley de este mundo, donde, mediante el repudio, está permitido realizar otro matrimonio con otro cónyuge -según el Señor, el santo Moisés se lo permitió a los israelitas por la dureza de su corazón-, pero sí lo es para la ley del Evangelio. Lo mismo sucede con la mujer que se casara con otro". **(San Agustín, Matrimonio y Concupiscencia, I, 10) 180**

---

179 http://www.eltestigofiel.org/index.php?idu=pa_o12747
180http://www.augustinus.it/spagnolo/nozze_concupiscenza/nozze_concupiscenza _1_libro.htm

BIBLIOGRAFÍA

Biblia de Jerusalén- Desclée De Brouwer. 2009

Biblia de Navarra- Edición Popular. Eunsa.2009

Santa Biblia Nueva Reina Valera 2000. Ediciones New life

Guía Bíblica Hospitalitos de la Fe –VI Edición. Padre Héctor Pernía.

Diálogo con los Protestantes-3era Edición-Flaviano Amatulli Valente

Dificultades con Nuestros hermanos protestantes-Hugo Estrada. Edit San Pablo.

Breve Enciclopedia del dogma católico-Dr Benjamín Martín Sánchez. Editorial: Apostolado Mariano.

Diccionario de Sentencias Selectas de los SS Padres-Benjamín Martín Sánchez. Editorial: Apostolado Mariano.

Los Padres de la Iglesia-José Vives. Edit Herder

Patrología Dr. Berthold Altaner –Editorial Espasa Calpe SA 1956

Teología de San Pablo –José María Bover. BAC 1946

55 preguntas a los protestantes-Eliécer Sálesman. Apostolado Bíblico Católico. 17ª edición.

En la Biblia esta la Verdad - Preguntas y Respuestas - Flaviano Amatulli V.fmap

Sentencias de los Santos Padres Tomos I y II Apostolado Mariano.

Para Salvarte-Jorge Loring SI- Edibesa

Diccionario de la Biblia- H.Haag, A.van den Born, S.de Ausejo editorial Herder 1964.

La Eucaristía en los Padres de la Iglesia- Guillermo Pons. Edit Ciudad Nueva

Textos Eucarísticos Primitivos-Jesús Solano –BAC.

Diccionario de Espiritualidad Bíblico Teológico- B.Martín Sánchez.

Apostolado Mariano.

Arqueología Cristiana-Jesús Álvarez BAC

Iglesia Ortodoxa –Obispo Kallistos Ware.Editorial Angela.

Iniciación a la Liturgia de la Iglesia-J.A. Abad Ibañez, M Garrido Bonaño. Colección Pelícano.

La Fe es razonable- Scott Hahn- Editorial Rialp.

Meditaciones sobre la Iglesia- San Francisco de Sales-BAC.

Manual de Teología dogmática. Ludwing Ott. Editorial Herder.

Historia de la Iglesia-Tomo I-Jesús Álvarez.

Historia de la Iglesia-Tomo I-Bernardino Llorca editorial BAC

Manual de Historia de la Iglesia- A.Boulanger.

Catecismo Iglesia Católica.

Páginas webs:

http://www.patheos.com/blogs/davearmstrong/

http://www.catholic.com/

http://timstaples.com/

http://www.johnsalza.com/

http://www.biblicalcatholic.com/apologetics/apolog.htm

http://phatcatholic.blogspot.com.es/

http://foro.catholic.net/

http://convertidoscatolicos.blogspot.com.es/

http://apologeticauniversal.blogspot.com.es/

http://www.cin.org/users/jgallegos/contents.htm

http://www.thecatholictreasurechest.com/

http://conocetufe.blogspot.com.es/

SOBRE EL AUTOR

Jesús Manuel Urones Rodríguez es Ingeniero de profesión. Se formó cristianamente en una familia de tradición católica y en su juventud tuvo sus primeros contactos con los no católicos. Esto le llevó a estudiar su fe de manera autodidacta y posteriormente a recibir formación doctrinal en diferentes grupos y movimientos de la Iglesia. Ha estudiado Teología para laicos en el Obispado de su ciudad. Actualmente estudia un Diploma de Teología Bíblica en el Instituto Superior de Ciencias Religiosas de la Universidad de Navarra.

Lleva más de nueve años defendiendo la fe en el internet. En este tiempo ha impartido varios cursos de apologética católica en la red y colaborado con diferentes webs de apologética en la redacción de artículos y estudios bíblicos. Moderó los foros de Catholic.net durante siete años. Ahora lleva un apostolado por Internet dedicado a la Apologética junto a su esposa Yasmín Oré.

Contactar conmigo:

Blog: http://convertidoscatolicos.blogspot.com.es/

Facebook: https://www.facebook.com/Convertidos-Catolicos-535110886623064/

AGRADECIMIENTOS

A mi esposa Yasmín Oré, por todo el apoyo que me ha dado. Sin su motivación y ayuda nunca habría salido adelante este libro.

Al Padre Héctor Pernía, sacerdote salesiano y apologista en Venezuela, por el tiempo que ha dedicado leyendo mi libro y haciendo el prólogo.

A mi amigo Dante A. Urbina, economista, apologista y conferencista, por el apoyo en la gestión de la publicación de esta obra.

Made in the USA
Columbia, SC
22 March 2019